수백 번 본들 한번 만들어봄만 하랴!

百見不如一打

백견불여일타

딥러닝 입문
with 텐서플로우 2.x

조휘용 지음

수백 번 본들 한번 만들어봄만 하랴!

百見不如一打

백견불여일타

딥러닝 입문 with 텐서플로우 2.x

지은이 조휘용 **1쇄 발행일** 2020년 6월 8일 **1판 4쇄 발행일** 2023년 9월 25일

펴낸이 임성춘 **펴낸곳** 로드북 **편집** 홍원규 **디자인** 이호용(표지), 심용희(본문)

주소 서울시 동작구 동작대로 11길 96-5 401호

출판 등록 제 25100-2017-000015호(2011년 3월 22일)

전화 02)874-7883 **팩스** 02)6280-6901

정가 22,000원 **ISBN** 978-89-97924-58-5 93000

이메일 chief@roadbook.co.kr **블로그** www.roadbook.co.kr

百見不如一打

코드를 한번 쳐보고 실행해보는 것이
프로그래밍을 익히는 으뜸 공부법이라는
철학을 담았습니다.

지은이의 글

우리가 바라보고 기대하고 있는 딥러닝은 아직 과장된 상태입니다. 많은 작업이 자동화되는 것과 동시에 일자리가 사라지며, 일을 하지 않고 여가 생활만 즐길 수 있다는 수많은 글들. 실제로 딥러닝은 기존에 하지 못했던 수많은 일들을 해결해나가기 시작했지만, 아직까지는 실제 환경에 적용하는 것이 매우 어렵고, 심지어 물리적 환경에도 엄청난 제한을 받으며, 소수를 제외한 다수 회사의 의사결정자가 연구 대비 이익을 가져다주지 못한다는 이유로 딥러닝 기술을 서비스에 적용한다는 의견에 매우 회의적이라는 것도 사실입니다.

이와 같이 많은 어려움 속에서도 과장된 상태를 향해가거나 혹은 뛰어넘기 위해 빠른 속도로 발전하고, 우리도 모르게 우리의 삶 속에 침투하여 여태 느껴보지 못했던 새로운 서비스나 편리함을 직접적으로 느낄 수 있게 하는 것은 딥러닝의 큰 장점이 아닌가 싶습니다. 또, 우리가 컴퓨터, 스마트폰, 각종 문서 애플리케이션(ex: excel, word, 한글 등)을 다룰 수 있는 능력이 기본 소양처럼 받아들여지는 것과 같이 딥러닝을 다룰 수 있는 능력도 기본 소양처럼 받아들여지는 시대가 머지않아 올 것입니다. 우리가 공부하는 딥러닝의 방법을 당장 사용하지 못할지라도, 분명히 빠른 시일 내에 이를 다룰 수 있는 능력을 가진 우리의 가치를 인정해줄 시간이 올 것이라고 확신합니다.

이 책은 딥러닝 입문서입니다. 필자가 딥러닝에 입문하던 시기에 겪었던 고충을 생각하며, 어떻게 하면 입문 단계에서 포기하지 않고 다음 단계로 넘어갈 수 있을까에 대한 고민과 함께 책의 내용을 구성하였습니다. 책이 출간되기 전까지 텐서플로우 2.x 배포 버전을 항시 체크하여 중복 및 변경된 함수나 입문자에게 도움이 될만한 추가 기능을 최대한 반영하도록 노력했습니다. 또, 이 책을 시작으로 점차 수학과 이론적 지식이 필요함을 느끼고, 프로세스나 기존에 제공되고 있는 서비스를 보았을 때 "과연 저기에 딥러닝을 적용하면 어떤 결과물이 나올까?"라는 생각을 하게 된다면 본격적으로 딥러닝 엔지니어, 연구자, 서비스 제공자로서의 삶이 시작된 것입니다. 총 9장으로 이루어진 책의 내용을 살펴보면서 텐서플로우 2.x가 제공하는 여러 가지 함수와 데이터셋뿐만 아니라 다양한 용어들을 유심히 살펴보고 검색해보고 하나하나 들여다보기를 권장합니다. 딥러닝도 다른 프로그래밍에서의 입문과 다르지 않게 반복해보는 것이 입문 단계를 벗어나기 위한 가장 빠른 방법이 아닐까 생각합니다. 책의 내용 속에서 반복되는 패턴으로 반복되는 코드를 게을리하지 않고 꾸준히 따라해보았으면 좋겠습니다.

우리는 지금 예전과 다른 오픈 소스의 시대에 살고 있습니다. 이제금 공유와 소통은 발전을 위한 필수 요소가 되었습니다. 책에서 소개하는 캐글을 딥러닝 대회의 장이 아닌 공유의 장으로 바라보면서 참여하고, 딥러닝을 공부하거나 적용했던 경험들을 필자를 포함하여 많은 사람이 함께 느낄 수 있도록 다양한 커뮤니티에 공유해주세요. 이러한 활동을 통해 우리 근처에 널리 퍼져있는 문제를 해결하고, 우리나라의 디지털 디바이드(Digital Divide; 정보 격차)가 더 심각해지지 않도록, 진정한 AI 민주화가 실현될 수 있도록 함께 노력해보는건 어떨까요.

이 책은 제가 운영하는 블로그에 편집장님이 남겨주신 댓글 하나로 시작되었습니다. 메일을 주고받으면서 해주셨던 여러 가지 기분 좋은 말들을 통해 격려해주시고, 미숙한 글을 하나하나 보시면서 읽어주시며, 쉽지 않은 기회를 만들어 제안해주신 임성춘 편집장님께 가장 먼저 감사 인사를 전합니다. 또, 수많은 교정 제안에도 묵묵히 진행해주신 홍원규 편집자님과 디자이너 분들께도 감사 인사를 전합니다.

기회도 잡는 사람이 먼저라는 말이 있듯이, 다른 작업과 병행해야 한다는 부담감에 선뜻 수락하지 못하고 있던 제가 기회를 잡을 수 있도록 도와주셨고, 대학생 시절부터 대학원까지 아낌없는 조언으로 방향을 잡아주셨던 김민수 교수님께 감사 인사를 전합니다.

또, 나아가는 방향은 다르지만 항상 자신이 겪은 경험을 공유해주는 김세진 대표님, 다양한 의견 공유로 생각을 정리하는 데 도움을 준 동기 차시명, 밥이 되든 죽이 되든 뭐든 일단 해보라고 고민하던 저를 응원해준 동기 박승태, 잠시나마 책 내용의 구상을 도와주었던 동생 장동근에게 감사의 표현을 전하고, 마지막으로 어떠한 표현으로도 한없이 부족한 부모님과 나의 동생에게 감사를 전합니다.

2020년 5월
조휘용

편집자이자 베타테스터의 글

"이 책은 딥러닝 입문서이기 전에 인공지능 입문서를 지향합니다. 앞으로 인공지능을 어떻게 학습해나갈 것인지 가이드 역할을 하는 것을 목표로 하고 있습니다."

이 책을 편집하고 내용을 읽으며 예제를 테스트하고 연습문제를 풀어본 편집자입니다. 이제 지천명의 나이이며 IT 편집자로서 20년 정도의 경력이 있습니다. 수많은 IT 책을 기획하고 편집했지만, 인공지능은 낯선 분야라 아마 대부분의 이 책 독자분들과 비슷한 위치에 있지 않을까 생각합니다. 편집자는 약간의 파이썬 지식이 있는 정도의 수준입니다.

이 책을 읽으며 이런 느낌을 받았습니다.

"인공지능은 넓은 분야이며, 딥러닝은 그 중에서 요즘 각광받는 기술이고 이것을 실습해보니 일정한 패턴을 계속 익혀나가는 것이다."

일정한 패턴을 익혀나간다는 의미는 데이터를 모으고(이 책에서는 데이터가 주어지지만) 모델을 만들어 내며 학습을 시키고 결과를 만들어내는 과정을 익혀나가는 것을 뜻합니다. 그 과정에서 필요한 라이브러리를 찾아내어 활용할 수 있는 능력을 갖추어야 하는 등의 익숙해지는 과정이 필요합니다. 하지만 결국엔 데이터와 모델, 이 두 가지가 핵심이라는 생각이 들었습니다. 이 책에서 제시하는 [함께 해봐요] 예제를 테스트하면서 모델의 학습시간을 기다리고 결과를 뿜어낼 때 기쁨보다는 약간 허망하다는 생각까지 했습니다. "그래서 그 결과가 나타내는 게 뭐지?" "이것을 응용해서 내가 할 수 있는 게 뭐지?" 하는 의문을 가졌던 게 사실입니다. 하지만, 모든 IT 기술이 그렇듯이, 단편적인 예제만으로는 실용적인 예제를 만들어낼 수 없습니다. 작은 미션들(여기서는 [함께 해봐요] 예제)에 익숙해지는 약간의 고통스런 과정이 필요하고, 그 다음에 얻은 지식을 바탕으로 자신이 원하는 무언가를 만들어내야 한다고 생각합니다.

이 책만으로는 바로 실무에 적용할 수 있는 부분을 기대하지는 못하지만, 그 과정의 고통을 최대한 줄여주고 독자가 끝까지 완주하여 그 다음 단계로 나아갈 수 있도록 도와줄 수는 있습니다. 무엇보다 이 책은 "백견불여일타"라는 시리즈 이름처럼 말 그대로 "그래, 그냥 해봐(Just do it)" 같은 책입니다. 중요한 것은 따라 하며 실행해보고 에러를 내뿜을 때 고민해보고 주변의 도움을 받아가며 배우는 과정을 통해 내가 부족한 지식이 무엇인지 깨닫게 된다는 점입니다.

마지막까지 학습하면서 다양한 에러를 만나게 되었습니다. 단순한 구글 드라이브 마운트 문제부터 변수명 하나 잘못되어 고생했던 적도 있었는데, 그럴 때마다 '다른 독자들도 같은 실수를 할 수도 있겠구나!' 하는 생각에 많은 부분을 보완하고 수정했지만, 분명 어딘가에서는 쉽게 넘어가지 못하는 부분도 있을 겁니다. 그땐 언제든지 백견불여일타 카페에서 도움을 얻으시기 바랍니다.

그리고 역시 하이라이트는 [실습해봅시다]였습니다. 몇가지 미션들을 풀어봄으로써 딥러닝을 이해하고 적용하는 데 큰 도움이 된 파트입니다. 편집자로서 다른 프로그래밍 도서의 단편적인 문제와는 달리, 스스로 풀기가 힘들었지만, 본문의 내용과 검색을 통해 가능한 저자가 제공하는 답안을 보지 않고 풀어보려고 했습니다. 놀라운 것은 [실습해봅시다]를 직접 풀어보고 난 후 이해하기 힘들었던 내용도 선명하게 머릿속에서 정리가 되는 느낌이었습니다. 이런 부분은 이 책의 가장 큰 장점이 아닌가 싶습니다.

> 1. 케라스의 개발 과정을 활용하여 단층 퍼셉트론으로 XOR 게이트 문제에 대해 적은 횟수의 에폭으로 학습시켜보고 evaluate(), predict() 함수를 통해 결과를 출력해보세요. 아마 학습되지 않을 것입니다. 잘 학습시키기 위한 방법도 중요하지만, 학습되지 않는 경우를 체험해보는 것도 중요한 경험입니다.
>
> 다음과 같은 지식이 필요합니다.
> - XOR 논리 회로의 형태
> - 케라스 개발 과정: 데이터 준비, 모델 구성(Dense), 학습 과정(compile) 설정, 학습(fit), 평가(evaluate, predict)

[실습해봅시다]를 직접 풀어보는 것이 딥러닝을 이해하는 데 가장 큰 도움이 되었습니다.

눈으로만 읽으면 절대 내 지식이 될 수 없습니다. 특히 이 책에서 제공하는 [함께 해봐요]와 [실습해봅시다]는 여러분이 나중에 현업에서 부딪히며 해결해야 할 미션들의 작은 버전과도 같습니다. 안 되면 밤새 고민해서 해결해보고 성취감을 맛본 후에 저자의 정답과 맞춰보고 잘한 점, 잘못한 점을 구분하여 배워나가야 합니다.

연습문제를 스스로 풀어본다는 것은 나에게 어떤 미션이 주어졌을 때 어떻게 해결할 것인가부터 고민하게 되고 이 라이브러리를 쓸까, 이런 모델을 설계해볼까 등을 고민하는 것부터 시작됩니다. 물론 실제 현실에서와 같은 프로젝트와 비교했을 때 아주 작은 부분이겠지만, 이제 막 딥러닝을 배우는 독자들에게는 모든 것이라고 해도 과언은 아닙니다.

여러분은 연습문제는 꼭 스스로 풀어보는 훌륭한 독자이기를 바랍니다. 그리고 여러분이 원하는 인공지능의 세계에서 마음껏 날갯짓을 하며 즐겁고 행복한 삶이 되기를 기원합니다.

마지막으로 집필 기간 중에 엉뚱한 질문도 허투루 넘기지 않고 세심하게 잘 들어주고 책에 반영해주신 저자님께 정말 감사하다는 말을 하고 싶습니다.

2020년 5월
편집자 & 베타테스터 임성춘

일러두기

1. 이 책의 학습 방법

- 이 책은 코랩 또는 캐글 노트북을 기반으로 실습을 통해 딥러닝의 기초지식을 습득할 수 있게끔 구성하였습니다. 이 책의 실습과제인 [함께 해봐요]는 눈으로만 보아도 알 만한 예제라도 하나하나 직접 키보드로 입력해 해보면서 학습해야 학습 효과를 극대화할 수 있습니다. 그리고, 결과를 확인하며 예제의 의미를 반드시 파악하고 다음 단계로 넘어가시기 바랍니다.

- 이 책의 실습은 1장의 "준비하기"를 통해 실습환경을 구축하고 시작하기를 권장합니다.

- [함께 해봐요]는 실행 가능한 하나의 노트북 파일로 구성되어 있습니다. 바로 뒤에 실습 결과까지 확인할 수 있습니다. 같은 결과가 나오지 않는다면, 먼저 소스 에러를 확인하고 스스로 문제를 해결해 보기 바랍니다. 그래도 해결이 안 된다면 백견불여일타 카페에서 도움을 받으시기 바랍니다.

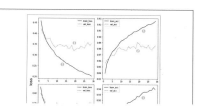

- [정리해봅시다]는 가볍게 복습하는 내용입니다. 앞서 배운 내용을 복기함으로써 한번 더 정리하는 단계이오니, 한 글자 한 글자 꾹꾹 눌러 읽어보길 권합니다.

  [실습해봅시다]는 힌트가 제공되는 실습문제입니다. 가장 중요한 파트이기도 합니다. 실습문제는 각 장에서 배운 내용들을 기반으로 딥러닝 관련 미션들을 제시합니다. 이 미션들을 여러분 스스로 하나하나 해결해나가는 순간, 여러분은 이미 딥러닝의 초급 단계를 넘어 스스로 학습하며 성장하는 단계로 진입할 수 있을 것입니다.

- 6장 "순환 신경망"까지 학습하였다면 이후부터는 초급을 뛰어넘기 위한 내용들을 알아봅니다.

  7장. 초급을 향해서-1

  케라스에서 제공되고 있는 기능을 중심으로 살펴봅니다. 케라스에는 모델 구성을 위한 대표적인 세 가지 방법이 존재합니다. 제공되는 세 가지 방법은 분류, 탐지, 자연어 처리 등과 같은 특정 문제에 적합한 모델을 구성하거나 모델의 성능을 향상시키기 위해 유동적으로 사용될 수 있습니다.

이전까지의 모든 내용은 기본적인 전처리, 모델 구성, 평가지표를 사용하여 우리가 가지고 있는 데이터셋에서 가장 기초가 되는 수준의 결과를 얻을 수 있는 내용들입니다. 8장에서는 다음 단계를 위해 알아두면 좋을 법한 내용을 소개합니다. 당장 필요하지는 않더라도 모델의 성능을 향상시키기 위해 반드시 한 번쯤은 찾아볼 내용들로 구성되어 있습니다.

2. 이 책의 실습 환경과 예제 다운로드

- 이 책의 소스코드는 데스크탑 또는 노트북에 GPU가 장착되어 있다면 주피터 노트북에서 실습할 수 있으며, GPU가 없다면 무료 클라우드 환경인 코랩(Google Colaboratory)이나 캐글 노트북(Kaggle Notebooks)에서 실습할 수 있습니다.
- 예제 소스는 로드북 사이트와 백견불여일타 네이버 카페에서 다운로드 받을 수 있습니다.

  www.roadbook.co.kr/233
  cafe.naver.com/codefirst

- 책의 예제에는 라인 번호를 두었습니다. 라인 번호는 독자가 어느 위치에 코드를 추가해야 할지 직관적으로 알 수 있게 하기 위함입니다. 생략된 코드는 없으며, 모두 완전소스로 구성되었습니다
- 주요 소스코드는 별도의 색으로 표현하였습니다.

```
01  import tensorflow as tf
02
03  @tf.function
04  def square_pos(x):
05      if x > 0:
06          x = x * x
```

3. 백견불여일타 카페에서 함께 공부합시다.

앞으로 지속적으로 백견불여일타 시리즈 책들이 나올 예정입니다. 현재 HTML5, 안드로이드 앱 개발에서 없어서는 안 될 파이어베이스, C#, Vue.js 독자분들이 백견불여일타 카페에서 많은 도움을 받고 있습니다. 외롭게 홀로 고군분투하며 어렵게 학습하는 입문자들에게 힘이 되는 공간으로 발전시켜나가도록 하겠습니다.

백견불여일타 네이버 카페 주소 : cafe.naver.com/codefirst

목차

4장 신경망 적용해보기

5장 컨볼루션 신경망

6장 순환 신경망

7장 초급을 향해서-1

8장 초급을 향해서 - 2

9장 케라스 튜너　　291

1장

준비하기

인공지능, 머신러닝, 신경망. 과거에 전문가만이 주로 접할 수 있었던 용어는 이제 일상에서 쉽게 접할 수 있는 용어가 되었습니다. 많은 사람이 사용하는 스마트폰에도 신경망이 내장되어 다양한 기능을 제공하고 있습니다. 인공지능은 막강한 힘으로 적용 분야를 매우 빠르게 넓혀가고 있습니다. 더 이상 인공지능은 특정 집단의 기술이 아닙니다. 인공지능을 만들 수 있도록 도와주는 매우 편리한 도구들을 이용해서 우리도 직접 기능을 만들어보고, 적용해보고, 최종적으로 서비스를 제공할 수 있습니다. 우리가 만나볼 첫 번째 장에서는 이를 위한 가장 기초적인 준비를 시작하겠습니다. 케라스를 살펴보고, 설치하는 과정을 다룹니다. 그리고 인공지능을 만들기 위해 많은 사람이 활용하고 있는 구글 코랩과 캐글 노트북을 알아봅니다.

1.1 시작하며

이 책을 선택한 우리는 이미 일상 속에서 인공지능, 머신러닝, 딥러닝에 대한 소식을 자주 접했을 것입니다. 그렇지만 인공지능이 딥러닝인 것 같기도 하고, 머신러닝이 인공지능인 것 같기도 하고 긴가민가합니다. 서로의 관계는 다음 그림과 같이 설명할 수 있습니다.

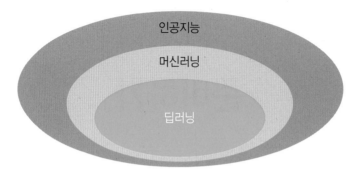

[그림 1-1] 세 가지 용어의 관계

인공지능AI; Artificial Intelligence은 학습, 인식, 추적 등 사람이 할 수 있는 작업과 할 수 없는 작업을 컴퓨터가 할 수 있도록 하는 것을 의미합니다. 머신러닝ML; Machine Learning은 기계가 학습하는 것을 의미합니다. 머신러닝은 주로 선형모델의 수식으로 설명하지만, 여기서는 생략하고 아래 그림으로 대체합니다. [그림 1-2]에서 머신러닝은 데이터와 정답을 활용하여 규칙을 찾은 모델을 통해 우리가 알고 싶은 정답을 도출합니다.

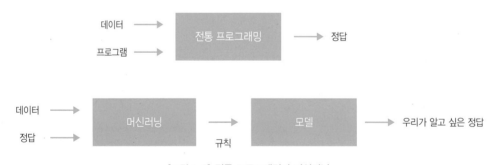

[그림 1-2] 전통 프로그래밍과 머신러닝

딥러닝Deep Learning은 깊은 신경망을 의미하는 단순 용어입니다. 딥러닝은 깊게 쌓인 신경망들이 데이터를 학습하고, 최종적으로 정답을 도출하게 됩니다. 이 용어는 개인마다 여러 가지 해석으로 사용되고 있지만, 필자는 이 용어가 마케팅 용어라는 의견에 동의합니다. 실제로 저명한 학자들은 '딥러닝'이라는 용어를 사용함으로써 AI 분야가 많은 투자를 받는 것에 큰 영향을 주었다고 말합니다.

간단히 각 용어에 대해 알아보았습니다. 이 책에서는 텐서플로우의 케라스를 사용하여 딥러닝의 범위를 다룹니다.

텐서플로우TensorFlow는 가장 많은 사용자를 보유하고 있는 머신러닝 오픈소스 플랫폼입니다. 2019년 8월 24일(한국시간 기준)에 텐서플로우 2.0 rc 버전이 공식 배포되었습니다. 텐서플로우 2.x의 시간이 드디어 움직이기 시작했고, 많은 사람이 하위 버전(텐서플로우 1.x)을 벗어나기 위한 분석을 시작하고 있습니다. 나름의 분석과 공부가 필요한 이유는 텐서플로우 2.x로 넘어오면서 많은 부분이 변경되었기 때문입니다. 이와 동시에, 텐서플로우 2.x는 단순성 및 사용 용이성에 중점을 두고 있기에 이 책에서 살펴볼 케라스가 텐서플로우의 고수준 API로 채택되었고, 구글Google은 향후 입문자들에게 케라스 사용을 권장하고 있습니다. 만약 텐서플로우 2.x에서 무엇이 바뀌는지에 관해 관심이 있다면, 구글이 유튜브Youtube에 직접 게시한 동영상[1]을 보는 것을 추천합니다. 하지만 변경된 점을 알지 못하더라도 이 책을 공부하는 데에는 전혀 문제가 되지 않습니다. 또한, 독자 여러분이 이 책을 보는 시점에서는 텐서플로우 2.2 또는 그 이상의 버전이 배포되었을 것입니다. 이 책에서 언급하는 텐서플로우 2.x는 단순히 2.x 버전을 가리키는 것이 아닌 텐서플로우 1.x 버전을 벗어난 전체 버전을 의미합니다.

이 책은 최대한 개념과 코드를 쉽게 설명하려고 노력했습니다. 수식은 최대한 다루지 않으려고 했으며, 케라스의 많은 기능을 제공하려고 했습니다. 공부 방법은 사람에 따라 편차가 크지만, 필자로서 다음과 같이 세 가지를 곁에 두고 함께 공부하는 것을 강력하게 추천합니다.

- 백견불여일타 딥러닝 입문 with 텐서플로우 2.x
- (머신러닝에서 사용되는 수학적 개념 등을 다루는) 이론서
- 텐서플로우 및 케라스 공식 API

많은 사람이 케라스의 단순한 매력에 빠져보았으면 좋겠습니다. 글만 봐서는 잘 모를 것입니다. 직접 사용해보면 왜 구글이 케라스를 적극적으로 채택하고 권장하는지를 느낄 수 있을 것입니다.

케라스는 비전문가를 포함한 많은 사람이 AI에 쉽게 접근하고 사용할 수 있도록 하는 의미를 가진 AI 민주화 정신에 의해 구글 엔지니어 프랑소와 숄레François Chollet가 만든 머신러닝 라이브러리입니다. 이 책을 보고 우리도 AI 민주화의 노력에 동참하도록 노력해보는 것은 어떨까요?

---

1 유튜브에서 TensorFlow 2.0 Google IO를 검색하세요. 입문자로서 전부를 구체적으로 알 필요는 없습니다. 단지 무엇이 바뀌었는지 느끼고 찾아보면서 공부하면 큰 도움이 됩니다. 또한, 구글에서는 이외에도 텐서플로우 2.x을 다루는 유용한 동영상을 다수 제공합니다.

1.2 케라스란

케라스Keras[2]는 누구나 쉽게 사용하고 접할 수 있도록 파이썬[3]으로 설계된 머신러닝 라이브러리입니다. 주요 특징은 다음과 같습니다.

단순성 및 간결성(Simplicity)

케라스의 표현은 짧고 간결합니다. Input, Model, Layer 등과 같이 이름만으로 기능을 추측할 수 있습니다.

유연성(Easy extensibility)

텐서플로우 2.x의 케라스는 텐서플로우와 호환하는 데 있어 높은 유연성을 가집니다. 기존의 케라스는 텐서플로우와의 호환에서 다소 불편한 점이 있었는데, 우리가 접할 케라스는 여러 기능과의 호환이 가능하게 되면서 높은 유연성을 가짐과 동시에 향상된 성능을 기대할 수 있습니다.

모듈화(Modularity)

케라스에서 사용 가능한 모든 모듈은 독립적으로 문제에 맞게 정의할 수 있으며, 이에 적합한 모델을 구성할 수 있습니다.

파이썬 기반(Python base)

사용자들이 쉽게 접근할 수 있다는 장점을 보유한 파이썬 코드를 통해 작동합니다.

주로 텐서플로우와 연관지어 설명하는 이유는 케라스가 텐서플로우의 공식 고수준 API로 채택된 만큼 여러 기능을 공유할 수 있다는 점에 대한 인지를 익숙하게 하기 위해서입니다. 사실 케라스는 CNTK, Theano와도 호환 가능한 라이브러리입니다. 하지만 케라스 2.3.x 버전을 기점으로 더는 이러한 호환을 지원하지 않으며, 케라스 독립적으로 버전 업그레이드를 수행하지 않습니다. 따라서 향후 케라스의 사용은 텐서플로우 2.x에 포함된 tf.keras로 사용할 것을 권장합니다.

---

2 케라스의 주요 특징을 확인해 볼 수 있는 공식 홈페이지는 https://keras.io/입니다.

3 파이썬이 처음이라면, 파이썬의 기본 문법을 먼저 이해하는 것이 필수입니다.

케라스의 핵심은 모델 Model**입니다.** 이를 사용하면 우리는 많은 단계를 거치지 않고서도 쉽게 모델을 구성할 수 있습니다. 여기서 잠깐 우리에게 해당하지 않는 (고수준 API가 가지는 공통적인) 단점을 언급하고 넘어가자면, 직접 텐서Tensor를 변형하거나 모델을 세부적으로 활용하는 것에는 어려움이 있을 수 있다는 것입니다. 하지만 이 책을 통해 딥러닝을 공부하는 우리에게는 전혀 문제가 되지 않으니 믿고 따라와도 좋습니다. 우리는 다음 단계를 통해 원하는 결과를 얻을 수 있습니다.

1. 학습 데이터를 준비합니다. → Data Preparing, Preprocessing
2. 문제를 해결하기 위한 모델을 정의합니다. → Model(Sequential, Functional API)
3. 손실 함수(Loss), 옵티마이저(Optimizer)를 설정합니다. → compile( )
4. 모델을 학습시키고, 추론합니다. → fit( ), evaluate( ), predict( )

각 단계별로 알아야 할 내용은 이후에 다루는 내용에서 자세히 설명합니다.

여러 가지 장점이 존재하지만, 이 책을 통해 **케라스는 매우 단순하면서도 강력하다**는 것을 인지할 수 있다면 성공입니다. 이제부터 케라스를 사용하기 위한 준비를 본격적으로 시작하겠습니다.

1.3 케라스 준비하기

케라스의 사용은 매우 간단하다고 계속 강조하지만, 의외로 케라스 사용을 위한 텐서플로우 설치에서 많은 사람이 어려움을 겪습니다. 본격적으로 케라스를 살펴보기 전에 기본적인 설치부터 다루고 넘어가겠습니다. 이 장에서 설치할 것은 다음과 같습니다.

- 아나콘다Anaconda
- 텐서플로우 CPU
- 텐서플로우 GPU(2.1)[4]
  - CUDA(10.1)
  - cuDNN(7.6)

먼저, 파이썬 그리고 NumPy와 같은 필수 라이브러리 설치를 간편히 하기 위해 아나콘다Anaconda를 설치합니다. 두 번째로, 텐서플로우를 설치하고 임포트해볼 것입니다. **더하여서, 본인이 사용하고 있는 데스크탑 또는 노트북에 GPU가 장착되어 있다면 텐서플로우 GPU 버전 설치를 추천합니다.** 텐서플로우 CPU와는 차원이 다른 속도를 경험할 수 있을 것입니다. 만약 GPU를 보유하고 있지 않다면, 이후의 내용에서 GPU를 무료로 제공하는 **구글 코랩**Colab과 **캐글 노트북**Kaggle Notebook을 사용하는 법에 대해서도 간략히 다루니 너무 좌절하지 않아도 됩니다.

모든 설치 과정은 윈도우즈 10Windows 10에서 진행했으며, 맥Mac 그리고 리눅스Linux에서의 설치는 이보다 더욱 간략한 내용(환경변수 설정 등)으로 진행되니 별도로 다루지는 않겠습니다. 설치 시 발생하는 오류는 매우 다양합니다.[5] 천천히 따라오길 바랍니다. **또한, 텐서플로우, CUDA, cuDNN의 버전은 잘못 설치하면 시간적 소모가 매우 크기 때문에, 현재 책을 보고 있는 시점에서 적합한 버전을 충분히 검토하고 설치하기를 권장합니다.**

1.3.1 아나콘다 설치하기

아나콘다Anaconda는 파이썬의 다양한 패키지를 쉽게 제공해주어 설치 후에 바로 작업을 시작할 수 있게 도와줍니다. 또한, 패키지, 가상환경의 관리를 쉽고 편리하도록 합니다.

먼저, https://www.anaconda.com/distribution/[6]에 접속합니다. 우리는 파이썬 3.7 버전을 사용할 것입니다. 또는, 본인의 환경에 따라 3.x의 낮은 버전을 사용해도 무방하지만 파이썬 3.6 이상

---

4 소괄호는 버전을 나타냅니다.

5 만약 오류가 발생했다면, 당황하지 말고 바로 구글에 검색해서 해결 방법을 찾으면 됩니다.

6 구글에서 Anaconda를 검색해서 접속해도 됩니다.

의 버전을 사용할 것을 추천합니다. 참고로 향후 텐서플로우는 파이썬 2.x 버전을 지원하지 않는 다고 발표했습니다.

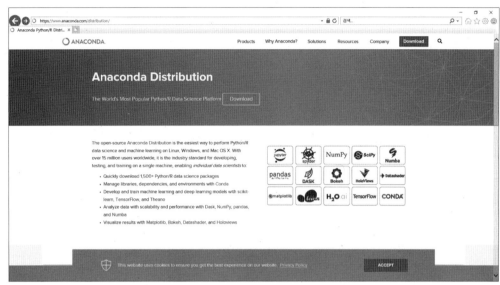

[그림 1-3] 아나콘다 설치

아나콘다를 사용하려면 환경변수를 등록해야 합니다. 그림만 보면 쉬울 수 있지만 은근히 입문자들이 강조되어 있음에도 매우 많이 놓치는 부분입니다. [그림 1-4]의 화살표 부분을 꼭 체크하세요.

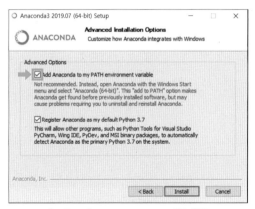

[그림 1-4] Anaconda PATH 자동 생성

텐서플로우를 설치할 가상환경을 만들어 보겠습니다.[7]

---

7 아나콘다를 성공적으로 설치했다면, 주피터 노트북(jupyter Notebook)은 cmd에 jupyter notebook 명령어를 입력해서 실행할 수 있습니다.

```
01  # 가상환경을 만듭니다. 가상환경의 이름은 keras_study로 하겠습니다.
02  # 원하는 이름으로 변경해도 좋습니다.
03  conda create -n keras_study
04  conda env list              # 설치 확인, keras_study가 목록에 존재해야 합니다.
05  activate keras_study        # 가상환경을 활성화합니다.
06  pip install ipykernel       # Jupyter Notebook 사용을 위한 패키지를 설치합니다.
07  python -m ipykernel install --user --name keras_study
    --display-name "keras_study"
08  jupyter kernelspec list     # Jupyter Notebook에 해당 가상환경이 등록되었는지 확인합니다.
```

완료했다면 주피터 노트북에서 가상환경을 통해 작업할 수 있는 환경이 만들어지게 된 겁니다. 여기서 주피터 노트북Jupyter Notebook이란, 웹 브라우저에서 파이썬을 실행시킬 수 있는 도구입니다. 이를 통해 우리는 명령 프롬프트와 같은 딱딱한 환경보다 더욱 시각적으로 유리한 환경에서 작업할 수 있습니다. 주피터 노트북을 실행해보겠습니다. 다음 그림의 네모 부분에 해당하는 jupyter notebook 명령어를 입력하세요.

[그림 1-5] 주피터 노트북 실행

[그림 1-6]의 왼쪽 그림처럼 명령 프롬프트 창이 알지 못할 명령어로 채워지면서 오른쪽 그림과 같이 웹 브라우저에서 주피터 노트북이 실행됩니다.[8]

---

8 반대로 명령 프롬프트에서 주피터 노트북 종료를 위한 명령어는 [Ctrl] + [C]입니다.

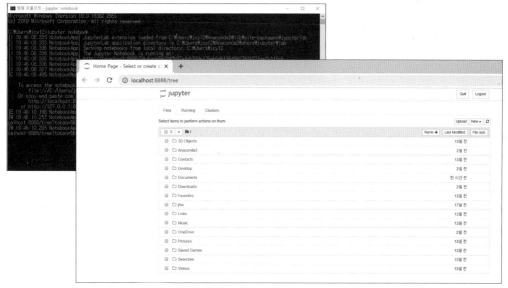

[그림 1-6] 주피터 노트북 화면

주피터 노트북을 활용하여 현재 가상환경에 설치된 파이썬 버전을 출력해보겠습니다.

[그림 1-7] new를 통한 주피터 노트북 파일 생성

주피터 노트북 화면의 오른쪽 위에 위치한 New 버튼을 누르면 현재 아나콘다에 설치된 파이썬 버전과 우리가 미리 만들어 등록해놓은 가상환경 keras_study(또는 직접 만든 이름)가 보입니다. 이를 통해 *.ipynb 확장자를 가진 주피터 노트북 파일을 만들 수 있습니다. 파일을 만들면 다음 그림과 같이 나타나는데, 코드를 입력할 수 있는 부분을 셀cell이라고 부릅니다. 셀에 아래와 같이 코드를 입력한 후 [shift]+[enter]를 입력하면 설치된 파이썬 버전이 출력됩니다.

```
01  import sys
02  print('파이썬 버전은?', sys.version)
```

[그림 1-8] 주피터 노트북을 통한 파이썬 버전 출력

이제 마지막 단계인 텐서플로우 설치만이 남았습니다. GPU를 보유하고 있다면 '1.3.3 텐서플로우 설치(GPU)'로 넘어가서 진행해주세요.

1.3.2 텐서플로우 설치(CPU)

텐서플로우 CPU 버전을 사용해도 기초 예제를 다룰 때는 문제가 되지 않지만, 복잡한 데이터를 다루는 예제를 실행시킬 때는 매우 느릴 수 있습니다. 이때는 구글 코랩 또는 캐글 노트북 사용을 추천합니다. 텐서플로우 최신 버전은 공식 홈페이지를 참고하세요! 이 책은 텐서플로우 2.1 버전을 기준(작성일 2020년 2월 12일)으로 작성되었습니다. 또한, 이전에는 GPU 버전을 사용하려면 tensorflow-gpu와 같이 GPU 버전을 명시해주어야 했지만, 이제 텐서플로우는 기본적으로 GPU를 지원하는 버전으로 설치됩니다. 따라서 CPU 버전을 설치하려면 다음 명령어를 사용해야 합니다.

[함께 해봐요] **텐서플로우 CPU 버전 설치하기**

```
01  pip install tensorflow-cpu
```

1.3.3 텐서플로우 설치(GPU)

텐서플로우 GPU 버전을 사용하기 위해서는 그래픽카드 드라이버와 Microsoft Visual C++(2015, 2017, 2019 버전 중 하나)를 설치해주어야 합니다.[9] 이제 차례대로 NVIDIA 드라이버, CUDA, cuDNN을 설치하고 최종적으로 텐서플로우를 임포트해보겠습니다. 다른 설치에 비해 꽤 길고, 복잡할 수 있으니 더욱 천천히 따라와야 합니다.

---

9 https://support.microsoft.com/ko-kr/help/2977003/the-latest-supported-visual-c-downloads로 접속하거나 구글에서 Microsoft visual c++ 2017(또는 2015, 2019)을 검색하세요.

NVIDIA 드라이버 설치하기

이미 설치가 되어있다면, 이 부분을 넘어가서 'CUDA 설치하기' 부분을 진행하세요. NVIDIA 드라이버를 설치하기 위해 해당 사이트[10]로 진입하여 본인의 드라이버에 맞는 버전을 다운받습니다. 필자는 그림과 같이 GeForce GTX 1050 Ti를 다운받았습니다.

[그림 1-9] NIVIDIA 드라이버 설치

설치가 끝났다면, 명령 프롬프트에서 **nvidia-smi**를 입력하여 정상적으로 설치되었는지 확인합니다. 동시에 그래픽 드라이버 버전을 필수적으로 확인해야 합니다. 우리는 CUDA 10.1을 설치할 것이므로 NVIDIA 드라이버의 버전이 CUDA 버전에 맞는 버전이거나 높은 버전이 설치되었는지 확인해야 합니다(기본적으로 최신 버전을 설치하면 아무런 문제가 없을 것입니다).

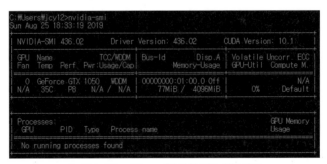

[그림 1-10] nvidia-smi를 통한 정상 설치 확인

CUDA 설치하기

NVIDIA Developers 홈페이지의 [DOWNLOADS] – [CUDA Toolkit]을 통해 다운로드를 위한 페이지로 진입합니다. 해당 페이지에서 [DOWNLOADS NOW] 버튼을 눌러 CUDA Toolkit을 다운받을 수 있으나 해당 버전은 우리가 원하는 버전이 아닙니다. 오른쪽의 [Legacy Releases]를

---

10 https://www.nvidia.co.kr/Download/index.aspx?lang=kr로 접속하거나 구글에서 'NIVIDIA 그래픽 드라이버 설치'를 검색하세요.

눌러 이전 버전들을 다운받기 위한 페이지로 들어가겠습니다. 해당 사이트에서 Archived Releases 카테고리를 보면 CUDA Toolkit 10.1 버전이 보입니다. 밑의 그림과 같이 본인에게 해당하는 옵션을 선택하여 다운받습니다. Installer Type은 특별한 이유가 없다면 local 버전으로 다운받으면 됩니다.

[그림 1-11] CUDA Toolkit 다운로드 페이지

설치를 완료했다면, 환경변수를 설정해주어야 합니다. 이 부분을 빠트리면 아무리 잘 설치했다고 해도 작동하지 않습니다.[11] 환경 변수의 [시스템 변수]에 CUDA_PATH가 있을 텐데, 이는 CUDA 가 잘 설치되었다는 것을 의미합니다. [Path] – [편집]을 눌러 다음 항목들을 추가합니다.

- C:\Program Files\NVIDIA GPU Computing Toolkit\CUDA\v10.1
- C:\Program Files\NVIDIA GPU Computing Toolkit\CUDA\v10.1\bin

여기까지 오류가 없었다면 매우 잘하고 있는 겁니다. 마지막 단계만 남았습니다.

cuDNN 설치하기

NVIDIA cuDNN[12]에 접속하여 [Download cuDNN] 버튼을 누릅니다(로그인이 필요합니다).

---

11 환경변수를 편집할 수 있는 위치는 [제어판] → [시스템] → [고급 시스템 설정]입니다.

12 https://developer.nvidia.com/cudnn으로 접속하세요.

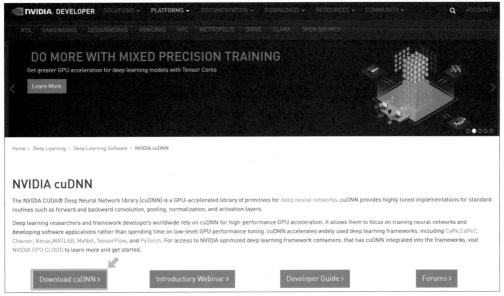

[그림 1-12] NVIDIA cuDNN 다운로드 페이지

텐서플로우 공식 문서에 따르면 cuDNN은 7.6.0 이상의 버전이 필요하다고 명시되어 있습니다. 압축을 해제하면 세 가지 폴더(bin, include, lib)를 확인할 수 있습니다. [그림 1-13]처럼 앞서 환경 변수에 존재한 CUDA_PATH와 같은 경로에 복사해서 붙여넣어 줍니다.

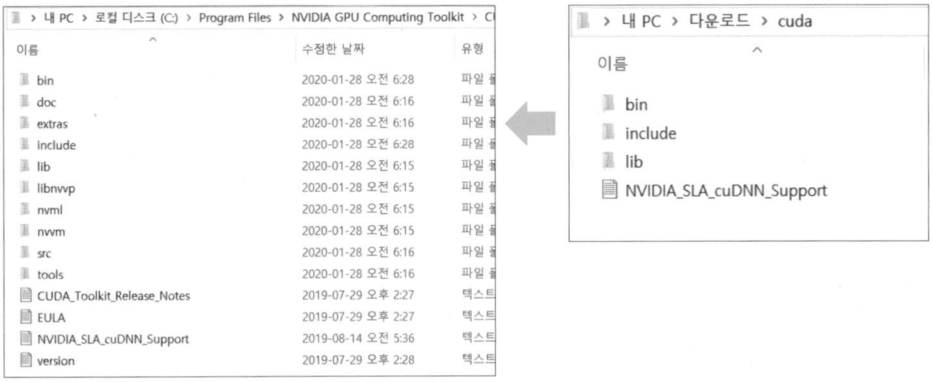

[그림 1-13] CUDA_PATH에 cuDNN 파일을 복사해서 붙여넣기

드디어 텐서플로우 2.x GPU 버전을 사용할 모든 준비가 끝났습니다. 가상환경을 활성화한 채로 텐서플로우 설치를 진행하고, 두 개의 변수 선언을 통해서 실제로 정상 작동하는지 확인해보겠습니다.

텐서플로우 GPU 버전 설치와 테스트

```
01  # 가상환경이 활성화된 상태여야 합니다.
02  pip install tensorflow    # 텐서플로우 GPU 버전을 설치합니다.
03  # 설치가 완료되고 난 후, 명령 프롬프트 창에서
04  python  # 파이썬을 실행합니다.
05  import tensorflow as tf  # 텐서플로우를 임포트합니다.
06  a = tf.Variable(1)        # 변수를 선언합니다.
07  b = tf.Variable(1)
08  a + b
09  >> <tf.Tensor: id=10, shape=(), dtype=int32, numpy=2>
10  # 출력이 나오면 설치가 성공한 것입니다.
```

설치 과정을 길게 설명한 이유는 꽤 많은 입문자가 설치 과정에서 엄청나게 많은 오류를 만나기 때문입니다. 많은 도움이 되었기를 바랍니다.

준비는 이제 끝났습니다. 다음 절을 진행하기 위해 잠시 스트레칭하는 시간을 가지는 것은 어떨까요?

1.4 무료 클라우드 사용하기

신경망 모델을 개발하기 위해서 어떤 라이브러리를 사용할지에 대해 고민하는 것도 좋지만, 우리가 가진 가장 큰 어려움은 개발 환경일지도 모릅니다. 핵심적으로 CPU를 사용한 학습은 아주 오랜 시간이 소요되며, 예제가 조금만 복잡해져도 코드를 실행할 수 없습니다. 개발 환경을 고려하지 않고 결과를 보기 위해 무심코 모델을 사용했다가는 결과도 얻지 못하고 종료시키는 자신을 볼 수 있을 것입니다. 그래서 많은 사람이 신경망 모델을 구축하고 사용하면서 GPU가 필수라고들 말하는 것입니다.

하지만 아직 좌절하기엔 이릅니다. 대표적으로 구글에서는 이런 문제점을 가진 우리를 위해 직접 고민을 해결해 주었습니다. **바로 코랩**Google Colaboratory[13]**과 캐글 노트북**Kaggle Notebooks**에서 무료로 GPU를 사용할 수 있게 해줍니다.**[14] 이 책을 공부하면서 개발 환경에 어려움이 있다는 생각이 든다면, 이 두 가지의 사용을 적극 추천합니다. 필자도 실험할 때 코랩과 캐글을 자주 사용합니다. 또한, 이들은 필수 라이브러리를 직접 설치해주지 않아도 바로 사용할 수 있다는 장점이 있습니다. 두 가지에 대한 간략한 사용 방법을 설명하고 넘어가겠습니다.

1.4.1 코랩(Google Colaboratory)

Google Colaboratory는 간단하게 코랩Colab이라고 부릅니다. 코랩은 GPU를 무료로 사용하게 해줌과 동시에 구글 드라이브Google Drive와 연동할 수 있어 편리합니다. 구글 드라이브에서 코랩을 처음 사용한다면 다음과 같이 진행합니다. http://colab.research.google.com으로 접속하면 [그림 1-14]와 같은 시작 페이지가 나옵니다.

[그림 1-14] 코랩 시작 페이지

---

13 관심이 있다면 Goggle Colab Pro도 검색해보세요.

14 TPU(Tensor Processing Unit)도 제공하지만, 이 책에서는 생략합니다.

팝업창의 오른쪽 아래에 [새 PYTHON 3 노트]가 보이나요? 누르면 다음 창이 뜹니다. 주피터 노트북과 디자인이 비슷하죠?

[그림 1-15] 코랩 실행 화면

GPU를 사용하는 방법도 매우 간단합니다. [런타임]-[런타임 유형 변경]을 누르면 밑의 그림과 같은 팝업창이 뜹니다. 하드웨어 가속기에서 GPU를 선택하고 [저장]을 누릅니다.

[그림 1-16] 코랩에서 GPU 설정하기

GPU는 하루 최대 12시간까지 사용 가능하다는 점에 유의하길 바랍니다. 다음은 구글 드라이브 연동을 위해 실행해야 할 코드입니다. 또는 왼쪽 탭에서 폴더 모양을 누른 뒤, 드라이브 마운트 버튼을 누르면 자동으로 구글 드라이브가 연동됩니다.

[함께 해봐요] 구글 드라이브 연동하기

```
01  from google.colab import drive
02  drive.mount('/content/drive', force_remount=True)
```

구글 드라이브를 연동해서 사용하려면 계정인증을 진행해야 합니다. 로그인한 계정의 메일을 통해 권한을 승인하면 간단히 인증이 완료되고, 다음 그림처럼 drive 폴더가 새로 생긴 것을 확인할 수 있습니다.

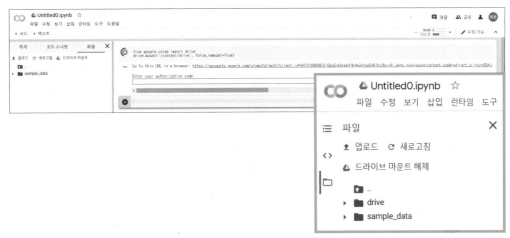

[그림 1-17] 구글 드라이브와 연동하기

1.4.2 캐글 노트북(Kaggle Notebooks)

캐글[15]은 데이터 과학자Data Scientist를 위한 놀이터입니다. 상금이 걸린 대회가 다양한 데이터를 통해 개최되고, 재야의 고수들은 서로 누가 잘 분석하는지 경쟁하게 됩니다. 또한, 입문자들을 위한 타이타닉 생존자 예측하기, 보스턴 집값 예측하기 등의 다양한 예제가 마련되어 있습니다. 그뿐만 아니라, 이미 개최된 다양한 대회에서 순위권을 달성한 전문가들이 작성해놓은 캐글 노트북을 통해 최고의 분석 기술을 무료로 살펴볼 수 있습니다.

우리는 주로 로그인하면 새롭게 볼 수 있는 홈페이지 왼쪽의 Compete, Datasets, Notebooks 목록을 사용하게 될 것입니다. Compete에서는 종료됐거나 현재 진행 중인 대회를 확인할 수 있습니다. Data에서는 최대 20GB까지 본인의 데이터셋을 로컬 환경에서 추가하거나 다른 사용자가 미리 작성한 것을 추가할 수 있습니다. Notebooks는 우리가 사용할 가상환경을 만들거나 전문가들이 작성해놓은 캐글 노트북을 볼 수 있는 공간입니다.

---

15 https://www.kaggle.com을 참고하세요.

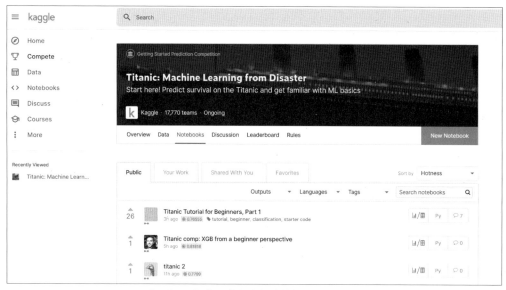

[그림 1-18] 캐글 기본 예제: 타이타닉 생존자 예측

최근에는 신경망을 활용하는 대회가 많이 개최되면서 더욱 인기가 높아지고 있습니다. 캐글은 대회에 참가하는 데이터 과학자들의 역량을 더욱 높여주기 위해 GPU를 무료로 제공하고 있습니다. GPU를 사용하기 위해 캐글 홈페이지 상단의 Notebooks로 들어간 후, [New Notebook] 버튼을 누릅니다. 다음 페이지에서 Notebook과 Script 중 자신이 원하는 형태로 선택하고 [create]를 누릅니다. 여기서는 Notebook을 선택하겠습니다. 이제 캐글이 자동으로 노트북을 만들어줍니다. 코랩을 사용하는 방법과 거의 비슷하지만, 몇 가지가 다릅니다. 지금부터 캐글 노트북 사용 방법에 대해 간략히 설명하겠습니다.

[그림 1-19] 캐글 노트북 화면

먼저 오른쪽 목록의 Settings에서 Internet과 Accelerator를 통해 인터넷과 GPU를 활성화할 수 있습니다. 활성화를 위해서는 모바일 인증이 필요합니다. Internet 버튼은 외부 패키지를 이용할 때 사용하며, 활성화되어 있지 않으면 다운받을 수 없습니다.

오른쪽 위에 [+Add data]와 [Save Version] 버튼이 보입니다. [+Add data] 버튼을 누르면 데이터셋을 추가할 수 있습니다. [Save Version] 버튼은 현재 사용 중인 노트북의 버전을 저장하고 모든 코드를 일괄적으로 실행시켜 최종 결과물을 얻을 수 있게 해줍니다. [Save Version]을 실행하지 않으면 최종 결과물을 얻을 수 없습니다. 캐글 노트북의 화면에서는 우리가 작성한 코드가 오류 없이 잘 작동하는지, 진행 상황을 확인할 때 주로 사용합니다. 정상적으로 잘 작동한다면 [Save Version]을 누른 후 왼쪽의 [Output] 탭을 누르면 결과물을 확인할 수 있습니다. 헷갈릴 수 있으니 간단한 예제를 통해 결과물을 얻어보겠습니다. 셀에 나타나 있는 모든 코드를 지우고 다음 코드를 입력한 뒤에 [Save Version] 버튼을 누릅니다.

[함께 해봐요] 캐글 노트북에서 결과물 얻는 방법

```
01  import pandas as pd
02
03  # 데이터프레임을 생성합니다.
04  data = ['hello kaggle']
05  my_df = pd.DataFrame(data, index = ['hello'], columns = ['kaggle'])
06
07  # Output의 결과를 보기 위해 데이터프레임을 저장합니다.
08  my_df.to_csv('./my_df.csv')
```

[Save Version] 버튼을 누르면 그림에서 나타나는 창을 만나볼 수 있습니다.

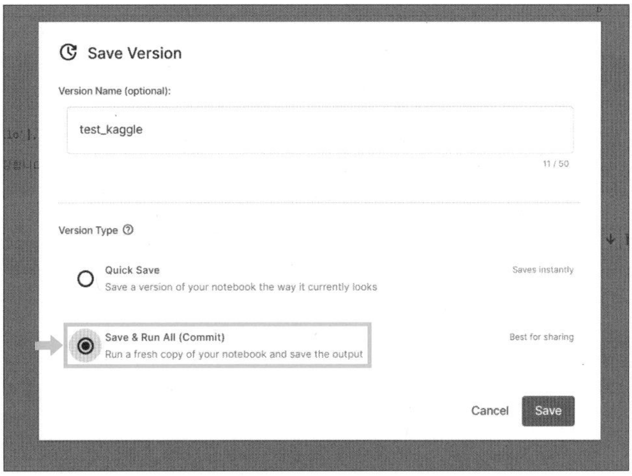

[그림 1-20] 캐글 노트북 버전 저장

Version Name에서 해당 버전의 이름을 정의합니다. Version Type에서 노트북을 바로 저장(Quick Save) 할 수 있고, 저장과 동시에 실행을 통해 결과물을 얻을 수 있습니다(Save & Run All). [Save & Run All] 버튼을 누른 채로 [Save] 버튼을 누르면 버전이 실행됩니다. 실행이 완료되면 Save Version 옆의 숫자가 1로 변경됩니다. 숫자를 눌러보세요. 우리가 만든 노트북 버전을 확인할 수 있습니다. 결과물을 확인하기 위해 오른쪽 위의 [Go to Viewer] 버튼을 누르면 다음 그림을 만날 수 있습니다.

[그림 1-21] 노트북 버전 확인 화면

오른쪽 목록에 Output 탭이 보이시나요? 결과물을 만들지 않으면 이 탭은 생기지 않습니다. 탭을 눌러보면 우리가 저장한 my_df.csv 파일을 확인할 수 있습니다. 캐글 노트북의 GPU 기능은 7일을 기준으로 30시간 활용 가능합니다. 할당된 GPU 시간은 매우 소중하니 잘 관리해서 사용해야 합니다.

캐글에 익숙해지는 것을 강력히 추천합니다. 다양한 데이터와 강력한 노트북이 최대 장점입니다. 여기서 강력한 노트북이란, 전문가들이 직접 데이터를 분석해놓은 글이 담긴 것을 뜻합니다. 신경망과 다양한 데이터에 관한 공부가 필요하다면 이러한 노트북들을 하나하나 천천히 따라 해보면서 시작하는 것은 어떨까요?

1.5 API 문서 활용하기

API 문서를 통해 우리가 사용할 다양한 함수가 어떤 기능을 가졌는지를 확인할 수 있어야 합니다. 텐서플로우는 변화의 속도가 빠르므로 문서를 읽을 수 있는 능력이 필수입니다. 어제 보았던 카테고리가 오늘은 사라지고, 다른 카테고리가 올라온 때도 있기 때문입니다. 또, 이해가 되지 않는 부분들은 검색을 통해 해결할 수 있는데, 간혹 사람마다 표현이 다를 수 있습니다. 이런 경우에는 공식 문서의 영어표현과 비교해보면 좋습니다.

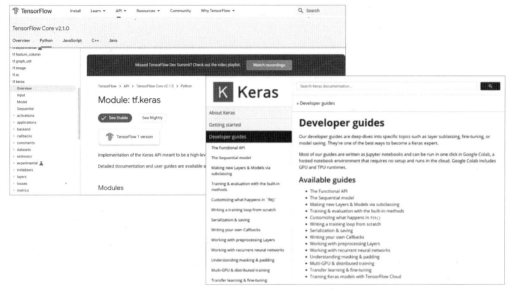

[그림 1-22] 텐서플로우 및 케라스 공식 문서

● 이 장에서 우리가 얻은 것

본격적으로 케라스를 사용하기 위한 준비를 끝마쳤습니다. 인공지능, 머신러닝, 딥러닝의 관계에 대해 간략하게 알아보았고, 텐서플로우를 설치하여 실행해 보았습니다. 또한, 많은 전문가가 활용하고 있는 무료 클라우드인 구글 코랩과 캐글 노트북에 대해서도 간단히 알아보았습니다. 향후 예제를 실행시킬 때, 적극적으로 활용하는 것을 권장합니다. 마지막으로 사용하는 함수가 매우 어렵게 느껴진다면 공식 API 문서를 통해 살펴보는 습관을 들이는 것이 좋습니다.

● 이것만은 알고 갑시다

1. 인공지능 ← 머신러닝 ← 딥러닝

2. 텐서플로우의 케라스는 매우 단순하며 강력합니다.

3. 신경망 모델 사용을 위해서 GPU 보유 여부는 매우 중요합니다.

4. GPU를 보유하고 있지 않더라도 우리에게는 구글 코랩과 캐글 노트북이 존재합니다.

5. 무료 GPU는 사용 시간이 제한되어 있으니, 주의해서 사용해야 합니다.

6. 캐글의 최대 강점인 캐글 노트북은 전문가들의 노하우를 볼 수 있는 최고의 기술서입니다.

7. 공식 홈페이지를 보는 습관은 실력 향상을 위한 좋은 방법입니다.

2장

살펴보기

스포츠 경기에서 이기려면 선수의 능력을 파악하고 적재적소에 선수를 배치해야 하며, 이를 위해서 경기의 흐름을 파악할 필요가 있습니다. 경기의 흐름을 파악하기 위해서는 우리 팀의 선수뿐만 아니라 적 팀의 선수도 살펴봐야 할 것입니다. 동일하게 신경망을 효율적으로 다루려면 신경망에 대한 개념도 중요하지만, 그 외의 다양한 요소도 고민해야 합니다. 이 장에서는 전체적인 흐름을 파악하기 위해 머신러닝 프로세스를 간략히 살펴보겠습니다. 또, 프로세스의 개별 과정을 적재적소에 배치하기 위해서 많은 용어를 아는 것은 꽤 중요합니다. 각 과정에서 사용되는 용어를 알아보고 마지막으로 데이터셋, 커뮤니티를 살펴보겠습니다.

- 머신러닝 프로세스 간략히 살펴보기
  [문제 정의 및 데이터 준비하기] → [학습하기] → [추론 및 평가]
- 용어 살펴보기
  - 데이터 준비하기: 클래스 불균형, 과소표집과 과대표집, 회귀와 분류, 원핫 인코딩, 교차 검증
  - 학습하기: 하이퍼파라미터, 배치와 배치크기, 에폭과 스텝, 지도 학습, 비지도 학습, 과대적합과 과소적합
  - 평가하기: 혼동 행렬, 정확도, 정밀도와 재현율, F1-Score, ROC 곡선
- 데이터셋 및 커뮤니티 살펴보기

2.1 머신러닝 프로세스 간략히 살펴보기

머신러닝 프로세스는 크게 [문제 정의 및 데이터 준비하기] → [학습하기] → [추론 및 평가] → […]
의 단위로 나눌 수 있습니다. 마지막의 […]에 해당하는 단계는 다시 데이터를 준비할 수도 있고,
분야에 따라 다른 작업을 할 수도 있음을 의미합니다. **데이터를 다루면서 본인만의 프로세스를 구축
하는 것은 매우 중요합니다.** 잘 구축된 프로세스가 결과적으로 성능이 좋은 모델을 만들기 때문입니
다. 예제 데이터를 통한 프로세스 구축은 매우 쉽지만, 실제 데이터를 가지고 프로세스를 '잘' 구축
하기는 매우 어렵습니다. 그러면 어떻게 해야 잘 구축할 수 있을까요? 정답은 없습니다. 다양한 데
이터셋에서 우리가 구축한 프로세스를 적용해보는 경험이 최고의 정답입니다.

[그림 2-1] 머신러닝 프로세스(간략)

이 책에서 결과 도출을 위한 대부분의 프로세스는 위의 그림에서 보여지는 과정을 따르게 됩니
다. 이제부터 각 프로세스에 대해 간단하게 알아보겠습니다. 이번 절에서 나오는 모든 관련 용어는
'2.2 용어 살펴보기'에서 다룹니다.

2.1.1 문제 정의 및 데이터 준비하기

데이터셋이 마련되었다면, 먼저 탐색적 데이터 분석[1]을 시작해야 합니다. **지금 가장 중요한 것은 명
확한 문제 정의입니다.**

- 데이터는 숫자인가요, 문자인가요? 이미지인가요? 오디오인가요? 비디오인가요?
- 어떻게 해결할 것인가요? 이진 분류? 다중 분류? 회귀? 생성?

문제가 정의되지 않으면 모델을 선택할 수 없습니다. 우리에게 주어진 데이터와 정답의 형태를 파
악하고 문제를 정의해야만 합니다. 자세히 들여다볼수록 좋습니다. 각 변수 또는 클래스 간의 연관
관계, 분포와 결측치는 없는지, 클래스당 개수가 편향되어 있지는 않은지 등에 대해 파악해야 합니
다. **또한, 문제 해결을 위한 형태로 데이터를 변형하는 데이터 전처리(Data Preprocessing) 방법의 선택
도 매우 중요합니다.** 여러 가지의 적합한 방법으로 많은 반복을 통해 최적의 전처리 방법을 찾아내

---

1 EDA(Exploratory Data Analysis)라고도 합니다.

야만 합니다. 데이터를 알맞게(또는 각 분야[2]의 특징에 맞게) 변형하고, 데이터가 부족하다면 데이터 증식을, 데이터가 편향되어 있으면 과소표집 또는 과대표집을 수행해야 합니다. 최적의 방법을 찾기 위해서는 데이터가 속하는 분야에 관한 탐색도 필수적으로 이루어져야 합니다.

이쯤 되니, 데이터 분석에 대해서도 알아야겠다고요? 맞습니다. 필자가 캐글을 강조하는 이유입니다. 캐글에는 이를 동시에 공부할 수 있는 많은 노트북이 존재하니까요.

[그림 2-2] 내가 데이터를 만들 때

데이터에 대해 어느 정도 파악이 되었다면, 어떤 모델을 사용할지 판단해야 합니다. 또한, 데이터에 대한 고민은 모델 학습과 평가 과정에서도 계속됩니다. 데이터에 대한 정의가 바뀌게 된다면 모델 또한 바뀌게 될 것입니다. [그림 2-1]에서 [추론 및 평가] → [데이터 준비하기]로 화살표를 그려놓은 이유입니다.

2.1.2 학습하기

데이터를 충분히 파악했나요? 그렇다면 모델을 선택해야 합니다. 이때도 우리는 끊임없이 질문해야 합니다.

- 선택한 모델이 주로 어떤 데이터에 적용되었나요? 사례가 있을까요?
- 모델이 얼마나 깊어야 하나요? 어떤 환경에서 사용될까요?
- 옵티마이저는요? 손실 함수는요?
- 우리의 실험 환경에 적합한가요?

---

2 예를 들면, 오디오, 비디오, 화학, 의료 등 각 분야에 맞는 전처리 방법이 존재합니다.

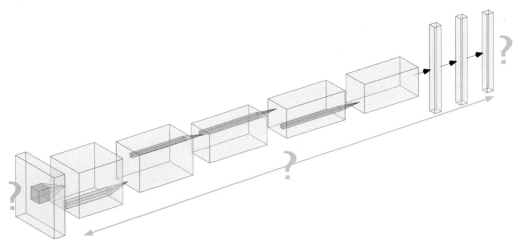

[그림 2-3] 우리에게 필요한 모델은 무엇일까요?

모델을 무작위로 구성하여 성능을 확인할 수도 있지만, 그렇게 하면 원하는 성능을 기대하기 어렵습니다. 그래서 주로 SOTA(state-of-the-art; 최고의 성능)를 달성한 모델에서부터 시작하게 됩니다. 프로토타입처럼 말이죠. 여러 번의 실험을 통해서 본인이 원하는 모델로 재구성할 수도 있고, 다른 모델을 선택할 수도 있습니다. 좋은 모델을 선택했다고 해서 아직 끝난 것은 아닙니다. 더욱 중요한 것이 남아있습니다. 모델을 선택했다면, 하이퍼파라미터Hyper parameter를 조정해볼 시간입니다. 배치 크기, 학습률, 드롭아웃률, 여러 가지 층이 가지는 파라미터 등의 요소를 변경해가면서 다양한 실험을 진행해봐야 합니다. 변경하고 학습하고, 변경하고 학습하고, 반복의 반복입니다. 하이퍼파라미터는 잘 알려진(대중적으로 자주 사용하는) 값에서 시작하게 됩니다. **여러 번 바꾸어 실험했다면, 그에 대해 기록을 해놓는 것도 매우 중요하겠죠?**

학습시간은, 짧게는 몇 분에서 길게는 며칠까지 걸릴 수 있습니다. 만약 GPU를 사용하지 않는다면 학습시간이 기하급수적으로 늘어날 것입니다.[3] 데이터를 준비할 때 실험 환경에 대해서 간략히 고민할 테지만, 모델을 학습시킬 때는 더욱 심각한 고민이 될 것입니다. 자칫하면 모델을 학습시킬 수 없을지도 모릅니다. 따라서 모델 선택은 내부적인 요소와 외부적인 요소를 복합적으로 고려해야 한다는 점에서 까다로울 수 있습니다. 학습이 진행 중이라면 잠자코 완성되기를 기다리기만 해서는 안 됩니다. 주기적으로 학습을 모니터링하면서 다음 방향에 대해 미리 생각해보아야 합니다.

---

3 1장에서 코랩과 캐글 노트북을 언급한 바 있습니다.

2.1.3 추론 및 평가

혹시 최고의 성능을 달성한 모델을 저장했나요? 제일 최근에 저장된 바로 그 모델이 잘못 저장된 모델은 아닐까요? 단순한 생각에서부터 시작합니다. 혹시 저장되지 않았다면, 다시 학습하기로 돌아가야 합니다. 끔찍하죠. 무수히 많은 시간을 두 배로 들여야 한다는 말입니다. 케라스를 사용하면 저장된 모델에서 하나 또는 몇 개의 함수 호출을 통해 추론을 진행할 수 있습니다. 여기서 추론 inference은 학습된 모델로부터 정답이 없는 데이터에 대해 정답을 만드는 행위를 뜻합니다. 사실 이는 평가지표가 결정된 후에 하는 고민입니다. 정확한 모델 저장도 그만큼 중요하다는 것을 이야기하고 싶었습니다. 그럼 우리는 추론을 통해 얻은 정답을 어떻게 평가해야 할까요?

햄버거를 만들어 보겠습니다. 그리고 우리는 햄버거 가게의 매니저 역할을 맡고 있다고 가정합니다. 이번에 직원 두 명 중 한 명을 승진시켜야만 하는 상황에 놓였습니다. 승진대상은 주어진 시간 안에 햄버거 열 개를 만들게 되는데, 평가 기준이 명확하게 세워지지 않아 일단 결과물을 보고 결정하려고 합니다. 결과물을 보니 A 직원은 햄버거 열 개를 다 만들었지만, B 직원은 너무 세심한 성격 탓에 햄버거를 여섯 개밖에 만들지 못했습니다. 자세히 보니 열 개를 만든 A 직원의 햄버거는 다섯 개만 완벽하고, 나머지 다섯 개는 패티가 빠져있는 문제가 있었습니다. 어느 직원을 승진시켜야 할까요? 단순히 포장된 햄버거의 개수만 보고 열 개를 전부 만든 A 직원일까요? 햄버거는 완벽하지만 여섯 개밖에 만들지 못했던 B 직원일까요? 완벽한 햄버거가 평가 기준이라면 후자의 직원을 뽑을 수도 있겠지만, 속도가 중요하다면 전자의 직원 또한 나쁘진 않습니다. **이처럼 우리는 주어진 상황에 맞게 평가 기준을 세우고 최종 모델을 선택해야 합니다.** 평가 기준을 잘못 결정하고 모델을 구성한다면, 실제 환경에서 적용했을 때 전혀 다른 결과를 얻을 수 있습니다.[4]

학습된 모델을 통해 얻은 결과를 기준으로 우리는 다시 데이터를 분석하고, 하이퍼파라미터를 변경하고, 결과를 얻고, 다시 분석하고 …. 이러한 과정은 모델의 성능이 우리가 정한 일정 기준을 넘어설 때까지 반복하게 됩니다.

---

4 기본적인 평가지표와 이에 대한 예시는 '2.2.3 용어: 평가하기'에서 살펴봅니다.

2.2 용어 살펴보기

이 절에서는 본격적으로 머신러닝 프로세스에서 접했던 용어와 추가로 기본적인 몇 가지 용어를 살펴보겠습니다.[5] 모든 용어를 다루지는 못하지만, 워밍업을 한다는 생각으로 가볍게 읽어주세요. 여기서 다루는 용어는 다음에 다시 설명하지 않으니 꼭 읽어보고 넘어가는 것을 추천합니다. 더해서, 이 책은 이론서가 아니기 때문에 자세히 설명하지는 않습니다. 만약 이해되지 않는 용어가 존재한다면 꼭 검색해서 기타 자료와 함께 번갈아 가면서 살펴보기를 바랍니다.

그렇다면 왜 용어가 중요할까요? 다음 그림으로 설명해보겠습니다. 다음 그림을 보고 생각나는 용어가 있나요?

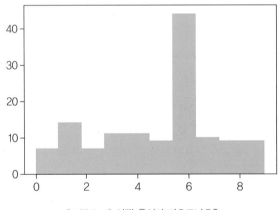

[그림 2-4] 어떤 용어가 떠오르나요?

위의 데이터를 학습에 그대로 사용한다면 큰 문제가 생깁니다. 바로 불균형imbalance 문제입니다. 어떻게 해결해야 할까요? 용어 검색입니다. 사실 우리는 클래스 6에 해당하는 데이터를 다른 데이터와 개수를 맞춘 뒤 학습하는 방법 등과 같은 해결 방법에 대해 언급하는 것을 기대했겠지만, 실제로는 검색에 쓰일 용어를 아는 게 가장 중요합니다. 적절한 용어를 선택하여 잘 검색했다면[6] 문제에 대한 해결 방법은 엄청나게 퍼져있을지도 모릅니다. **용어에 대한 개념을 자세히 아는 것도 중요하지만, 여러 가지 용어를 알고 있는 것 또한 중요합니다.** 우리의 데이터가 가지고 있는 문제를 해결할 때는 우선 용어로 접근하기 때문입니다.

용어를 검색하다 보면 글쓴이마다 표현이 다른 것을 자주 확인할 수 있습니다. 이런 경우엔 억지로 여러 가지의 표현을 습득하려 하기보다는 자신만의 표현으로 다시 이해하는 게 어떨까요?

---

5 원활한 설명을 위해 세 가지 프로세스로 나누어서 진행하지만, 해당 용어는 각 프로세스에 국한되지 않습니다.

6 여기서 '잘 검색했다면'은 매우 많은 경험이 필요합니다. 검색 능력도 실력입니다.

2.2.1 용어: 데이터 준비하기

클래스 불균형

클래스 불균형 Class Imbalance은 위의 그림처럼 클래스가 불균형하게 분포되어 있는 것을 의미합니다. 주로 특이한 경우(은행 거래 사기, 희귀 질병, 기계 불량음 등)가 포함된 데이터에서 볼 수 있으며, 이러한 문제들을 이상 탐지Anomaly Detection라고 부릅니다. 불균형 문제는 모델 학습에 매우 부정적인 영향을 끼칩니다. 모델은 균형이 잡혀 있는, 많고 다양한 클래스를 보는 것을 좋아합니다.

과소표집과 과대표집

과소표집UnderSampling은 다른 클래스에 비해 상대적으로 많이 나타나 있는 클래스의 개수를 줄이는 것입니다. 이를 통해 균형을 유지할 수 있게 되지만, 제거하는 과정에서 유용한 정보가 버려지게 되는 것이 큰 단점입니다.

과대표집OverSampling은 데이터를 복제하는 것입니다. 무작위로 하거나, 기준을 미리 정해서 복제하는 방법도 있습니다. 정보를 잃지 않기 때문에 학습용 데이터에서 높은 성능을 보이지만 실험용 데이터에서의 성능은 낮아질 수 있습니다. 대부분의 과대표집 방법은 과대적합[7]의 문제를 포함하고 있기 때문입니다. 이를 피하기 위한 대표적인 방법으로 SMOTESynthetic Minority Over-sampling Technique[8]가 있습니다. 간단히 설명하자면, 데이터의 개수가 적은 클래스의 표본Sample을 가져온 뒤에 임의의 값을 추가하여 새로운 표본을 만들고 이를 데이터에 추가하는 것입니다. 이 과정에서 각 표본은 주변 데이터를 고려하기 때문에 과대적합의 가능성이 작아지게 됩니다.

실제 환경에서는 특정 클래스의 개수가 적은 경우가 대부분입니다. 제품을 예로 들면, 한 제품이 정상 제품일 확률이 불량품일 확률보다 현저히 높아서 불량품에 대한 데이터는 상대적으로 적을 수 밖에 없습니다.

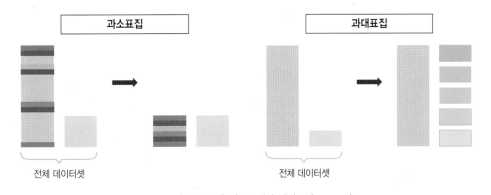

[그림 2-5] 과소표집과 과대표집

---

7 '2.2.2 용어 : 학습하기'에서 언급합니다.

8 'SMOTE 알고리즘' 또는 'SMOTE Sampling'을 검색하세요.

회귀와 분류

회귀Regression는 하나 또는 여러 개의 특징을 통해 연속적인 숫자로 이루어진 정답을 예측하는 것을 말합니다. 여기서 하나 또는 여러 개의 특징을 독립변수라 하고, 정답을 종속변수라고 합니다. 햄버거 가격, 주식 가격, 영화 관객 수, 축구 선수의 연봉 등을 예측하는 것이 이에 해당합니다.

빵(g)	고기(g)	치즈(g)	가격(₩)
300	500	100	5500
200	1000	50	10500
500	500	500	8000
150	300	150	4000
200	200	200	?

[그림 2-6] 회귀의 예 : 햄버거 가격 예측

또한, 0과 1을 예측할 때 사용하는 회귀를 로지스틱 회귀Logistic Regression[9]라고 합니다.

분류Classification는 데이터셋에서 미리 정의된 여러 클래스 중 하나를 예측하는 것입니다. 정답은 회귀처럼 연속적인 정답이 아닌 하나의 클래스에 속하는 것이어야 합니다. 햄버거 종류, 숫자 판별, 얼굴인식 또는 무언가의 종류를 구분하는 것이 이에 해당합니다. 여기서 정답을 클래스class, 레이블label 또는 클래스 레이블class label이라고도 하지만, 많은 사람은 구분하여 표현하지 않습니다. 클래스와 레이블을 굳이 설명하자면, 클래스는 분류 문제에서 고유한unique 레이블의 집합입니다. 햄버거와 음료를 분류할 때 클래스는 햄버거와 음료입니다. 사진 속에 햄버거가 있다고 한다면, 햄버거는 해당 사진의 레이블이 됩니다.

분류는 크게 세 가지로 나눌 수 있습니다.

- **이진 분류**Binary Classification: 햄버거와 음료처럼 두 개의 범주로 구분합니다.
- **다중 분류**Multi-class Classification: 불고기버거, 치킨버거, 치즈버거처럼 세 개 이상의 범주로 구분합니다.
- **다중 레이블 분류**Multi-label Classification: 불고기버거, 치킨버거, 치즈버거, 콜라, 사이다, 환타가 있다면, 불고기버거 세트를 골랐을 때 불고기버거와 콜라 레이블을 모두 할당하는 것입니다.[10]

---

9 'Logistic Regression' 또는 '로지스틱 회귀'를 검색하세요.

10 필자는 감자튀김을 좋아하지 않습니다 ^^;

- 햄버거를 선택한다면?

햄버거	음료
1	0

- 불고기버거를 선택한다면?

불고기버거	치킨버거	치즈버거
1	0	0

- 불고기버거 세트를 선택했다면?

불고기버거	치킨버거	치즈버거	콜라	환타	사이다
1	0	0	1	0	0

*선택: 1 미선택: 0

[그림 2-7] 이진 분류, 다중 분류, 다중 레이블 분류의 예

원핫 인코딩

원핫 인코딩 One-Hot Encoding은 하나의 클래스만 1이고 나머지 클래스는 전부 0인 인코딩을 의미합니다. 불고기버거, 치킨버거, 치즈버거처럼 범주형 데이터로 되어 있는 경우에 주로 사용합니다. 자연어 처리NLP; Natural Language Processing 분야에서 많이 언급되는 용어지만, 그 외에도 자주 사용됩니다.

- 불고기버거: [1, 0, 0]
- 치킨버거: [0, 1, 0]
- 치즈버거: [0, 0, 1]

교차 검증

교차 검증 Cross-Validation은 모델의 타당성을 검증하는 방법입니다. 데이터를 모두 사용하여 모델을 학습시킬 경우 해당 데이터에는 매우 좋은 성능을 보여주지만, 새로운 데이터에 대해서는 좋은 성능을 보이지 못합니다. 이는 대부분의 경우에서 모델이 과대적합되었기 때문에 발생합니다. 교차 검증은 이를 미리 방지하고자 하는 것입니다. 데이터는 크게 세 가지로 나누어서 사용합니다.

- **학습 데이터**train data: 모델 학습에 사용합니다.
- **검증 데이터**validation data: 모델의 검증을 위해 사용하며, 주로 학습 도중에 사용합니다.
- **테스트 데이터**test data: 모델의 최종 성능을 평가하는 데 사용합니다.

검증 데이터를 만드는 이유는 학습 도중 새로운 데이터에 대한 모델의 성능을 평가하기 위함입니다. 새로운 데이터에 대한 성능을 보고, 이를 통해 데이터와 모델을 어떻게 재구성할지 판단하게 됩니다. **테스트 데이터는 최종 평가 이전에는 절대로 사용하면 안 됩니다.** 그렇기 때문에 검증 데이터를 통해 테스트 데이터에서의 결과를 가늠해보아야 합니다. 이를 이용해서 우리는 모델이 새로운 데이터에 대해 더욱 견고Robust해지는 방향으로 나가도록 해야 합니다.

교차 검증은 대표적으로 홀드아웃Hold-out 검증 기법과 K-폴드K-Fold 교차 검증 기법이 있습니다. 먼저 홀드아웃 검증 기법은 데이터셋을 무작위로 [학습, 테스트] 또는 [학습, 검증, 테스트] 데이터로 나눕니다.[11]

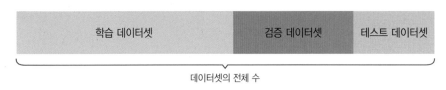

[그림 2-8] 홀드아웃 교차 검증, 데이터 분리

학습 및 검증 데이터를 사용하여 모델을 학습하고 검증하고, 다시 반복합니다. 그리고 최종적으로 테스트 데이터를 통해 결과를 도출해내게 됩니다.

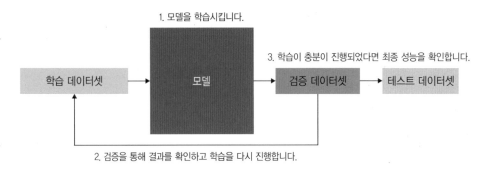

[그림 2-9] 홀드아웃 교차 검증 과정

하지만 이 기법은 데이터를 분리하는 과정에서 최종 성능에 많은 영향을 끼칠 수 있습니다. 운이 좋게도 데이터가 매우 잘 나누어져서 성능이 좋을 수 있지만, 그렇지 않을 수도 있기 때문입니다. 또한, 데이터의 개수가 적은 경우에는 이를 2등분(또는 3등분)하기 때문에 학습 데이터의 개수가 줄어들게 되면서 모델이 과소적합되는 경우가 있습니다. 이러한 문제점을 해결하기 위해 K-폴드K-Fold 교차 검증을 사용합니다.

---

11 보통 학습(검증), 테스트로 0.7(0.1):0.2 또는 0.8(0.1):0.1이 일반적이나 정해진 것은 없습니다. 데이터가 매우 충분하여 0.5:0.5의 비율로 나누는 것이 제일 좋지만, 현실에서는 데이터가 매우 부족하기 때문에 절반으로 나누기 어렵습니다.

K-폴드 교차 검증 기법은 데이터를 K개의 그룹으로 나눈 후에, 하나의 그룹을 제외하고 모든 그룹을 학습 데이터로 사용합니다. 이때 제외한 하나의 그룹은 검증 데이터로써 사용됩니다. 여기서 K는 주로 [3~10]의 범위값을 사용합니다.

먼저 데이터를 학습 데이터셋과 테스트 데이터셋으로 나눕니다.

[그림 2-10] K-폴드 과정 ①

테스트 데이터는 최종 성능 평가 전에는 절대 사용하지 않습니다. 다시 학습 데이터를 각 폴드마다 학습 데이터와 검증 데이터로 나누고, 모델을 학습시킨 뒤 저장합니다. 마지막으로 전에 나누어 두었던 테스트 데이터를 가져옵니다. 폴드마다 저장된 모델을 통해 결과를 도출하고, 해당 결과를 평균 내어 최종 성능을 평가하게 됩니다.

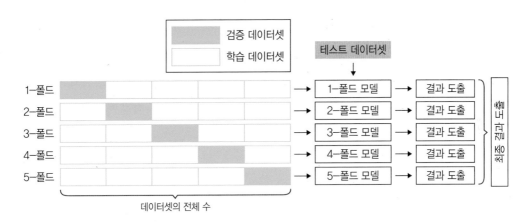

[그림 2-11] K-폴드 과정 ②

이외에도 계층적 K-폴드 교차 검증Stratified K-Fold CV, 임의 분할 교차 검증shuffle-split CV, 그룹별 교차 검증 그리고 특수한 경우인 LOOCVLeave-One-Out CV 등이 있습니다. K-폴드는 모델의 성능을 높이기 위해 사용되는 중요한 기법입니다. 단, 이러한 기법들은 공통으로 모델을 학습시키고 최종 성능을 평가하기까지 많은 시간이 소요된다는 것이 단점입니다.

2.2.2 용어: 학습하기

하이퍼파라미터

하이퍼파라미터Hyperparameter는 어떠한 값이 적절한지 모델과 데이터가 알려주지 않기 때문에 모델 외적인 요소라고 표현하기도 하는데, 주로 경험에 의해 결정되는 요소를 의미합니다. 하이퍼파라미터에는 대표적으로 학습률, 배치 크기, 에폭, 드롭아웃률 등이 있습니다. 최적의 값을 찾기 위해 우리는 다양한 값을 시도해보면서 반복적인 실험과 많은 시간을 투자해야 합니다. 이를 하이퍼파라미터 튜닝이라고 합니다. 하이퍼파라미터 튜닝의 대표적인 방법으로 그리드 서치, 랜덤 서치 등이 있으며, 이를 위해 케라스는 9장에서 살펴보는 케라스 튜너를 제공합니다.

배치와 배치 크기

모델을 학습시킬 때는 주로 데이터 한 개만 사용하거나, 전체 데이터를 사용합니다. 그런데 이러한 방법의 문제는 데이터를 한 개만 사용할 때 정답을 찾기까지 너무 헤맬 수 있고, 전체 데이터를 사용하기엔 모델이 봐야 할 데이터가 너무 많아 속도가 매우 느리다는 단점이 있습니다. 또한, 우리가 가진 하드웨어가 좋지 않다면 전체 데이터를 사용할 수도 없습니다. 이를 해결하기 위해 **배치 학습**을 사용합니다. 배치 학습은 메모리와 속도의 측면에서 많은 이득을 가져다 줍니다. 예를 들어서 설명하겠습니다.

1,000개의 데이터가 있을 때 배치가 10이라는 것은 각 배치당 100개의 데이터를 가지고 있다는 것을 의미합니다. 여기서 배치 크기는 100입니다. 실제 학습을 진행하기 전에 배치 크기를 적절히 선택해야 하는데, 주로 2의 제곱수를 사용하게 됩니다(8, 16, 32, 64, ...). 물론 꼭 2의 제곱수를 사용하지 않아도 됩니다. 적절히 선택하는 방법은 우리가 가진 하드웨어의 능력에 맞게 최대한의 배치 크기를 사용하거나 기존 사례(주로 논문을 참고합니다)에서 사용된 크기를 사용합니다. 다양한 배치 크기를 사용하여 실험을 진행하고, 제일 성능이 좋은 배치 크기를 사용하도록 합니다. 이러한 과정은 앞서 나온 하이퍼파라미터 튜닝에 해당합니다.

에폭과 스텝

에폭Epochs은 전체 데이터를 사용하여 학습하는 횟수를 의미합니다. 전체 데이터를 10회 반복하여 모델을 학습시킨 것을 10 에폭이라고 합니다. 스텝Steps은 모델이 가진 파라미터(또는 가중치)를 1회 업데이트하는 것을 의미합니다.

예를 들어, 전체 데이터가 1,000개이고 배치 크기가 10이라고 가정하겠습니다. 이때, 10 에폭은 데이터를 1000*10번 사용하게 되는 것입니다. 이를 스텝으로 변환하면 1000스텝(전체 데이터 사용 수/배치 크기)이 됩니다.

[그림 2-12] 배치와 에폭

이러한 개념들을 처음 접한다면 매우 헷갈립니다. 햄버거로 표현해보겠습니다. 햄버거 100개가 있고, 이를 전체 데이터라고 하겠습니다. 또한, 햄버거는 100개의 단위로 다시 제공받을 수 있으며, 100개를 전부 먹으면 1 에폭이라고 정의하겠습니다. 햄버거 1,000개를 먹기 위해서는 10회 반복(10 에폭)해야 합니다. 이 과정에서 한번에 100개를 먹는 것은 너무 많은 것 같습니다. 20개씩 나눠서 먹겠습니다. 여기서 배치는 5(100/20)이며, 배치 크기는 20이라고 할 수 있습니다.

지도 학습

지도 학습Supervised Learning은 학습 데이터에 정답이 포함된 것을 의미합니다. 모델에게 햄버거 사진을 보여주면서 햄버거라고 알려주는 것입니다. 대표적으로 위에서 보았던 회귀와 분류가 이에 해당합니다.

비지도 학습

비지도 학습 UnSupervised Learning은 학습 데이터에 정답이 포함되어 있지 않은 것을 의미합니다. 모델에게 햄버거를 종류별로 여러 개 주고 같은 종류끼리 묶어보라고 하는 것입니다. 이를 클러스터링 Clustering이라고 합니다. 딥러닝에서는 대표적으로 햄버거 사진을 주고, 모델에게 다시 햄버거 사진을 그려보라고 하는 것이 있습니다. 이를 생성 모델Generative Model이라고 합니다.

번외로 **강화 학습**Reinforcement Learning은 에이전트가 주어진 환경state에 대해 어떠한 행동을 결정하고, 이를 통해 얻는 보상reward으로 학습하게 됩니다.

과대적합과 과소적합

과대적합Overfitting이란, 모델이 학습 데이터에서는 좋은 성능을 보이지만 새로운 데이터에 대해서는 좋은 성능을 보이지 못하는 결과를 의미합니다. 이때 모델은 학습 데이터를 단순히 외웠다고 표현할 수 있으며, 모델이 문제를 일반화하지 못한 상태입니다. 예를 들면, 데이터셋에서 "치즈가 있고, 불고기를 패티로 사용하는 버거를 구매한 고객은 음료를 구매할 것이다"라는 규칙을 찾아낸 모델이 있습니다. 그렇다면 치즈가 들어가지 않은 불고기버거를 구매한 고객은 음료를 구매할까요? 이 고객에 대해서는 확실한 답을 내리기가 어렵습니다. 이러한 문제가 일어나는 이유는 모델이 너무 복잡하기 때문입니다. 모델이 학습한 규칙을 "불고기를 패티로 사용하는 버거를 구매한 고객은 음료를 구매할 것이다"라고 변경한다면 이전의 더 복잡한 모델보다 불고기버거를 구매한 고객의 음료 구매 여부에 대해서 더 좋은 성능을 보일 것입니다. 해결 방법은 다음과 같습니다.

- 학습 데이터를 다양하게, 많이 수집합니다.
- 정규화Regularization를 사용합니다. → 위와 같이 규칙을 단순화시켜 줍니다.
- 트리플 치즈버거와 같은 이상치Outlier는 제거합니다.[12]

반대로 **과소적합**Underfitting은 모델이 학습 데이터를 충분히 학습하지 않아 모든 측면에서 성능이 나쁘다는 것을 의미합니다. 이때 모델은 아직 성능이 개선될 여지가 남아있는 상태입니다. 예를 들면, 불고기가 들어가 있으면 모두 불고기버거, 치즈가 들어가 있으면 모두 치즈버거라고 학습한 모델이 있다고 하겠습니다. 이때 새로운 데이터로서 치즈 불고기버거를 입력한다면, 아직 모델은 학습 데이터에서 치즈 불고기버거의 경우를 보지 못했기 때문에 구분하기가 어렵습니다. 이 문제는 모델이 너무 단순한 경우에 발생합니다. 단순하다는 것은 많은 데이터를 보지 못했기 때문에 새로운 데이터를 구분할 적절한 규칙을 찾지 못했다는 의미입니다. 해결 방법은 다음과 같습니다.

- 학습 데이터를 다양하게, 많이 수집합니다.
- 더 복잡한 모델을 사용합니다.
- 모델을 충분히 학습시킵니다.

위와 같이 두 가지 문제를 동시에 해결할 수 있는 가장 최고의 방법은 양질의 데이터를 수집하는 것입니다. 모델을 학습시키는 도중에 모델의 성능이 좋지 않은 문제를 겪는다면 어쩌면 데이터의 문제일지도 모릅니다. 모델에 대한 고민도 중요하지만, 핵심은 데이터에 존재한다는 점을 잊지 마세요.[13]

---

12 트리플 치즈버거와 같은 데이터를 충분히 모을 수만 있다면, 제거하는 것은 좋지 않은 방법입니다.

13 IBM은 "성공적인 AI는 성공적인 데이터가 있기 때문에 가능하다"고 하면서, AI에서 가장 어려운 작업은 데이터 수집과 분석이라고 언급했습니다.

2.2.3 용어: 평가하기

혼동행렬

혼동행렬Confusion Matrix은 주로 알고리즘이나 모델의 성능을 평가할 때 많이 사용됩니다. 다음 그림을 보겠습니다.

		예측된 정답	
		True	False
실제 정답	True	TP	FN
	False	FP	TN

[그림 2-13] 혼동행렬

그럼 이제 각 셀의 의미를 정상 햄버거와 유통기한이 지난 햄버거 분류에 빗대어 보겠습니다.

- 유통기한이 지난 햄버거를 유통기한이 지난 햄버거로 분류한 경우: TP True Positive
- 정상 햄버거를 정상 햄버거로 분류한 경우: TN True Negative
- 유통기한이 지난 햄버거를 정상 햄버거로 잘못 분류한 경우: FN False Negative
- 정상 햄버거를 유통기한이 지난 햄버거로 잘못 분류한 경우: FP False Positive

정확도

정확도Accuracy는 자주 사용되고, 가장 기본이 되는 지표입니다. 단순하게 전체 데이터 중에서 실제 데이터의 정답과 모델이 예측한 정답이 같은 비율을 나타냅니다.

$$ACC = \frac{TP + TN}{TP + TN + FP + FN}$$

이 지표의 문제점은 데이터가 불균형할 때 적절하지 못한 지표로써 잘못 사용될 가능성이 있다는 것입니다. 예를 들어, 유통기한이 지난 햄버거 90개, 정상 햄버거 10개를 분류하려고 할 때, 분류 기계는 모든 정답을 유통기한이 지난 햄버거라고 찍기만 해도 90%의 정확도를 얻게 됩니다. 우리는 모델이 정상 햄버거를 잘 구분하고 유통기한이 지난 햄버거 90개를 분류하여 높은 정확도를 달성했는지 알 방법이 없기 때문에 신뢰할만한 지표라고 할 수 없습니다. 이 경우에는 다른 지표를 찾아보아야 합니다.

		예측된 정답	
		유통기한이 지난 햄버거	정상 햄버거
실제 정답	유통기한이 지난 햄버거	90	0
	정상 햄버거	10	0

[그림 2-14] 정말로 정확도가 90%일까요?

정밀도와 재현율

정밀도Precision는 모델이 True라고 예측한 정답 중에서 실제로 True인 비율입니다. **재현율**Recall은 실제 데이터가 True인 것 중에서 모델이 True라고 예측한 비율입니다. **민감도**Sensitivity라고도 합니다. 다음 그림은 정밀도와 재현율이 어떻게 계산되는지 보여줍니다.

		예측된 정답	
		True	False
실제 정답	True	TP	FN
	False	FP	TN

$$정밀도 = \frac{TP}{TP + FP}$$

		예측된 정답	
		True	False
실제 정답	True	TP	FN
	False	FP	TN

$$재현율 = \frac{TP}{TP + FN}$$

[그림 2-15] 정밀도와 재현율

정밀도와 재현율은 평가지표로서 각자에게 적합한 상황이 존재합니다. 예를 들기 위해 다시 햄버거 가게로 돌아가 보겠습니다. 햄버거 가게에는 현재 재고 관리 직원과 고객 응대 직원이 있습니다. 두 명의 직원 덕분에 작년 매출이 많이 오른 것을 확인했고, 보상을 위해 각자의 상황에 적합한 햄버거 기계를 구매하려고 합니다. 햄버거 기계는 총 두 가지가 있는데, 각각의 성능은 다음과 같습니다.

A		예측된 정답	
		유통기한이 지난 햄버거	정상 햄버거
실제 정답	유통기한이 지난 햄버거	30	10
	정상 햄버거	30	30

$$acc = \frac{60(30+30)}{100(30+10+30+30)} = 60\%$$

$$precision = \frac{30}{60(30+30)} = 50\%$$

$$recall = \frac{30}{40(30+10)} = 75\%$$

B		예측된 정답	
		유통기한이 지난 햄버거	정상 햄버거
실제 정답	유통기한이 지난 햄버거	30	30
	정상 햄버거	10	30

$$acc = \frac{60(30+30)}{100(30+10+30+30)} = 60\%$$

$$precision = \frac{30}{40(30+10)} = 75\%$$

$$recall = \frac{30}{60(30+30)} = 50\%$$

[그림 2-16] 두 햄버거 기계의 성능

위의 혼동행렬에서는 총 네 가지의 경우가 있습니다. 그중에서도 우리는 다음과 같은 두 가지 경우를 고려해서 해당 상황이 발생하지 않도록 노력해야 합니다.

- 정상 햄버거를 유통기한이 지난 햄버거라고 한 경우 → 정밀도 고려(B 기계)
- 유통기한이 지난 햄버거를 정상 햄버거라고 한 경우 → 재현율 고려(A 기계)

재고 관리 직원에게는 정상 햄버거를 유통기한이 지난 햄버거라고 판별하여 버리지 않도록 조심해야 합니다(정밀도). 반대로 고객 응대 직원은 유통기한이 지난 햄버거를 정상 햄버거라고 판별하여 고객에게 주지 않도록 해야 합니다(재현율). 차이를 파악했나요? 정확도가 같다고 아무 기계나 주면 안 된다는 말입니다! 재고 관리 직원에게는 정밀도가 높은 B 기계를, 고객 응대 직원에게는 재현율이 높은 A 기계를 선물해주겠습니다.

다시 그림의 A와 B의 기계에서 정밀도와 재현율을 보겠습니다. 서로의 확률이 반대인 것을 확인했나요? 사실 두 지표는 서로 트레이드 오프trade-off 관계에 있습니다. 정밀도를 올리면 재현율이 내려가고, 재현율이 올라가면 정밀도가 내려가게 됩니다. 상황에 따라 다르지만, 어느 하나의 지표가 극단적으로 높은 경우에는 신뢰할만한 지표인지 잘 확인해보아야 합니다. 그러므로 데이터와 상황에 맞게 각각의 임계치를 정해두고 모델을 평가하도록 해야 합니다.

F1-스코어

정밀도와 재현율의 임계치를 잘못 설정하면 극단적인 경우로 향할 수도 있습니다. 이를 방지하기 위해 **F1-스코어**F1-Score를 사용합니다.

$$F1 = 2 * \frac{precision * recall}{precision + recall}$$

F1-스코어는 재현율과 정밀도의 중요성이 같다고 가정하고, 두 지표의 조화평균으로 만들어진 지표입니다. 재고 관리, 고객 응대의 경우처럼 한쪽으로 치우치지 않는 모델을 만드는 데 유용할 수 있습니다. 하지만 이 지표의 수치가 높다고 해서 꼭 올바른 것만은 아닙니다.

ROC 곡선

설명을 위해 혼동행렬에서 나타날 수 있는 지표를 하나 더 알고 가겠습니다. **특이도**Specificity는 모델이 False라고 예측한 정답 중에서 실제로 False인 비율입니다.

$$specificity = \frac{TN}{FP + TN}$$

또한, **진짜 양성 비율**TPR, True Positive Rate은 민감도와 같으며, **가짜 양성 비율**FPR, False Positive Rate은 (1 - 특이도)로 실제로 False이지만 True로 잘못 예측한 비율을 의미합니다. 예를 들면, 정상 햄버거를 유통기한이 지난 햄버거라고 판단한 것입니다.

두 가지 극단적인 경우를 생각해 보겠습니다. 만약 모델이 거의 모든 햄버거에 대해 유통기한이 지난 햄버거라고 판단한다면, 자연스럽게 민감도는 증가할 것이고 특이도는 감소하게 됩니다. 즉, 유통기한이 지난 햄버거를 전부 맞출 수 있지만, 정상 햄버거도 유통기한이 지난 햄버거로 판정될 것입니다. 또 모델이 거의 모든 햄버거에 대해 정상 햄버거라고 판단한다면, 민감도는 감소하고 특이도는 증가하게 됩니다. 정상 햄버거를 전부 맞출 수 있지만, 유통기한이 지난 햄버거 또한 정상 햄버거로 판정됩니다. 트레이드 오프 관계입니다. **ROC 곡선**Receiver Operating Characteristic Curve은 두 지표의 변화를 보기 위해서 그래프로 나타낸 것입니다. 다음 그림을 보겠습니다.

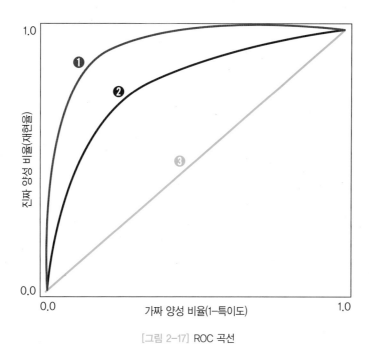

[그림 2-17] ROC 곡선

ROC 곡선에서는 곡선이 왼쪽 위에 가까울수록 좋습니다. 수치적으로는 TPR=1, FPR=0이며, 유통기한이 지난 햄버거를 유통기한이 지난 햄버거로, 정상 햄버거를 정상 햄버거로 판정하는 가장 이상적인 경우입니다. 또 성능 비교를 위해 AUC Area Under the Curve를 사용하는데, 이는 곡선 아래 면적을 의미합니다. ❸번 모델은 AUC가 0.5임을 의미하고, 최악의 상황인 '찍는 모델'이라고 표현할 수 있습니다. 가장 최적의 모델은 왼쪽 위에 가까우면서, AUC가 넓은 제일 위쪽의 검은선에 해당하는 모델에 해당합니다. 아래 그림은 모델 비교를 위해 임의로 클래스 확률을 지정하여 ROC 곡선을 그려보았습니다. 편의를 위해 scikit-learn[14]을 사용합니다. 이 패키지는 모델 평가를 위한 여러 가지 함수를 제공하여 알아두면 편리합니다.

[함께 해봐요] **임의로 클래스 확률을 지정하여 그린 ROC 곡선**　　`chapter02/roccurve.py`

```
01  # 0 : 햄버거
02  # 1 : 유통기한이 지난 햄버거
03  y_true = [0, 1, 1, 1, 1, 0, 1, 1, 0, 0]
04
05  # 클래스에 대한 확률은 임의로 지정합니다.
06  A_proba = [0.6, 0.7, 0.7, 0.8, 0.9, 0.7, 0.85, 0.7, 0.65, 0.75]
07  B_proba = [0.05, 0.05, 0.1, 0.3, 0.6, 0.3, 0.4, 0.5, 0.2, 0.1]
```

---

14 설치가 되어있지 않다면, pip install scikit-learn을 통해 설치해줍니다.

```
08   # 완벽한 모델
09   C_proba = [0, 1, 1, 1, 1, 0, 1, 1, 0, 0]
10
11   # sklearn에서 관련 모듈을 임포트합니다.
12   from sklearn.metrics import roc_curve, auc
13
14   # ROC 곡선을 그리기 위한 값과 AUC 값을 변수에 저장합니다.
15   fpr_A, tpr_A, thr_A = roc_curve(y_true, A_proba)
16   fpr_B, tpr_B, thr_B = roc_curve(y_true, B_proba)
17   fpr_C, tpr_C, thr_C = roc_curve(y_true, C_proba)
18
19   auc_A = auc(fpr_A, tpr_A)
20   auc_B = auc(fpr_B, tpr_B)
21   auc_C = auc(fpr_C, tpr_C)
22
23   import matplotlib.pyplot as plt
24
25   plt.xlabel('False Positive Rate')
26   plt.ylabel('True Positive Rate')
27   plt.title('ROC Curve')
28   plt.plot(fpr_A, tpr_A, color='darkorange',
29           lw=2, label='ROC curve (area = %0.2f)' % auc_A)
30   plt.plot(fpr_B, tpr_B, color='blue',
31           lw=2, label='ROC curve (area = %0.2f)' % auc_B)
32   plt.plot(fpr_C, tpr_C, color='green',
33           lw=2, label='ROC curve (area = %0.2f)' % auc_C)
34   plt.plot([0, 1], [0, 1], color='red', lw=2, linestyle='--')
35   plt.legend(loc="lower right")   # 범례를 추가합니다.
36   plt.show()
```

결과 그림은 다음과 같습니다.

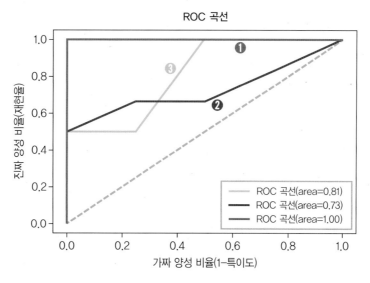

[그림 2-18] ROC 곡선을 통한 세 가지 모델 비교

먼저 ❶번에 해당하는 모델은 우리가 원하는 가장 완벽한 모델에 해당합니다. 완벽한 모델은 제쳐 두고, ❷번 모델과 ❸번 모델 중에서 한 가지를 골라야 하는 상황에 놓였습니다. 어떤 모델을 선택 해야 할까요? 일반적으로 AUC를 기준으로 본다면 ❸번 모델을 선택할 것입니다. 반면, 높은 재 현율과 0.3 이하의 가짜 양성 비율을 기준으로 잡는다면 ❷번 모델을 선택하겠군요. 기준을 어떻 게 잡느냐에 따라서 모델이 달라지게 될 것입니다.

우리가 학습한 모델을 실제 환경에 적용하기 위해서 올바른 지표를 통한 평가는 필수입니다. 데이 터의 특징과 상황에 따라 평가 기준이 매우 다르기 때문에 많은 고민을 해야 될 것입니다. 적절한 평가지표가 정해지고 나면 모델의 성능은 올바른 방향으로 향상될 것입니다.

2.3 데이터셋 살펴보기

개인 또는 팀 프로젝트를 수행하기 위해 데이터를 수집하는 것은 매우 어려운 일입니다. 모델을 우리의 데이터셋에 먼저 적용해보기 전에 다른 데이터셋에 적용해보고, 그 과정에서 해결 방법을 익히는 것도 프로젝트를 성공으로 이끄는 지름길입니다. 특정 데이터셋에 대해 막연하게 공부하고 싶을 때 탐색하는 방법 몇 가지를 알려드리겠습니다.

첫 번째, 구글 데이터셋 검색Google Dataset Search입니다.

[그림 2-19] 구글 데이터셋 검색 메인 화면

구글 데이터셋은 논문에서 사용된 데이터를 찾을 때 유용합니다. 또한, 캐글의 데이터에 업로드되어 있는 데이터셋도 동시에 찾아주기 때문에 편리합니다.

두 번째, 1장에서도 언급한 캐글입니다.

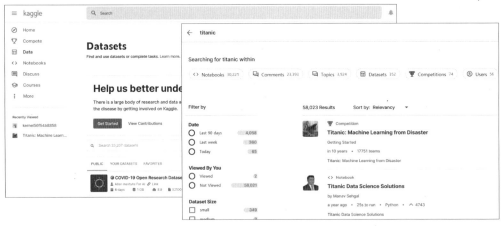

[그림 2-20] 캐글 데이터셋 활용

그림처럼 데이터셋을 검색하여 다운받을 수 있습니다. 또 한 가지 장점은 각 데이터셋에 대해 다른 참가자들이 미리 학습시켜 놓은 모델을 다운받을 수도 있다는 것입니다. 많은 사람이 제공된 데이터셋을 통해 실력 향상을 꾀하고 있습니다. 몇 가지를 알아보겠습니다.

- Titanic: Machine Learning from Diasaster, House Prices: Advanced Regression Techniques

  : 기본적인 데이터 분석, 회귀 및 트리 기반 모델, 얕은 신경망을 적용합니다.

- IEEE-CIS Fraud Detection

  : 고객 이탈 감지에 대한 대회입니다. 시계열 데이터를 다룹니다.

- Don't Overfit! 시리즈

  : 과대적합에 대해 다루는 대회입니다.

- YouTube Video Challenge

  : 구글에서 매년 주기적으로 개최하는 대회입니다. 비디오(유튜브) 데이터를 다룹니다.

- KaKR 시리즈

  : 페이스북 그룹 캐글코리아에서는 여러 가지 데이터를 통해 튜토리얼 형태의 데이터를 제공합니다. 이미지 데이터를 다루고 싶은 입문자라면 '2019 3rd ML month with KaKR'을 추천합니다.

마지막으로 케라스에서도 예제를 다뤄볼 수 있는 기본적인 데이터셋을 제공합니다.

[그림 2-21] tf.keras.datasets

tf.keras.datasets에 포함된 데이터셋은 이미 많은 사람에 의해 사용되었기 때문에 그에 대한 정보가 많아 공부하기 수월하다는 장점이 있습니다. 이 외에도 AI hub, 공공 데이터 포털 등이 있습니다.[15]

---

15 http://www.aihub.or.kr/과 https://www.data.go.kr/을 참고하세요.

2.4 커뮤니티 살펴보기

케라스가 지금까지 발전할 수 있었던 주요 이유는 많은 사람의 소통과 공유가 있었기 때문입니다. 개개인의 개발 능력도 중요하지만, 공유와 소통 능력 또한 중요합니다. 많은 세계적 기업들이 직접 구축한 데이터를 공개하는 이유입니다. 공유를 통해 다양한 해결 방법을 얻을 수 있고, 이를 통해 훌륭한 방법으로 문제를 해결할 수 있기 때문입니다. 급격하게 변화하고 있는 수많은 기술을 좇아가기에도 벅찬 우리에게는 최신 동향, 기술 등을 직접 검색하여 찾아보기엔 많은 어려움이 따릅니다. 또한, 기술에 대한 궁금증이 생긴 경우 주변에 질문하는 것이 매우 어려울 수 있습니다. 이럴 때, 우리는 커뮤니티를 적극적으로 활용해야 합니다.

국내의 커뮤니티도 활성화되어 있으며, 주로 페이스북 그룹과 카카오톡 오픈 채팅을 통해 소통합니다. 다음 그림은 필자가 주로 도움을 얻는 세 가지 커뮤니티[16]입니다. 커뮤니티에는 매우 다양한 사람이 다양한 주제에 관해 서로 소통하고 있습니다. 이 장점은 우리가 가지고 있는 궁금증을 해결하는 데 있어서 핵심적입니다. 낯설지만, 검색으로 해결이 안 된다면 커뮤니티에 질문해보는 것은 어떨까요? 우리가 한 질문은 또 다른 사람들에게 매우 큰 도움이 될 수 있습니다.

[그림 2-22] 소통과 공유를 위한 국내 커뮤니티

---

16 언급한 세 가지 커뮤니티는 홍보와 전혀 무관하며, 정보 획득, 공유 및 질문을 위해 이용하는 매우 유익한 공간입니다.

● 이 장에서 우리가 얻은 것

이 장에서는 머신러닝 프로세스에 대해 알아보고, 해당 프로세스에서 사용되는 여러 가지 용어에 대해 살펴보았습니다. 설명을 위해 세 가지 절로 나누어 설명했지만, 용어들은 각 절에 국한되지 않습니다. 또한, 프로젝트를 위해 데이터셋을 구할 수 있는 방법과 데이터 셋에 대해 알아보았습니다. 문제 해결에서 소통과 공유는 매우 중요합니다. 이를 실현할 수 있는 다양한 커뮤니티에 대해서도 알아보았습니다.

● 이것만은 알고 갑시다

1. 머신러닝 프로세스는 간략하게 [문제 정의 및 데이터 준비하기] → [학습하기] → [추론 및 평가]로 나눌 수 있습니다.

2. [문제 정의 및 데이터 준비하기]는 명확한 문제 정의와 데이터 전처리가 매우 중요합니다.

3. [학습하기]는 본격적으로 모델을 선택하고, 학습시키는 단계입니다. 하이퍼파라미터, 실험 환경 등을 고려하여 학습시간을 효율적으로 활용할 수 있도록 해야 합니다.

4. [추론 및 평가]는 올바른 지표를 통해 모델의 성능을 신뢰할 수 있어야 합니다. 주어진 상황에 맞는 지표를 선택하는 것은 매우 어렵고 중요합니다.

5. 세 가지 절로 나누어 여러 가지 용어를 알아보았습니다.

   [용어: 데이터 준비하기]
   → 클래스 불균형, 과소표집과 과대표집, 회귀와 분류, 원핫 인코딩, 교차 검증
   [용어: 학습하기]
   → 하이퍼파라미터, 배치와 배치 크기, 에폭과 스텝, 지도 학습, 비지도 학습, 과대적합과 과소적합
   [용어: 평가하기]
   → 혼동행렬, 정확도, 정밀도와 재현율, F1-스코어, ROC 곡선

6. 구글 데이터셋 검색과 캐글은 데이터셋을 탐색하고 수집할 최적의 장소입니다. 그 외에도 공공 데이터 포털, AI Hub가 있습니다.

7. 문제는 소통과 공유를 통해 더 빠르게 해결될 수 있습니다. 국내에 이를 위한 다양한 커뮤니티가 존재한다는 점을 잊지 마세요.

3장

기본기 다지기

이 장에서는 기본 연산을 통해 텐서플로우에 익숙해지는 방법과 신경망에 대해 살펴봅니다. 경사하강법과 (특히) 역전파는 신경망을 다루기 위한 필수 개념이므로 이 책뿐만 아니라 많은 글을 참조해서 정확히 이해할 수 있도록 노력해야 합니다. 이 장의 끝에서는 케라스에서의 개발 과정을 소개합니다. 케라스에서의 개발 과정은 매우 간단하지만 강력합니다. 다음 장부터 책의 마지막까지 신경망을 학습시키기 위해 케라스에서의 개발 과정을 계속해서 사용합니다.

- 텐서플로우를 통한 기본 연산: 즉시 실행 모드
- 신경망 살펴보기: 경사하강법, 역전파
- 케라스에서의 개발 과정:
  학습 데이터 정의 → 모델 구성(model, compile) → 학습(fit) → 평가(evaluate, predict)

3.1 기본 연산 해보기

텐서플로우 2.x는 파이썬과 같은 실행 방식을 사용할 수 있습니다. 텐서플로우 1.x에서는 계산 그래프를 생성하고 실행하는 등의 기본 연산에 대해 자세히 알아볼 필요가 있었지만, 우리가 사용하는 텐서플로우 2.x는 직접 그래프를 생성해주지 않아도, 즉시 실행 모드를 자동으로 지원해주어 더욱더 간단하게 사용할 수 있게 되었습니다. 신경망의 기본에 대해 알아보기 전에 워밍업을 한다는 느낌으로 텐서플로우의 기본 연산을 해보겠습니다.

3.1.1 텐서를 통한 표현

텐서플로우는 이름에서도 볼 수 있듯이 주로 **텐서**Tensor를 다루게 됩니다. 이는 C나 자바JAVA 언어에서도 볼 수 있는 int, float, string 등과 같은 자료형에 해당합니다. **텐서를 정의하자면 여러 형태를 가질 수 있는 넘파이 배열**NumPy Array**입니다.** 텐서는 배열의 차원을 랭크Rank로 표현합니다. 다음 표를 통해 보통 우리가 사용하는 표현과 어떻게 다른지 살펴보겠습니다.

예	주로 사용하는 표현	텐서 표현	랭크
0, 1, 2, ⋯	스칼라(Scalar)	0–D Tensor	0
[1, 2, 3, 4, 5]	벡터(Vector)	1–D Tensor	1
[[1, 2, 3, 4, 5], [1, 2, 3, 4, 5]]	행렬(Matrix)	2–D Tensor	2
[⋯[..]⋯]	n차원 배열	n–D Tensor	n

[표 3-1] 우리가 사용하는 표현과 텐서의 표현 비교

기본적인 배열의 표현에 대해 알고 있다면, 우리가 아는 표현과 크게 다른 점은 없습니다. 다른 사람들과의 소통에서도 '주로 사용하는 표현'을 사용합니다. 다만, 텐서플로우에서 제공하는 일부 코드는 랭크 개념을 사용하니 알아둬서 나쁠 것은 없습니다. 앞으로 우리가 다룰 모든 연산은 텐서를 통해 이루어질 것입니다. 텐서의 랭크는 다음 코드를 통해 확인할 수 있습니다.

[함께 해봐요] **텐서의 차원과 기본 연산**　　　　　　　　　　basic_calc.ipynb

```
01  a = tf.constant(2)    # 텐서를 선언합니다.
02  print(tf.rank(a))     # 해당 텐서의 랭크를 계산합니다.
```

```
tf.Tensor(0, shape=(), dtype=int32)
```

```
01  b = tf.constant([1, 2])
02  print(tf.rank(b))
```

```
tf.Tensor(1, shape=(), dtype=int32)
```

```
01  c = tf.constant([[1, 2], [3, 4]])
02  print(tf.rank(c))
```

```
tf.Tensor(2, shape=(), dtype=int32)
```

출력의 결과는 텐서 형태로 나오게 됩니다. 첫 번째 인자는 해당 텐서의 랭크, 두 번째 인자는 해당 텐서의 형태입니다. 랭크는 스칼라 형태를 나타내기 때문에 'shape=()'처럼 빈칸이 나오는 것입니다. 마지막 인자는 해당 텐서의 데이터 타입을 나타냅니다.

3.1.2 즉시 실행 모드를 통한 연산

텐서플로우 2.x의 큰 장점 중 하나는 **즉시 실행 모드**Eager mode를 지원한다는 것입니다. 앞서 언급했듯이, 텐서플로우 1.x에서는 계산 그래프를 선언하고, 초기화한 뒤 세션을 통해 값을 흐르게 하는 등의 많은 작업을 필요로 합니다. **중요한 것은 즉시 실행 모드를 통해 우리는 텐서플로우를 파이썬처럼 사용할 수 있다는 것입니다.**

[함께 해봐요] **즉시 실행 모드를 통한 연산**   basic_calc.ipynb

```
01  # 필요 모듈을 임포트합니다.
02  import tensorflow as tf
03  import numpy as np
04
05  a = tf.constant(3)
06  b = tf.constant(2)
07
08  # 기본 연산
09  # 텐서 형태로 출력해보기
10  print(tf.add(a, b))          # 더하기
11  print(tf.subtract(a, b))     # 빼기
12
13  # 넘파이 배열 형태로 출력해보기
14  print(tf.multiply(a, b).numpy())    # 곱하기
15  print(tf.divide(a, b).numpy())      # 나누기
```

위의 출력은 텐서 형태로 나오게 되는데, 이를 넘파이 배열 형태로 변환하여 사용할 수 있습니다. 넘파이 배열을 통해 함수를 적용하고 다시 텐서 연산을 수행하는 과정은 다음과 같습니다.

- numpy() 함수를 사용하여 텐서를 넘파이 배열로 변환합니다.
- 함수를 적용합니다.
- tf.convert_to_tensor() 함수를 사용하여 텐서 형태로 다시 변환합니다.

[함께 해봐요] **텐서에서 넘파이로, 넘파이에서 텐서로**　　　　　　basic_calc.ipynb

```
01  import tensorflow as tf
02  import numpy as np
03
04  c = tf.add(a, b).numpy()   # a와 b를 더한 후 NumPy 배열 형태로 변환합니다.
05  c_square = np.square(c, dtype = np.float32)
    # NumPy 모듈에 존재하는 square 함수를 적용합니다.
06  c_tensor = tf.convert_to_tensor(c_square)   # 다시 텐서로 변환해줍니다.
07
08  # 넘파이 배열과 텐서 각각을 확인하기 위해 출력합니다.
09  print('numpy array : %0.1f, applying square with numpy : %0.1f,
            convert_to_tensor : %0.1f' % (c, c_square, c_tensor))
```

```
numpy array : 5.0, applying square with numpy : 25.0, convert_to_tensor : 5.0
```

이러한 변환 과정을 잘 이용한다면, NumPy 모듈이 제공하는 수많은 기능뿐만 아니라 정의된 함수를 사용하는 것에는 문제가 없을 것입니다. 예제 코드에서는 NumPy가 제공하는 제곱 함수를 사용했는데, 텐서플로우에서 제공하는 그 외 여러 가지 수학에 관한 계산은 tf.math 모듈 아래에, 선형대수학에 관련된 계산은 tf.linalg 모듈 아래에 있습니다.

```
01  from tensorflow.math import sin, cos, tanh   # 수학에 관련된 모듈
02  from tensorflow.linalg import diag, svd, matrix_transpose   # 선형대수학에 관련된 모듈
```

3.1.3 @tf.function

@tf.function은 텐서플로우에서 자동으로 그래프를 생성_{Auto Graph}해주는 기능입니다. 이 기능을 사용하면 파이썬으로 구성된 코드를 고효율의 텐서플로우 그래프로 변환하여 사용할 수 있습니다. 텐서플로우 그래프로 변환하여 사용한다는 것은 GPU 연산이 가능하다는 의미이기 때문에 속도 측면에서 큰 효과를 볼 수 있습니다. 대표적으로 변환되는 함수는 다음과 같습니다.

- if → tf.cond
- for/while → tf.while_loop
- for _ in dataset → dataset.reduce

@tf.function은 위와 같은 반복적인 파이썬 코드에는 효율적이지만, 5장부터 다룰 신경망(컨볼루션 신경망, 순환 신경망)과 같은 고비용 연산에는 성능에 큰 차이를 보이지 못하는 특징이 있습니다. 사용 방법은 다음과 같이 간단합니다.

[함께 해봐요] **@tf.function**   basic_calc.ipynb

```
01   import tensorflow as tf
02
03   @tf.function
04   def square_pos(x):
05       if x > 0:
06           x = x * x
07       else:
08           x = x * -1
09       return x
10
11   print(square_pos(tf.constant(2)))
```

```
tf.Tensor(4, shape=(), dtype=int32)
```

사실 위의 예제는 즉시 실행 모드를 사용하면 @tf.function 없이도 문제없이 실행되는 코드입니다. @tf.function을 사용한 함수와 그렇지 않은 함수의 출력 형태를 보겠습니다.

@tf.function을 사용하지 않은 함수	@tf.function을 사용한 함수
| ```
def square_pos(x):
    if x > 0:
        x = x * x
    else:
        x = x * -1
    return x
square_pos
``` | ```
@tf.function
def square_pos(x):
    if x > 0:
        x = x * x
    else:
        x = x * -1
    return x
square_pos
``` |
| `<function __main__.square_pos(x)>` | `<tensorflow.python.eager.def_function.Function at 0x1eefad00a58>` |

왼쪽의 경우 일반 파이썬 함수로 인식됩니다. 그에 반해, @tf.function을 사용한 함수는 텐서플로우 그래프 형태로 출력되는 것을 확인할 수 있습니다. 그러므로 파이썬으로 구성된 함수를 텐서플로우의 그래프 형태로 다루고 싶을 때 사용하면 좋습니다.

3.2 신경망

텐서플로우의 기본 연산에 대해 알아보았으니 이제 신경망을 만나볼 차례입니다.

3.2.1 퍼셉트론

신경망은 퍼셉트론Perceptron 알고리즘에서부터 시작합니다. **퍼셉트론 알고리즘**은 여러 개의 신호를
입력으로 받아 하나의 신호를 출력합니다.

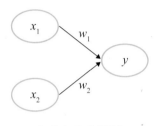

[그림 3-1] 퍼셉트론

위 그림에서 x_1, x_2는 입력, y는 출력, w는 가중치를 의미합니다. 다른 표현으로 x는 데이터의 특성,
y는 정답을 나타냅니다. **퍼셉트론은 x와 가중치 w를 곱한 값을 모두 더하여 하나의 값(y)으로 만들어 냅
니다.** 이를 임곗값threshold과 비교하여 크면 1, 그렇지 않으면 0을 출력합니다.[1] 이렇게 신경망에서
만들어진 값을 적절한 출력값으로 변환해주는 함수를 **활성화 함수**Activation function라고 합니다. 이러
한 과정을 퍼셉트론의 기본 단위라고 하며, [그림 3-2]의 오른쪽이 퍼셉트론의 기본 단위를 보여
주고 있습니다.

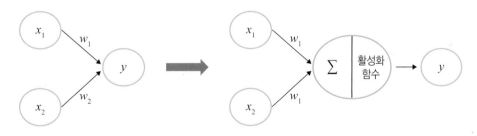

[그림 3-2] 퍼셉트론과 퍼셉트론의 기본 단위

---

1 퍼셉트론의 그림과 같은 경우에 수식으로 $y = \begin{cases} 1\ (w_1x_1 + w_2x_2 > threshold) \\ 0\ (w_1x_1 + w_2x_2 \leq threshold) \end{cases}$ 와 같이 나타낼 수 있습니다.

위와 같이 단순히 0과 1을 출력하는 함수를 계단 함수step function라고 부릅니다. 최종 결괏값은 우리가 정해놓은 정답과 비교하게 되는데, 특정 알고리즘을 사용하여 최적값을 찾을 때까지 가중치를 업데이트하면서 학습을 반복하게 될 것입니다. 이 과정을 통해 OR 게이트 문제를 해결해보겠습니다. 퍼셉트론을 이용하면 AND, NAND 게이트 또한 해결할 수 있습니다.

[함께 해봐요] OR 게이트 구현해보기   perceptron.ipynb

```
01  import tensorflow as tf
02  tf.random.set_seed(777)   # 시드를 설정합니다.
03
04  import numpy as np
05  from tensorflow.keras.models import Sequential
06  from tensorflow.keras.layers import Dense
07  from tensorflow.keras.optimizers import SGD
08  from tensorflow.keras.losses import mse
09
10  # 데이터 준비하기
11  x = np.array([[0, 0], [1, 0], [0, 1], [1, 1]])
12  y = np.array([[0], [1], [1], [1]])
13
14  # 모델 구성하기
15  model = Sequential()
16  # 단층 퍼셉트론을 구성합니다.
17  model.add(Dense(1, input_shape = (2, ), activation = 'linear'))
18
19  # 모델 준비하기
20  model.compile(optimizer = SGD(),
21                loss = mse,
22                metrics = ['acc'])   # list 형태로 평가지표를 전달합니다.
23
24  # 학습시키기
25  model.fit(x, y, epochs = 500)
```

```
... 생략 ...
Epoch 190/500
4/4 [==============================] - 0s 2ms/sample - loss: 0.1184 - acc: 0.7500
Epoch 191/500
4/4 [==============================] - 0s 1ms/sample - loss: 0.1179 - acc: 0.7500
Epoch 192/500
4/4 [==============================] - 0s 1ms/sample - loss: 0.1174 - acc: 1.0000
Epoch 193/500
4/4 [==============================] - 0s 2ms/sample - loss: 0.1169 - acc: 1.0000
Epoch 194/500
4/4 [==============================] - 0s 2ms/sample - loss: 0.1164 - acc: 1.0000
... 생략 ...
```

위 코드를 성공적으로 실행시켰다면, OR 게이트 문제를 훌륭하게 해결할 수 있는 모델을 얻게 된 것입니다. 우리가 동일한 결과를 얻을 수 있는 이유는 tf.random.set_seed() 함수 때문입니다. 시드를 고정하면 랜덤으로 생성되는 모든 숫자에서 동일한 결과를 얻을 수 있습니다. **랜덤 시드**Random Seed**는 실험에서 재생산성을 위한 중요한 설정 중 하나임을 기억하세요.**

이 장에서 주로 사용할 Dense층은 퍼셉트론을 자동으로 생성해 줄 것입니다. **밀집층**Dense layer, **다층 퍼셉트론**MLP, **완전 연결층**fully-connected layer **등 여러 가지 표현이 존재합니다.** Dense(1, input_ shape = (2,))은 두 개의 특성을 가지는 1차원의 데이터를 입력으로 받고, 한 개의 출력을 가지는 Dense층이라고 표현합니다. 처음 전달해주는 인자 '1'은 퍼셉트론의 개수를 의미합니다. 또는 이를 은닉 유닛hidden unit이라고도 표현합니다. 그 외에 위에서 사용되는 각 함수에 대해선 아직 몰라도 괜찮습니다. 하지만 데이터를 준비하고 학습시키기까지의 흐름은 기억해주세요!

위 코드의 Dense층이 [그림 3-1]처럼 구성되었다면, 우리는 모델로부터 두 개의 가중치를 얻을 수 있어야 합니다. OR 게이트는 데이터당 두 개의 특성(x_1, x_2)이 있다는 점을 기억하세요. 현재 모델이 가지고 있는 가중치는 다음과 같이 확인할 수 있습니다.

```
01  model.get_weights()
```

```
[array([[0.49431452],
        [0.37552655]], dtype=float32), array([0.3271933], dtype=float32)]
```

출력 결과를 확인해보면 세 개의 값을 반환해주고 있습니다. 세 개 중 두 개는 가중치에 해당하고, 나머지 한 개는 편향bias에 해당합니다. 편향은 직선 함수에서 y 절편을 생각하면 쉽습니다. 올바른 개수의 가중치를 얻은 것을 보니 OR 게이트 문제 해결을 위한 퍼셉트론 구현에 성공한 것 같습니다. AND 또는 NAND 게이트도 데이터를 조금만 조작해주면 쉽게 구현할 수 있습니다.

3.2.2 다층 퍼셉트론

하지만 퍼셉트론에도 한계가 존재합니다. XOR 게이트 문제를 해결하지 못한다는 점입니다.

필자가 여러분들을 위해 대신 XOR 게이트 데이터를 사용하여 10000 에폭[2]에 해당하는 학습을 진행해보았습니다. 결과적으로 많은 횟수의 에폭을 사용했지만 모델은 학습되지 않았습니다. 왜 학습되지 않았을까요? 다음 그림에서 직접 선을 그어보면 아마 문제를 해결하지 못한 모델의 입장도 이해가 될 것입니다. 민트색 선과 같이 한 개의 직선을 사용하여 네모 점과 세모 점을 구분지어 보세요.

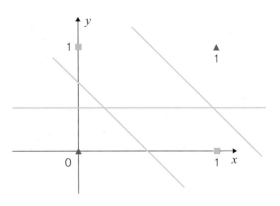

[그림 3-3] 네모 점과 세모 점으로 구분짓기

한 개의 직선을 이용하여 네모 점과 세모 점을 구분할 수 있었나요? 아무래도 모델에게 너무 어려운 문제를 요구한 것 같습니다. 선을 몇 개 더 추가하거나 구불구불한 선이 있으면 좋겠군요. 이러한 문제를 해결하기 위해 멋있는 방법이 탄생했습니다. 바로 **다층 퍼셉트론**MLP; Multi-Layer Perceptron 입니다.

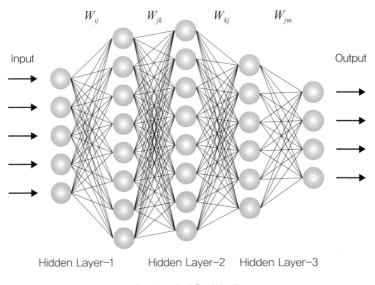

[그림 3-4] 다층 퍼셉트론

---

2 에폭에 대한 의미를 모를 경우, 2장의 '2.1 용어 살펴보기'를 읽어보고 다시 3장을 진행하면 이해하기가 더 수월합니다.

우리가 평소에 보던 가장 익숙한 신경망의 그림입니다. 이처럼 여러 개의 퍼셉트론을 쌓아 XOR 문제를 해결해보겠습니다. 추가로 한 가지를 더 설명하자면, 퍼셉트론에서 모델의 출력값은 '입력 값과 가중치를 곱하여 모두 더한 것'이라고 했습니다. 퍼셉트론을 여러 개 쌓게 되면 수많은 가중 치를 다뤄야 합니다. 쉽게 말해서, 위의 다층 퍼셉트론 그림에서 보이는 수많은 선이 전부 가중치 에 해당한다고 생각하면 됩니다. **위의 경우에는 적은 수의 퍼셉트론이지만 실제로 사용할 퍼셉트론은 수십 배가 넘습니다.** 실제 학습에서 이를 단순하게 곱하여 출력을 만드는 경우 상당한 연산 비용이 발생합니다. 좀 더 단순simple하고 효율적으로 계산하기 위해서 **벡터화**vectorization를 이용하며, 내적 을 통해 연산을 수행합니다.

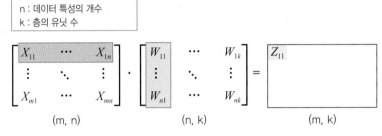

[그림 3-5] 벡터의 내적

```
01   # 내적해보기
02   import tensorflow as tf
03
04   x = tf.random.uniform((10, 5))   # uniform 분포에서 해당 크기만큼 난수를 생성합니다.
05   w = tf.random.uniform((5, 3))
06   d = tf.matmul(x, w) # (10, 5) * (5, 3)
07
08   print(f'x와 w의 벡터 내적의 결과 크기:{d.shape}')
```

x와 w의 벡터 내적의 결과 크기:(10, 3)

그렇다면 이제 다층 퍼셉트론을 이용하여 XOR 게이트 문제를 해결해보겠습니다.

```
01  import tensorflow as tf
02  tf.random.set_seed(777)   # 시드를 설정합니다.
03
04  import numpy as np
05  from tensorflow.keras.models import Sequential
06  from tensorflow.keras.layers import Dense
07  from tensorflow.keras.optimizers import RMSprop
08  from tensorflow.keras.losses import mse
09
10  # 데이터 준비하기
11  data = np.array([[0, 0], [1, 0], [0, 1], [1, 1]])
12  label = np.array([[0], [1], [1], [0]])
13
14  # 모델 구성하기
15  model = Sequential()
16  model.add(Dense(32, input_shape = (2, ), activation = 'relu'))
    # 다층 퍼셉트론을 구성합니다.
17  model.add(Dense(1, activation = 'sigmoid'))
18
19  # 모델 준비하기
20  model.compile(optimizer = RMSprop(),
21                loss = mse,
22                metrics = ['acc'])
23
24  # 학습시키기
25  model.fit(data, label, epochs = 100)
```

```
... 생략 ...
Epoch 95/100
4/4 [==============================] - 0s 549us/sample - loss: 0.2130 - acc: 1.0000
Epoch 96/100
4/4 [==============================] - 0s 542us/sample - loss: 0.2126 - acc: 1.0000
Epoch 97/100
4/4 [==============================] - 0s 544us/sample - loss: 0.2122 - acc: 1.0000
Epoch 98/100
4/4 [==============================] - 0s 543us/sample - loss: 0.2118 - acc: 1.0000
Epoch 99/100
4/4 [==============================] - 0s 546us/sample - loss: 0.2114 - acc: 1.0000
Epoch 100/100
4/4 [==============================] - 0s 559us/sample - loss: 0.2110 - acc: 1.0000
```

첫 번째 Dense층에서 32개의 퍼셉트론을 사용한 것을 파악했나요? 퍼셉트론을 여러 개 쌓음으로 인해서 XOR 문제를 해결할 수 있었습니다. 앞선 코드와 또 한 가지 다른 점은 비선형 활성화 함수를 사용했다는 것입니다(Dense층의 'activation' 인자를 주목하세요). 대표적으로 **시그모이드**sigmoid, **하이퍼볼릭 탄젠트**tanh, ReLU 활성화 함수가 있습니다. 이외에도 여러 가지 활성화 함수가 존재하지만[3], 이 책에서는 가장 대중적으로 사용되고 있는 ReLU 함수를 주로 사용할 것입니다.

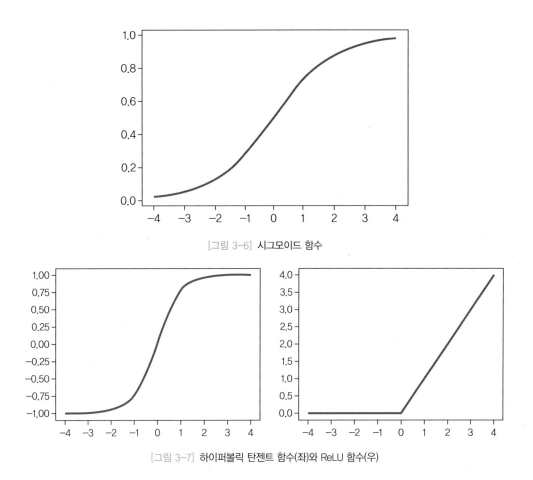

[그림 3-6] 시그모이드 함수

[그림 3-7] 하이퍼볼릭 탄젠트 함수(좌)와 ReLU 함수(우)

다음 예제 코드는 위에서 소개한 활성화 함수를 간단히 구현한 것입니다. 함수를 바꿔가면서 코드를 실행시켜 보세요. [그림 3-7]과 같은 결과를 확인할 수 있습니다.

---

3 다양한 활성화 함수는 tf.keras.activations에서 확인할 수 있습니다.

```python
01  import numpy as np
02  import matplotlib.pyplot as plt
03  import math
04
05  # 시그모이드 함수
06  def sigmoid(x):
07      return 1 / (1 + np.exp(-x))
08
09  # 하이퍼볼릭 탄젠트 함수
10  def tanh(x):
11      return list(map(lambda x : math.tanh(x), x))
12
13  # relu 함수
14  def relu(x):
15      result = []
16      for ele in x:
17          if(ele <= 0):
18              result.append(0)
19          else:
20              result.append(ele)
21
22      return result
23
24  # 시그모이드 함수 그려보기
25  x = np.linspace(-4, 4, 100)
26  sig = sigmoid(x)    # 함수를 변경하여 다른 함수도 그려보세요.
27  plt.plot(x, sig)
28  plt.show()
```

3.2.3 경사하강법

신경망은 가중치를 업데이트하면서 주어진 문제를 최적화합니다. 이때, 가중치를 업데이트하는 방법에는 대표적으로 **경사하강법**Gradient Descent을 사용합니다. 경사하강법은 특정 함수에서의 미분을 통해 얻은 기울기를 이용하여 최적의 값을 찾아가는(손실을 줄이는) 방법입니다.

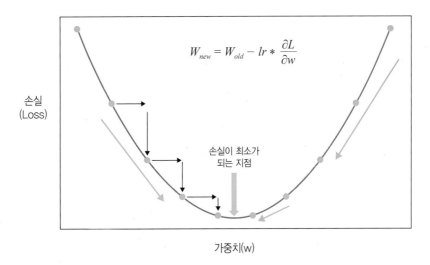

$$W_{new} = W_{old} - lr * \frac{\partial L}{\partial w}$$

손실
(Loss)

손실이 최소가
되는 지점

가중치(w)

[그림 3-8] 경사하강법($y=x^2$)

그림 안의 수식에서 lr<small>learning rate</small>로 표현되고 있는 학습률을 사용하고 있습니다. **학습률은 모델의 학습에서 학습 속도나 성능에 큰 영향을 끼치는 중요한 하이퍼파라미터입니다.** [그림 3-8]의 예시에서는 $y=x^2$ 함수를 사용했습니다. 따라서 어느 지점에서 출발해도 경사를 따라가다 보면 최적값을 만날 수 있습니다. 하지만 우리가 해결해야 할 문제 공간은 다음과 같은 경우가 많습니다.

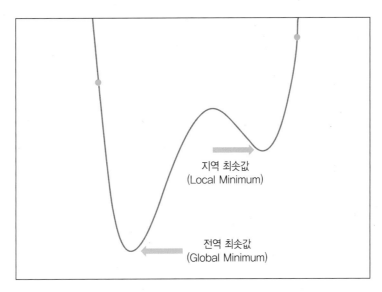

지역 최솟값
(Local Minimum)

전역 최솟값
(Global Minimum)

[그림 3-9] 지역 최솟값과 전역 최솟값

[그림 3-9]의 함수에서 경사하강법을 이용해 기울기를 타고 밑으로 내려가 보겠습니다. 우리가 원하는 모델의 성능은 당연히 전역 최솟값에 도달하는 것입니다. 왼쪽 점에서 시작하면 무사히 전역 최솟값에 도착할 수 있지만, 오른쪽 점에서 시작하면 지역 최솟값에 빠질 위험이 높습니다. 이러한 이유로 **경사하강법은 항상 최적값을 반환한다는 보장을 할 수 없습니다**. 따라서 실제로 모델을 학습할 때, 여러 가지 학습률을 사용해볼 필요가 있습니다. 학습률이 너무 높으면 학습이 되지 않을 수 있고, 학습률이 너무 낮으면 학습 속도가 아주 느려서 전역 최솟값에 도달하기 전에 학습이 종료될 수 있기 때문입니다.

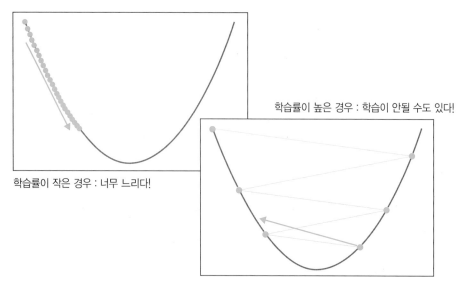

[그림 3-10] 학습에 영향을 미치는 학습률의 크기

학습률의 초기 설정으로는 주로 0.001(1e-3)을 사용합니다. 모델이 학습되지 않은 상태라면 큰 학습률에서부터 시작하고, 어느 정도 학습이 된 경우엔 서서히 학습률을 줄여나가 봅니다. 또는, 학습률을 줄여보다가 급격히 키우고 다시 줄이는 것도 좋은 방법이 될 수 있습니다.

신경망의 올바른 학습을 위해서는 **가중치 초기화**weight initialization 문제도 생각해봐야 합니다. 다시 지역 최솟값이 존재하는 [그림 3-9]로 돌아가서, 우리는 당연히 최고의 성능을 위해 오른쪽 점이 아닌 왼쪽 점을 선택할 것입니다. 이를 '초기화한다'고 표현할 수 있습니다. 물론, 오른쪽 점을 선택했을 경우엔 지역 최솟값에 도달한 이후에 학습률을 증가시켜서 탈출하는 방법이 존재합니다. 하지만 이보다는 처음부터 왼쪽 점을 선택하는 게 낫겠죠? 이처럼 좋은 성능을 얻기 위해서는 올바른 가중치 초기화를 진행해야 합니다. 우리는 특별한 경우가 아닌 이상, 케라스가 제공하는 기본 초기화 설정을 사용해도 큰 문제가 되지 않을 것입니다. **대표적으로는 Glorot(Xavier), he, Lecun 초기화가 있으며, tf.keras.initializers에서 확인해 볼 수 있습니다.** 또한, 우리는 주로 배치 단위를 사용하여 학습을 진행합니다. 이때의 경사하강법을 **확률적 경사하강법**SGD; Stochastic Gradient Descent이라고 합니다.[4]

다음 코드를 통해 학습률의 변화에 따라 점들이 어떻게 찍히는지 실험해보세요. 학습률이 낮은 경우(lr=0.001)엔 학습 속도가 매우 느리고, 학습률이 높은 경우(lr=0.9)엔 최적 지점에 도달하지 못하는 것을 확인할 수 있습니다. 이 결과를 통해 우리는 적절한 학습률(lr=0.1 또는 lr=0.3)을 선택하는 것이 성능에 큰 차이를 줄 수 있음을 알 수 있습니다.

[함께 해봐요] **경사하강법 실험해보기**   perceptron.ipynb

```
01  import numpy as np
02  import matplotlib.pyplot as plt
03
04  lr_list = [0.001, 0.1, 0.5, 0.9]  # 여러 가지 학습률을 사용하여 값의 변화를 관찰해봅니다.
05
06  def get_derivative(lr):
07
08      w_old = 2
09      derivative = [w_old]
10
11      y = [w_old ** 2]  # 손실 함수를 y= x^2로 정의합니다.
12
13      for i in range(1, 10):
14          # 먼저 해당 위치에서 미분값을 구합니다.
15          dev_value = w_old * 2
16
17          # 위의 값을 이용하여 가중치를 업데이트합니다.
18          w_new = w_old - lr * dev_value
19          w_old = w_new
20
21          derivative.append(w_old)   # 업데이트 된 가중치를 저장합니다.
22          y.append(w_old ** 2)       # 업데이트 된 가중치의 손실 값을 저장합니다.
23
24      return derivative, y
25
```

---

4 정확히는 미니 배치 확률적 경사하강법(Mini-batch SGD)라고 표현할 수 있습니다.

```
26  x = np.linspace(-2, 2, 50)    # -2~2의 범위를 50구간으로 나눈 배열을 반환합니다.
27  x_square = [i ** 2 for i in x]
28
29  fig = plt.figure(figsize = (12, 7))
30
31  for i, lr in enumerate(lr_list):
32      derivative, y = get_derivative(lr)
33      ax = fig.add_subplot(2, 2, i + 1)
34      ax.scatter(derivative, y, color = 'red')
35      ax.plot(x, x_square)
36      ax.title.set_text('lr = ' + str(lr))
37
38  plt.show()
```

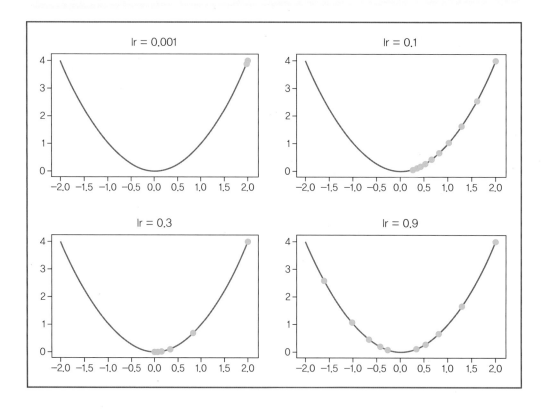

3.2.4 역전파

신경망을 여러 개 쌓으면서 XOR 게이트 문제를 해결했지만, 신경망을 학습시킬 방법이 존재하지 않았습니다. 이를 해결한 멋진 방법이 바로 **역전파 알고리즘**Backpropagation Algorithm입니다. 우리가 주어진 문제를 해결하기 위해 구성한 모델에서 수많은 가중치를 무작위로 설정한 뒤 결괏값을 도출하고, 이를 정답과 비교하여 가중치를 다시 조정하는 과정에서 사용합니다.

쉽게 예를 들면, 햄버거를 만드는 과정을 **순전파**Forward Pass라고 합니다. 그리고 나서 햄버거를 먹은 고객의 반응을 보고 패티의 두께를 더 두껍게 할지 또는 치즈를 추가할지에 대한 과정을 역전파라고 할 수 있습니다. 역전파는 약간의 미분 개념이 필요한데, **체인 룰**Chain Rule이라는 개념을 사용합니다.

$$\frac{\partial f}{\partial x} = \frac{\partial f(g)}{\partial g} \cdot \frac{\partial g(x)}{\partial x}$$

가중치를 업데이트하는 과정에서 체인 룰을 사용하게 됨으로써, 계산량이 줄어들어 더 빠른 속도로 모델을 학습시킬 수 있게 되었습니다.

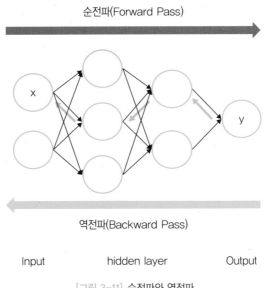

[그림 3-11] 순전파와 역전파

다행히도 우리가 사용하는 대부분의 딥러닝 라이브러리는 자동 미분Auto-diff 기능을 지원합니다. 이로 인해서 우리는 미분을 어떻게 해야 할지에 대한 고민보다 데이터 또는 모델에 더 많은 시간을 투자할 수 있게 되었습니다. 여기서는 '신경망의 가중치가 역전파를 통해 업데이트되는구나!' 하는 내용만 알고 있어도 충분합니다.

3.3 케라스에서의 개발 과정

지금까지 케라스를 사용한 예제를 두 번 밖에 경험해보지 못했지만, 단순하다는 것을 확인할 수 있었습니다. 케라스에서는 다음 과정을 필수적으로 거치게 됩니다.

1. 학습 데이터를 정의합니다.
2. 데이터에 적합한 모델을 정의합니다.
3. 손실 함수, 옵티마이저, 평가지표를 선택하여 학습 과정을 설정합니다.
4. 모델을 학습시킵니다.
5. 모델을 평가합니다.

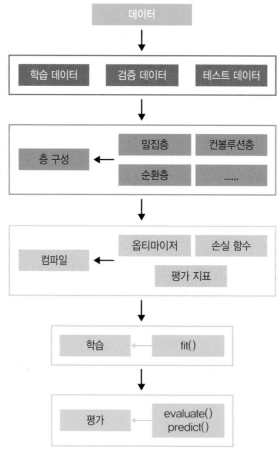

[그림 3-12] 케라스에서의 개발 과정

천천히 케라스에서의 개발 과정을 살펴보겠습니다. 먼저, 문제 해결을 위해 사용할 데이터를 준비하고, 학습 데이터, 검증 데이터, 테스트 데이터로 나눕니다. 그 다음 모델을 구성합니다. 케라스에서 모델을 구성하는 방법은 층을 차례대로 쌓는 tf.keras.Sequential과 더욱 유연한 구조를 만들 수 있는 함수형 API[5]가 있습니다.

예시: Sequential()을 사용한 모델 구성

```
01  model = Sequential()
02  model.add(Dense(32, input_shape = (2, ), activation = 'relu'))
03  model.add(Dense(1, activation = 'sigmoid'))
```

예시 모델에서는 두 개의 Dense층이 연결되어 있습니다. 위에서 언급한 두 가지 모델 구성 방법과 관계없이 **항상 모델의 첫 번째 층은 데이터의 형태(위의 코드에서 input_shape 인자)를 전달해주어야 한다는 점을 기억해야 합니다.** 두 번째 층부터는 자동으로 이전 층의 출력 형태가 입력 형태로 지정되어 사용됩니다.

모델을 구성했다면 컴파일compile 함수를 호출하여 학습 과정을 설정합니다.

예시: model.compile()

```
01  # 평균 제곱 오차 회귀 문제
02  model.compile(optimizer = RMSprop(),
03                  loss = 'mse',
04                  metrics = [ ])
05
06  # 이항 분류 문제
07  model.compile(optimizer = RMSprop(),
08                  loss ='binary_crossentropy',
09                  metrics = ['acc'])
10
11  # 다항 분류 문제
12  model.compile(optimizer = RMSprop(),
13                  loss ='categorical_crossentropy',
14                  metrics = ['acc'])
```

---

5 함수형 API에 관한 내용은 7장에서 다룹니다.

`model.compile()` 함수에서는 크게 세 가지를 설정해주어야 합니다.

- **옵티마이저**optimizer: 최적화 방법을 설정합니다. 대표적으로 `SGD()`, `RMSProp()`, `Adam()`, `NAdam()` 등이 있습니다. 옵티마이저를 설정하는 다른 방법으로 'sgd', 'rmsprop', 'adam'과 같이 문자열로 지정하여 전달할 수 있습니다. `tf.keras.optimizers` 모듈에서 다양한 옵티마이저를 볼 수 있습니다.

- **손실 함수**loss function: 학습 과정에서 최적화시켜야 할 손실 함수를 설정합니다. 대표적으로 평균 제곱 오차(mse; mean_squared_error), binary_crossentropy, categorical_crossentropy가 있으며, 문자열로 지정하여 사용할 수 있습니다. `tf.keras.losses` 모듈에서 다양한 손실 함수를 볼 수 있습니다.

- **평가지표**metrics: 학습 과정을 모니터링하기 위해 설정합니다. 객체를 호출하거나 'acc'와 같이 문자열을 지정하여 전달할 수 있으며, 직접 정의하여 사용하기도 합니다. `tf.keras.metrics` 모듈에서 다양한 평가지표를 볼 수 있습니다.

다음으로 model.fit() 함수를 호출하여 모델을 학습시킵니다.

예시: model.fit()

```
01   model.fit(data, label, epochs = 100)
02
03   model.fit(data, label, epochs = 100, validation_data = (val_data, val_label))
```

fit() 함수에서는 입력 및 정답 데이터로 이루어진 학습 데이터와 함께 주로 세 가지를 추가로 설정합니다.

- **에폭**epochs: 전체 학습 데이터를 몇 회 반복할지 결정합니다.
- **배치 크기**batch_size: 전달한 배치 크기만큼 학습 데이터를 나누어 학습을 진행합니다.
- **검증 데이터**validation_data: 모델의 성능을 모니터링하기 위해 사용합니다. 입력과 정답 데이터로 이루어진 검증 데이터를 전달하면 1회 에폭이 끝날 때마다 전달된 검증 데이터에서의 손실과 평가지표를 출력합니다.

마지막으로 평가를 진행합니다. 평가를 위해 사용할 함수 evaluate()와 predict()는 tf.keras. Model 모듈 아래에 존재하기 때문에 정의한 모델에서 바로 사용할 수 있습니다.

예시: model.evaluate(), model.predict()

```
01  model.evaluate(data, label)
```

```
[0.21061016619205475, 1.0]
```

```
01  result = model.predict(data)
02  print(result)
```

```
array([[0.48656905],
       [0.5464304 ],
       [0.552116  ],
       [0.4465039 ]], dtype=float32)
```

evaluate() 함수를 사용하면 차례대로 손실과 평가지표에 대한 정보를 확인할 수 있습니다. 위의 예시는 XOR 게이트 문제에서 학습시킨 모델을 사용하여 얻은 결과입니다. predict() 함수를 사용하면 모델의 마지막 층의 형태와 동일한 형태를 가진 추론값을 전달한 데이터 개수만큼 반환해 줍니다.

● 이 장에서 우리가 얻은 것

이 장에서는 텐서플로우 2.x에서 간단한 연산을 해보았습니다. 모든 연산에는 텐서라는 개념이 사용됩니다. 신경망은 퍼셉트론 알고리즘에서부터 시작합니다. 신경망의 발전에 암흑기를 가져다주었던 XOR 게이트 문제와 이를 해결하기 위한 멋진 노력들을 알아보았습니다. 이를 통해 XOR 게이트 문제를 해결해보았고, 신경망에서 사용되는 경사하강법, 역전파에 대해 알아보았습니다. 마지막으로 우리가 주로 사용할 텐서플로우의 케라스가 어떠한 개발 과정을 통해 문제를 해결하는지 살펴보았습니다.

● 이것만은 알고 갑시다

1. 텐서플로우 2.x는 기본적으로 즉시 실행 모드를 사용하며, 텐서라는 개념을 통해 연산을 수행합니다.

2. @tf.function은 파이썬 함수를 텐서플로우 그래프 모드로 변경해줍니다.

3. 신경망은 퍼셉트론 알고리즘에서부터 출발합니다. 다층 퍼셉트론을 사용하면 XOR 게이트 문제를 해결할 수 있습니다.

4. 경사하강법과 역전파는 학습을 위해 사용되는 주요 개념입니다. 경사하강법에서는 학습률, 가중치 초기화에 대해 알아보았으며, 역전파에서는 체인 룰을 사용하는 것을 배웠습니다.

5. 케라스에서의 개발 과정은 [데이터 정의] → [모델 정의] → [손실 함수, 옵티마이저, 평가지표 선택] → [모델 학습]으로 이루어집니다.

6. 케라스 모델의 첫 번째 층은 항상 입력 데이터의 형태를 전달해주어야 합니다.

7. 대표적으로 손실 함수에는 ['mse', 'binary_crossentropy', 'categorical_crossentropy'], 옵티마이저에는 ['sgd', 'rmsprop', 'adam']이 있으며, 문자열로 지정하여 사용할 수 있습니다.

● 나의 이해도를 측정하자

1. 케라스의 개발 과정을 활용하여 단층 퍼셉트론으로 XOR 게이트 문제에 대해 적은 횟수의 에폭으로 학습시켜보고 evaluate(), predict() 함수를 통해 결과를 출력해보세요. 아마 학습되지 않을 것입니다. 잘 학습시키기 위한 방법도 중요하지만, 학습되지 않는 경우를 체험해보는 것도 중요한 경험입니다.

다음과 같은 지식이 필요합니다.
- XOR 논리 회로의 형태
- 케라스 개발 과정: 데이터 준비, 모델 구성(Dense), 학습 과정(compile) 설정, 학습(fit), 평가(evaluate, predict)

2. 학습률은 최적값을 찾기 위해서 필수적으로 조정해야 하는 하이퍼파라미터입니다. 학습률의 설명에서 낮은 크기의 학습률은 학습 속도가 굉장히 느려질 수 있고, 높은 크기의 학습률은 학습이 되지 않을 수 있다고 했습니다. XOR 게이트 문제에서 다양한 학습률을 사용하여 학습 속도와 학습 여부를 확인해보도록 합니다. 매우 큰 학습률 0.1 또는 매우 작은 학습률 0.0000001과 같이 극단적인 학습률을 사용하여 최종 결과까지 도출해보세요.

다음과 같은 지식이 필요합니다.
- XOR 논리 회로의 형태
- 케라스 개발 과정
- 학습률에 대한 개념

3. (번외) 신경망을 공부할 때, 시그모이드, 소프트맥스는 대표적으로 사용되는 활성화 함수입니다. 또한, 미분 개념을 설명하면서 자주 등장하기도 하는데요. 시그모이드 → 소프트맥스 순서로 미분을 직접 진행해보기를 바랍니다. 고등 수학 수준의 미분 개념으로 어렵지 않게 해결할 수 있으며, 시그모이드 함수를 미분할 수 있다면, 소프트맥스 함수의 미분 과정에서 재미있는 결과를 얻을 수 있을 것입니다.

다음과 같은 지식이 필요합니다.

- 체인룰과 고등 수학 수준의 미분 개념
- 시그모이드, 소프트맥스 함수의 형태

힌트!

시그모이드와 소프트맥스 함수의 형태는 다음과 같습니다.

- 시그모이드: $\dfrac{1}{1 + e^{-x}}$
- 소프트맥스: $\dfrac{e^{x_i}}{\sum e^{x_k}}$ for i = 1, ..., k

신경망 적용해보기

이 장에서는 3장에서 배운 내용을 활용하여 다음 네 가지 문제에 적용해봅니다.

- 다중 분류: MNIST와 Fashion-MNIST(케라스 제공)
- 회귀 문제: 보스턴 주택 가격 예측(케라스 제공)
- 이진 분류: 빙산과 선박 분류하기(캐글 대회)
- 다중 레이블 분류: 색깔별로 옷 분류하기(캐글 커스텀 데이터)

각 문제에서 사용되는 데이터셋은 머신러닝 또는 딥러닝 입문을 위해 대표적으로 사용되고 있습니다. 그뿐만 아니라 다양한 구조의 신경망을 적용해볼 때도 실험적으로 사용하는 멋진 데이터셋입니다. 따라서 향후에도 실험하고자 하는 것이 있다면, 이러한 데이터셋을 적극적으로 활용하기 바랍니다.

> 4장부터는 사용하는 데스크톱이나 노트북에 GPU가 내장되어 있지 않다면, 구글의 코랩이나 캐글 노트북 사용을 추천합니다.
>
> 참고로 신경망에서 적용되는 연산은 상대적으로 다른 연산에 비해 고비용의 연산에 속합니다. 이러한 고비용의 연산은 CPU의 수명을 급격히 단축시킬 수 있으니 주의해야 합니다.

4.1 MNIST와 Fashion-MNIST

프로그래밍 언어를 처음 시작했을 때, 제일 먼저 사용해보는 기능은 'Hello World!'를 출력해보는 것입니다. 이처럼 딥러닝에서도 입문을 위해 가장 많이 사용되는 데이터셋이 바로 MNIST 데이터 셋입니다. 그만큼 데이터가 잘 구성되어 있으며, 결과를 명확하게 확인할 수 있기 때문에 여러 사용자가 딥러닝계의 'Hello World!'라고 표현합니다. MNIST 데이터셋은 우리가 전문가가 되어서도 다양한 연구나 실험에서 계속해서 보게 될 것입니다. 많은 연구자들이 직접 만든 프로토타입의 모델이 정상적으로 작동하는지를 판단하기 위해 MNIST 데이터셋을 자주 활용하기 때문입니다. 더하여서, MNIST 데이터셋이 주로 딥러닝 입문을 위해 사용되는 기본적인 데이터셋인 것처럼 우리가 해결해야 할 문제와 특성에 따라 사용되는 기본적인 데이터셋이 각기 다르게 존재하고 공유되고 있습니다. 따라서 정확한 문제 해결을 위해 신경망 모델 구조를 적극적으로 탐색해보는 것도 중요하지만 해당 문제 영역에서 가장 일반적이고, 대중적으로 사용되고 있는 데이터셋을 탐색하는 것도 매우 중요하다는 점을 기억하세요. 적합한 데이터셋을 찾았다면, 문제를 해결하는 것은 시간 문제일지도 모릅니다.

다시 돌아와서, 이번 장에서 가장 먼저 살펴볼 MNIST 데이터셋은 0부터 9까지의 숫자를 예측하는 다중 분류multi classification 문제입니다. MNIST 데이터셋은 과거 NIST(National Institute of Standards and Technology, 미국 국립표준기술연구소)에서 수집한 손으로 직접 쓴 흑백의 숫자입니다. 데이터는 숫자 이미지(28x28)와 각 이미지에 해당하는 레이블(0부터 9까지)로 이루어져 있고, 60,000개의 학습 데이터와 10,000개의 테스트 데이터로 구성되어 있습니다.

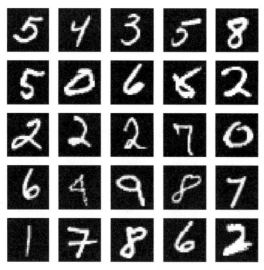

[그림 4-1] MNIST 데이터셋 예시 샘플

4.1.1 데이터 살펴보기

먼저 데이터를 다운받습니다.

```
01  from tensorflow.keras.datasets.mnist import load_data
02
03  # 텐서플로우 저장소에서 데이터를 다운받습니다.
04  (x_train, y_train), (x_test, y_test) = load_data(path='mnist.npz')
```

```
Downloading data from https://storage.googleapis.com/tensorflow
/tf-keras-datasets/mnist.npz
11493376/11490434 [==============================] - 2s 0us/step
```

tf.keras.datasets.mnist.load_data() 함수는 MNIST 데이터를 (x_train, y_train), (x_test, y_test)의 형태로 반환해줍니다. 자동으로 학습 데이터와 테스트 데이터로 나누어주니 매우 편리합니다. 추가로 THE MNIST of handwritten digits(http://yann.lecun.com/exdb/mnist/) 사이트에 들어가면 얀 르쿤Yann LeCun 교수가 재탄생reborn시킨 데이터셋을 압축된 폴더로 다운받을 수 있습니다. 데이터를 확인해 보겠습니다.

```
01  # 학습 데이터
02  print(x_train.shape, y_train.shape)
03  print(y_train)
04
05  # 테스트 데이터
06  print(x_test.shape, y_test.shape)
07  print(y_test)
```

```
(60000, 28, 28) (60000,)
[5 0 4 ... 5 6 8]
(10000, 28, 28) (10000,)
[7 2 1 ... 4 5 6]
```

앞서 언급한 대로 학습 데이터는 60,000개의 숫자 이미지 데이터와 0에서 9로 이루어진 레이블으로 구성된 것을 확인할 수 있습니다. 숫자 이미지를 그려보겠습니다.

```
01  import matplotlib.pyplot as plt
02  import numpy as np
03
04  sample_size = 3
05  # 0~59999의 범위에서 무작위로 세 개의 정수를 뽑습니다.
06  random_idx = np.random.randint(60000, size=sample_size)
07
08  for idx in random_idx:
09      img = x_train[idx, :]
10      label = y_train[idx]
11      plt.figure()
12      plt.imshow(img)
13      plt.title('%d-th data, label is %d' % (idx,label))
```

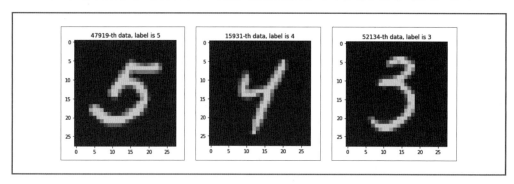

학습 도중 모델의 검증을 위해 미리 검증 데이터셋을 만들어 두겠습니다.

```
01  from sklearn.model_selection import train_test_split
02
03  # 훈련/테스트 데이터를 0.7/0.3의 비율로 분리합니다.
04  x_train, x_val, y_train, y_val = train_test_split(x_train, y_train,
05                                                    test_size = 0.3,
06                                                    random_state = 777)
07  print(f'훈련 데이터 {x_train.shape} 레이블 {y_train.shape}')
08  print(f'검증 데이터 {x_val.shape} 레이블 {y_val.shape}')
```

```
학습 데이터 (42000, 28, 28) 레이블 (42000,)
검증 데이터 (18000, 28, 28) 레이블 (18000,)
```

sklearn 패키지의 train_test_split() 함수는 데이터셋을 각 세트(학습, 검증, 테스트)로 분리할 때 사용합니다. 함수에서 살펴볼 인자는 test_size와 random_state가 있습니다. test_size는 테스트셋(위의 경우 검증셋)의 비율을 의미합니다. 위의 예제에서는 0.3을 사용했으니 원래 데이터 (x_train)를 학습 데이터 70%, 검증 데이터 30%의 비율로 나눠줍니다. random_state는 재생산성을 위해 사용합니다(seed와 사용 의미가 동일합니다). 간혹 모델의 결괏값을 출력해보았을 때, 매번 다른 값을 얻는 것을 경험할 수도 있습니다. 이같은 경우에는 학습 데이터가 이전과 동일한지 확인해보아야 합니다. 만약 데이터를 구성하는 과정에서 train_test_split()과 같은 함수를 사용했다면, 확인해야 할 필수 항목 중 하나입니다.

기본적인 차림은 끝났습니다. 이제 모델 학습을 위한 전처리 과정을 수행하겠습니다.

[함께 해봐요] **모델 입력을 위한 데이터 전처리**   mnist.ipynb

```
01  num_x_train = x_train.shape[0]
02  num_x_val = x_val.shape[0]
03  num_x_test = x_test.shape[0]
04
05  # 모델의 입력으로 사용하기 위한 전처리 과정입니다.
06  x_train = (x_train.reshape((num_x_train, 28 * 28))) / 255
07  x_val = (x_val.reshape((num_x_val, 28 * 28))) / 255
08  x_test = (x_test.reshape((num_x_test, 28 * 28))) / 255
09
10  print(x_train.shape)   # 모델 입력을 위해 데이터를 784차원으로 변경합니다.
```

```
(42000, 784)
```

Dense층에 데이터를 입력하기 위해 2차원 배열로 이루어진 숫자 이미지 데이터를 1차원 배열로 변환해야 합니다. 예제 코드에서 (28, 28) 형태의 데이터를 784차원의 1차원 배열로 변환한 것을 볼 수 있습니다. **신경망은 입력 데이터의 스케일에 매우 민감하므로 적절한 전처리 과정이 필수입니다.** 이에 대한 한 가지 큰 이유로는 그래디언트 손실과 그래디언트 폭발[1]로 인해 학습이 진행되지 않기 때문입니다. 우리가 사용할 숫자 이미지 데이터는 각 픽셀 값이 0~255의 범위에 있기 때문에 255로 나누어 주었습니다. 이를 다시 표현하면 MinMax 알고리즘[2]을 적용한 것과 같습니다.

---

1 Gradient Vanishing과 Gradient Exploding을 검색하세요. 더하여서 Dying Relu도 함께 보면 좋습니다.

2 표준화(Normalization)와 정규화(Standardization)를 검색하세요.

$$X = \frac{x - x_{min}}{x_{max} - x_{min}}$$ Normalization(MinMax)

$$X = \frac{x - x_{2/4}}{x_{3/4} - x_{1/4}}$$ Robust Normalization

$$X = \frac{x - x_{,mean}}{x_{std}}$$ Standardization

[그림 4-2] 여러 가지 전처리 방법 – 스케일링

이외에도 다양한 스케일링 방법이 존재하지만, 데이터의 특성에 적합한 방법을 탐색하고 선택해야 합니다. 모델의 마지막 층에서 소프트맥스softmax 함수를 사용하기 때문에, 레이블을 범주형 레이블[3]로 변환하겠습니다.

[함께 해봐요] **모델 입력을 위한 레이블 전처리**   mnist.ipynb

```
01  from tensorflow.keras.utils import to_categorical
02
03  # 각 데이터의 레이블을 범주형 형태로 변경합니다.
04  y_train = to_categorical(y_train)
05  y_val = to_categorical(y_val)
06  y_test = to_categorical(y_test)
07
08  print(y_train)
```

```
[[0. 0. 0. ... 0. 0. 0.]
 [1. 0. 0. ... 0. 0. 0.]
 [0. 0. 0. ... 0. 0. 0.]
 ...
 [0. 0. 0. ... 0. 0. 0.]
 [0. 0. 0. ... 0. 0. 0.]
 [0. 0. 0. ... 0. 1. 0.]]
```

여기까지 신경망의 입력으로 사용하기 위해 데이터를 탐색해보았고, 적절한 전처리를 수행했습니다. 이제 모델을 구성할 차례입니다. 전체 코드는 '4.1.4 예측하고 정답과 비교해보기' 절에 있습니다.

---

3 2장에서 원-핫 인코딩을 언급한 바 있습니다.

4.1.2 모델 구성하기

3장에서 했던 것처럼 Dense층을 여러 개 쌓아보겠습니다. 항상 데이터를 입력받는 첫 번째 층은 데이터의 형태를 명시해야 한다는 점을 기억하세요! 모델은 784차원의 데이터를 입력으로 받고, 열 개의 출력을 가집니다.

```
01  from tensorflow.keras.models import Sequential
02  from tensorflow.keras.layers import Dense
03
04  model = Sequential()
05  # 입력 데이터의 형태를 꼭 명시해야 합니다.
06  # 784차원의 데이터를 입력으로 받고, 64개의 출력을 가지는 첫 번째 Dense층
07  model.add(Dense(64, activation = 'relu', input_shape = (784, )))
08  model.add(Dense(32, activation = 'relu'))        # 32개의 출력을 가지는 Dense층
09  model.add(Dense(10, activation = 'softmax'))   # 10개의 출력을 가지는 신경망
```

앞서 언급했듯이, 범주형 데이터를 다루기 때문에 마지막 층에서 소프트맥스 함수를 사용했습니다. 소프트맥스 함수에서 출력값의 의미는 해당 클래스에 속할 값이며, 출력값의 합은 항상 1입니다. 이 때문에 소프트맥스 함수의 출력값을 확률로써 해석할 수 있습니다. 소프트맥스 함수를 사용하는 직관적인 예를 보겠습니다. 모델의 출력에서 다음과 같이 불고기버거가 가장 큰 결과를 얻은 두 가지 경우가 있습니다.

- (불고기버거, 치즈버거, 치킨버거) = (3.1, 3.0, 2.9)
- (불고기버거, 치즈버거, 치킨버거) = (2.0, 1.0, 0.7)

첫 번째 경우, 불고기버거의 값이 가장 높지만 다른 클래스의 값도 높기 때문에 구분하는 데 어려움이 있습니다. 반대로 두 번째 경우는 불고기버거의 값이 다른 클래스에 비해 상대적으로 높은 값이기 때문에 불고기버거라고 확실하게 구분할 수 있을 것 같습니다. 이 같은 상황은 시그모이드 함수를 사용하여 값을 변환했을 때도 동일하게 발생합니다. 각각의 값이 서로에게 영향을 주지 않기 때문에 비슷한 값을 가질 경우 해석하기가 매우 애매할 수 있습니다. 이러한 문제를 해결하기 위해 사용되는 것이 소프트맥스 함수입니다. **소프트맥스 함수는 일반적으로 확률을 구하는 방법과 비슷하므로 각 클래스에 해당하는 값들이 서로 영향을 줄 수 있어 비교에 용이합니다.**

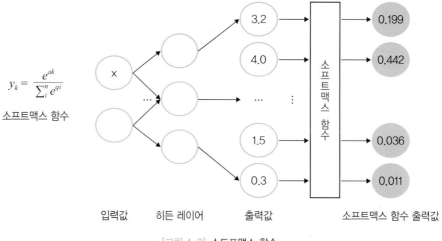

$$y_k = \frac{e^{ak}}{\sum_i^n e^{qi}}$$

소프트맥스 함수

입력값   히든 레이어   출력값   소프트맥스 함수 출력값

[그림 4-3] 소프트맥스 함수

다음 예제에서 시그모이드와 소프트맥스 함수를 통해 얻어지는 출력값을 비교해서 보기를 바랍니다. 시그모이드 함수를 통해 얻은 값의 비교보다 소프트맥스 함수를 통해 얻은 값의 비교가 훨씬 수월한 것을 알 수 있습니다.

[함께 해봐요] **소프트맥스와 시그모이드 값의 비교**　　　　　　mnist.ipynb

```
01  def softmax(arr):
02      m = np.max(arr)
03      arr = arr - m    # exp의 오버플로우 방지
04      arr = np.exp(arr)
05      return arr / np.sum(arr)
06
07  def sigmoid(x):
08      return 1 / (1 + np.exp(-x))
09
10  case_1 = np.array([3.1, 3.0, 2.9])
11  case_2 = np.array([2.0, 1.0, 0.7])
12
13  np.set_printoptions(precision=3)    # numpy 소수점 제한
14  print(f'sigmoid {sigmoid(case_1)}, softmax {softmax(case_1)}')
15  print(f'sigmoid {sigmoid(case_2)}, softmax {softmax(case_2)}')
```

```
sigmoid [0.957 0.953 0.948], softmax [0.367 0.332 0.301]
sigmoid [0.881 0.731 0.668], softmax [0.610 0.224 0.166]
```

모델 구성의 마지막 단계는 손실 함수, 옵티마이저, 평가지표를 설정하는 것입니다. 다중 분류 문제에서의 손실 함수는 categorical_crossentropy 함수를 사용합니다. 크로스 엔트로피cross entropy는 정보이론에서 파생되었으며, 이를 손실 함수로 사용했을 때 실제값과 예측값이 같은 값을 가지는 방향으로 학습됩니다. 서로의 값이 틀린 경우에는 로그 함수의 특징에 따라 무한대로 발산 하게 되고, 동일한 경우는 0으로 수렴하기 때문입니다. 옵티마이저는 Adam, 평가지표는 정확도를 사용하겠습니다.

[함께 해봐요] **학습과정 설정하기**　　　　　　　　　mnist.pynb

```
01  model.compile(optimizer='adam',  # 옵티마이저: Adam
02                # 손실함수: categorical_crossentropy
03                loss = 'categorical_crossentropy',
04                # 모니터링 할 평가지표: acc
05                metrics=['acc'])
```

3장의 예제 코드에서는 옵티마이저를 RMSProp(), Adam()과 같이 클래스 형태로 전달하여 사용했습니다. 이번 예제에서는 클래스 형태가 아닌 문자열로 지정하여 전달하는 것을 볼 수 있습니다(예 'rmsprop', 'adam'). 이 책에서 주로 사용할 Adam 옵티마이저의 기본 학습률은 0.001로 설정되어 있으니 변경하지 않고 사용하겠습니다.

4.1.3 모델 학습하기

학습 도중 모델의 검증을 위해서 미리 만들어둔 검증 데이터셋을 활용하겠습니다. validation_data 인자에 검증 데이터셋을 전달했으므로 매 에폭의 끝에서 이를 사용하여 학습 중인 모델에 대한 검증을 진행합니다. 모델은 128의 배치 크기를 사용하고 전체 데이터를 30회 반복합니다.

[함께 해봐요] **모델 학습하기**　　　　　　　　　mnist.ipynb

```
01  history = model.fit(x_train, y_train,
02                      epochs = 30,
03                      batch_size = 128,
04                      validation_data = (x_val, y_val))
```

```
... 생략 ...
Epoch 28/30
42000/42000 [==============================] - 1s 27us/sample - loss: 0.0049
 - acc: 0.9991 - val_loss: 0.1412 - val_acc: 0.9707
Epoch 29/30
42000/42000 [==============================] - 1s 28us/sample - loss: 0.0030
 - acc: 0.9997 - val_loss: 0.1344 - val_acc: 0.9723
Epoch 30/30
42000/42000 [==============================] - 1s 28us/sample - loss: 0.0080
 - acc: 0.9976 - val_loss: 0.1560 - val_acc: 0.9693
```

꽤 높은 정확도를 얻었습니다. 에폭 수를 늘리면 정확도가 더 올라갈지도 모르겠군요. 이제 모델의
학습 과정을 그려 보겠습니다. model.fit() 함수는 History 객체를 반환합니다. 이 객체는 History
속성이 있는데, 학습 중 학습 데이터뿐만 아니라 검증 데이터의 손실값과 평가지표의 값을 기록합
니다. History는 이러한 값을 사전dictionary 형태로 저장하고 있습니다. 다음 코드는 History가 어
떠한 값을 저장하는지 보여줍니다.

[함께 해봐요] **history를 통해 확인해볼 수 있는 값 출력하기**   mnist.ipynb

```
01  history.history.keys()
```

```
dict_keys(['loss', 'acc', 'val_loss', 'val_acc'])
```

출력값에서도 확인할 수 있듯이, 검증 데이터를 통해 얻을 수 있는 손실값 또는 평가지표에는
'val_'이라는 수식어가 붙습니다. History 객체를 통해 손실값과 정확도를 그림으로 그려보겠습
니다. 물론 에폭이 진행되면서 손실값과 평가지표를 직접 모니터링할 수도 있지만, 모델의 history
를 사용하여 학습 과정을 그래프로 그려보면 결과를 더욱 직관적으로 확인할 수 있습니다.

[함께 해봐요] **학습 결과 그려보기**   mnist.ipynb

```
01  import matplotlib.pyplot as plt
02
03  his_dict = history.history
04  loss = his_dict['loss']
05  val_loss = his_dict['val_loss']   # 검증 데이터가 있는 경우 val_ 수식어가 붙습니다.
06
07  epochs = range(1, len(loss) + 1)
08  fig = plt.figure(figsize = (10, 5))
09
```

100

```
10  # 학습 및 검증 손실 그리기
11  ax1 = fig.add_subplot(1, 2, 1)
12  ax1.plot(epochs, loss, color = 'blue', label = 'train_loss')
13  ax1.plot(epochs, val_loss, color = 'orange', label = 'val_loss')
14  ax1.set_title('train and val loss')
15  ax1.set_xlabel('epochs')
16  ax1.set_ylabel('loss')
17  ax1.legend()
18
19  acc = his_dict['acc']
20  val_acc = his_dict['val_acc']
21
22  # 학습 및 검증 정확도 그리기
23  ax2 = fig.add_subplot(1, 2, 2)
24  ax2.plot(epochs, acc, color = 'blue', label = 'train_loss')
25  ax2.plot(epochs, val_acc, color = 'orange', label = 'val_loss')
26  ax2.set_title('train and val loss')
27  ax2.set_xlabel('epochs')
28  ax2.set_ylabel('loss')
29  ax2.legend()
30
31  plt.show()
```

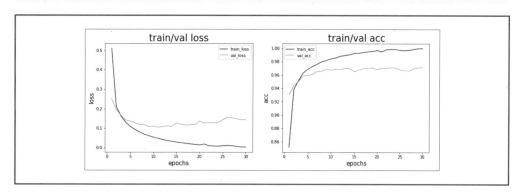

우리는 2장에서 과대적합이라는 용어를 살펴보았습니다. 위의 그림에서 대략 5에폭까지는 올바르게 학습되고 있지만, 그 이후에는 두 그래프가 점점 벌어지는 현상을 볼 수 있습니다. **학습 과정에서 이와 같은 현상이 나타났을 때, 모델이 과대적합되었다고 표현할 수 있습니다.** 과대적합 문제가 나타나면 데이터 특성, 모델 구조 등을 수정해보고 재학습시키는 방법이 있지만, 먼저 과대적합이 진행되기 전(위의 경우에서는 5에폭)까지의 모델을 사용하여 결과를 확인해보고 기록해두는 것이 좋습니다.

4.1.4 예측하고 정답과 비교해보기

model.evaluate() 함수를 사용하여 모델의 성능을 확인해보겠습니다. 비록 과대적합이 진행되었지만, 여기서는 큰 문제가 되지 않으니 그대로 진행합니다.

[함께 해봐요] **모델 평가하기**   mnist.ipynb

```
01  model.evaluate(x_test, y_test)
```

```
[0.1319049060290734, 0.9735]
```

출력값의 첫 번째 값은 손실값, 두 번째 값은 정확도를 나타냅니다. 테스트 데이터에서 97%의 정확도를 얻었습니다. 다음으로 model.predict() 함수를 사용하여 각 데이터에 대한 확률을 예측해보겠습니다.

[함께 해봐요] **학습된 모델을 통해 값 예측하기**   mnist.ipynb

```
01  import numpy as np
02
03  results = model.predict(x_test)
04  print(results.shape)
05  np.set_printoptions(precision=7)   # numpy 소수점 제한
06  print(f'각 클래스에 속할 확률 : \n{results [0]}')
```

```
(10000, 10)
각 클래스에 속할 확률  :
[5.9363152e-12 7.4104497e-18 9.0246495e-08 3.2391474e-06 2.5945717e-12
 1.6788119e-08 1.2139338e-26 9.9999356e-01 1.2242263e-09 3.0679507e-06]
```

10,000개 데이터에 대한 결괏값을 얻었습니다. 결괏값의 첫 번째 숫자 데이터는 숫자 7에 해당하는 것 같습니다. 다음 예제 코드를 통해 직접 그려보겠습니다.

[함께 해봐요] 예측값 그려서 확인해보기　　　　　　　　　　　　　　　　*mnist.ipynb*

```
01  import matplotlib.pyplot as plt
02
03  arg_results = np.argmax(results, axis = -1)   # 가장 큰 값의 인덱스를 가져옵니다.
04  plt.imshow(x_test[0].reshape(28, 28))
05  plt.title('Predicted value of the first image : ' + str(arg_results[0]))
06  plt.show()
```

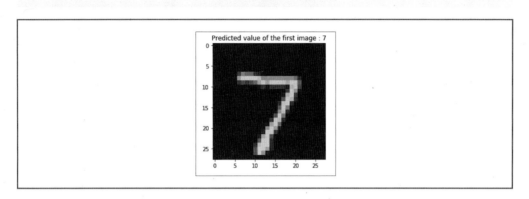

혼동행렬Confusion Matrix를 확인해보는 것도 매우 좋은 방법입니다.

[함께 해봐요] 모델 평가 방법 1 – 혼동행렬　　　　　　　　　　　　　　　　*mnist.ipynb*

```
01  # sklearn.metrics 모듈은 여러 가지 평가지표에 관한 기능을 제공합니다.
02  from sklearn.metrics import classification_report, confusion_matrix
03  import matplotlib.pyplot as plt
04  import seaborn as sns
05
06  # 혼동행렬을 만듭니다.
07  plt.figure(figsize = (7, 7))
08  cm = confusion_matrix(np.argmax(y_test, axis = -1), np.argmax(results, axis = -1))
09  sns.heatmap(cm, annot = True, fmt = 'd',cmap = 'Blues')
10  plt.xlabel('predicted label')
11  plt.ylabel('true label')
12  plt.show()
```

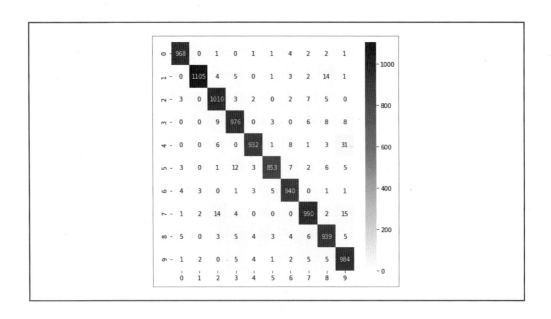

우리가 학습시킨 모델은 4와 9를 분류할 때 가장 많이 혼란스러워하는 것을 볼 수 있습니다. 이처럼 혼동행렬을 사용하면 데이터에 대한 모델의 강점과 약점을 파악하기에 유용합니다. 또 다른 방법으로 **분류 보고서**classification_report는 여러 가지 평가지표를 설명합니다. 각 용어에 대한 설명은 2장에서 다루었습니다.

```
01  print('\n', classification_report(np.argmax(y_test, axis = -1),
        np.argmax(results, axis = -1)))
```

	precision	recall	f1-score	support
0	0.98	0.99	0.99	980
1	0.99	0.97	0.98	1135
2	0.96	0.98	0.97	1032
3	0.97	0.97	0.97	1010
4	0.98	0.95	0.97	982
5	0.98	0.96	0.97	892
6	0.97	0.98	0.98	958
7	0.97	0.96	0.97	1028
8	0.95	0.96	0.96	974
9	0.94	0.98	0.96	1009
micro avg	0.97	0.97	0.97	10000
macro avg	0.97	0.97	0.97	10000
weighted avg	0.97	0.97	0.97	10000

다음은 전체 코드입니다. [데이터 전처리] → [모델 구성] → [모델 학습]까지의 흐름을 상기하면서
다시 읽어보았으면 좋겠습니다.

```
01  import tensorflow as tf
02  from tensorflow.keras.datasets.mnist import load_data_data
03  from tensorflow.keras.models import Sequential
04  from tensorflow.keras.layers import Dense
05  from tensorflow.keras.utils import to_categorical
06
07  from sklearn.model_selection import train_test_split
08  tf.random.set_seed(777)
09
10  (x_train, y_train), (x_test, y_test) = load_data(path='mnist.npz')
11
12  x_train, x_val, y_train, y_val = train_test_split(x_train, y_train,
13                                                     test_size = 0.3,
14                                                     random_state = 777)
15
16  num_x_train = x_train.shape[0]
17  num_x_val = x_val.shape[0]
18  num_x_test = x_test.shape[0]
19
20  x_train = (x_train.reshape((num_x_train, 28 * 28))) / 255
21  x_val = (x_val.reshape((num_x_val, 28 * 28))) / 255
22  x_test = (x_test.reshape((num_x_test, 28 * 28))) / 255
23
24  y_train = to_categorical(y_train)
25  y_val = to_categorical(y_val)
26  y_test = to_categorical(y_test)
27
28  model = Sequential()
29  model.add(Dense(64, activation = 'relu', input_shape = (784, )))
30  model.add(Dense(32, activation = 'relu'))
31  model.add(Dense(10, activation = 'softmax'))
32
33  model.compile(optimizer='adam',
34                loss = 'categorical_crossentropy',
35                metrics=['acc'])
36
```

```
37  history = model.fit(x_train, y_train,
38                       epochs = 30,
39                       batch_size = 128,
40                       validation_data = (x_val, y_val))
41
42  # model.evaluate(x_test, y_test)
43  results = model.predict(x_test)
```

4.1.5 Fashion-MNIST 살펴보기

추가로 Fashion-MNIST 데이터셋[4]을 살펴보겠습니다. MNIST 데이터셋과 비슷하기 때문에 쉽게 따라올 수 있을 것입니다. Fashion-MNIST 데이터셋의 데이터 예시와 각 레이블에 해당하는 의류 품목은 다음과 같습니다.

레이블	의류 품목
0	T-shirt/top
1	Trouser
2	Pullover
3	Dress
4	Coat
5	Sendal
6	Shirt
7	Sneaker
8	Bag
9	Ankle boot

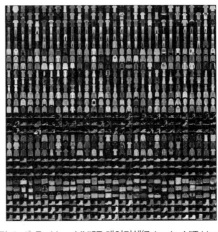

[그림 4-4] Fashion-MNIST 데이터셋(Zalando, MIT License)

MNIST 데이터셋과 동일하게 60,000개의 학습 데이터와 10,000개의 테스트 데이터로 구성되어 있습니다.

---

4 https://github.com/zalandoresearch/fashion-mnist를 참고하세요.

```
01  from tensorflow.keras.datasets.fashion_mnist import load_data
02
03  # Fashion-MNIST 데이터를 다운받습니다.
04  (x_train, y_train), (x_test, y_test) = load_data()
05  print(x_train.shape, x_test.shape)
```

```
(60000, 28, 28) (10000, 28, 28)
```

데이터를 그려보겠습니다. 표에서 보았던 다양한 품목들이 그려지는군요.

```
01  import matplotlib.pyplot as plt
02  import numpy as np
03  np.random.seed(777)
04
05  class_names = ['T-shirt/top', 'Trouser', 'Pullover', 'Dress', 'Coat',
06                 'Sandal', 'Shirt', 'Sneaker', 'Bag', 'Ankle boot']
07
08  sample_size = 9
09  random_idx = np.random.randint(60000, size=sample_size)
10
11  plt.figure(figsize = (5, 5))
12  for i, idx in enumerate(random_idx):
13      plt.subplot(3, 3, i+1)
14      plt.xticks([])
15      plt.yticks([])
16      plt.imshow(x_train[i], cmap = 'gray')
17      plt.xlabel(class_names[y_train[i]])
18  plt.show()
```

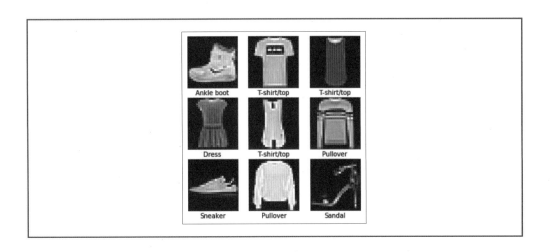

적절한 전처리 과정을 수행하고, 검증 데이터셋을 만듭니다.

[함께 해봐요] **전처리 및 검증 데이터셋 만들기**   fashion-mnist.ipynb

```
01  # 0~1 범위로 만듭니다.
02  x_train = x_train / 255
03  x_test = x_test / 255
04
05  from tensorflow.keras.utils import to_categorical
06  # 각 데이터의 레이블을 범주형 형태로 변경합니다.
07  y_train = to_categorical(y_train)
08  y_test = to_categorical(y_test)
09
10  # 검증 데이터셋을 만듭니다.
11  from sklearn.model_selection import train_test_split
12
13  # 학습/테스트 데이터를 0.7/0.3의 비율로 분리합니다.
14  x_train, x_val, y_train, y_val =
15  train_test_split(x_train, y_train,
16                   test_size = 0.3,
17                   random_state = 777)
```

784차원의 데이터를 입력으로 받고, 열 개의 출력을 가지는 모델을 구성합니다.

```
01  from tensorflow.keras.models import Sequential
02  from tensorflow.keras.layers import Dense, Flatten
03
04  first_model = Sequential()
05  # 입력 데이터의 형태를 꼭 명시해야 합니다.
06  first_model.add(Flatten(input_shape = (28, 28)))      # (28, 28) -> (28 * 28)
07  first_model.add(Dense(64, activation = 'relu'))       # 64개의 출력을 가지는 Dense층
08  first_model.add(Dense(32, activation = 'relu'))       # 32개의 출력을 가지는 Dense층
09  first_model.add(Dense(10, activation = 'softmax'))    # 10개의 출력을 가지는 신경망
```

위의 코드에서는 MNIST 데이터셋의 코드와 다르게 (28, 28)로 이루어진 의류 이미지 데이터를 (28 * 28) 형태로 변환하는 전처리 과정을 생략했습니다. 대신 모델의 첫 번째 층에 Flatten층을 추가합니다. **Flatten층은 배치 크기를 제외하고 데이터를 1차원 배열의 형태로 변환합니다.** 예를 들어, (128, 6, 2, 2)를 입력하면 (128, 24)의 형태로 변환하여 출력합니다. 128은 배치 크기이기 때문에 영향을 받지 않습니다. 모델의 학습 과정을 설정하고 학습을 진행하겠습니다.

[함께 해봐요] **학습 과정 설정 및 학습하기**   fashion-mnist.ipynb

```
01  first_model.compile(optimizer='adam',   # 옵티마이저: Adam
02                      # 손실함수: categorical_crossentropy
03                      loss = 'categorical_crossentropy',
04                      # 모니터링 할 평가지표: acc
05                      metrics=['acc'])
06
07  first_history = first_model.fit(x_train, y_train,
08                  epochs = 30,
09                  batch_size = 128,
10                  validation_data = (x_val, y_val))
```

```
... 생략 ...
Epoch 28/30
42000/42000 [==============================] - 1s 28us/sample - loss: 0.2060
- acc: 0.9241 - val_loss: 0.3432 - val_acc: 0.8842
Epoch 29/30
42000/42000 [==============================] - 1s 28us/sample - loss: 0.2022
- acc: 0.9250 - val_loss: 0.3309 - val_acc: 0.8899
Epoch 30/30
42000/42000 [==============================] - 1s 28us/sample - loss: 0.1977
- acc: 0.9270 - val_loss: 0.3415 - val_acc: 0.8900
```

적은 개수의 Dense층만 사용해도 높은 정확도를 얻을 수 있었습니다. 더 많은 수의 은닉 유닛을 사용하는 Dense층을 추가하여 더 깊은 신경망을 만들어보고 결과를 비교해보겠습니다.

| [함께 해봐요] 두 번째 모델 구성하기 | fashion-mnist.ipynb |

```
01  second_model = Sequential()
02  # 입력 데이터의 형태를 꼭 명시해야 합니다.
03  second_model.add(Flatten(input_shape = (28, 28)))  # (28, 28) -> (28 * 28)
04  # 128개의 출력을 가지는 Dense층을 추가합니다.
05  second_model.add(Dense(128, activation = 'relu'))
06  # 64개의 출력을 가지는 Dense층을 추가합니다.
07  second_model.add(Dense(128, activation = 'relu'))
08  # 32개의 출력을 가지는 Dense층을 추가합니다.
09  second_model.add(Dense(32, activation = 'relu'))
10  # 10개의 출력을 가지는 신경망을 추가합니다.
11  second_model.add(Dense(10, activation = 'softmax'))
12
13  second_model.compile(optimizer='adam',   # 옵티마이저: Adam
14                       # 손실 함수: categorical_crossentropy
15                       loss = 'categorical_crossentropy',
16                       # 모니터링 할 평가지표: acc
17                       metrics=['acc'])
18
19  second_history = second_model.fit(x_train, y_train,
20                                    epochs = 30,
21                                    batch_size = 128,
22                                    validation_data = (x_val, y_val))
```

```
... 생략 ...
Epoch 28/30
42000/42000 [==============================] - 1s 28us/sample - loss: 0.1597
- acc: 0.9385 - val_loss: 0.3554 - val_acc: 0.8901
Epoch 29/30
42000/42000 [==============================] - 1s 27us/sample - loss: 0.1535
- acc: 0.9428 - val_loss: 0.3638 - val_acc: 0.8917
Epoch 30/30
42000/42000 [==============================] - 1s 28us/sample - loss: 0.1514
- acc: 0.9433 - val_loss: 0.3777 - val_acc: 0.8872
```

직관적으로 비교하기 위해 History 객체를 사용하여 손실값과 정확도를 그려보겠습니다.

```
01  import numpy as np
02  import matplotlib.pyplot as plt
03
04  def draw_loss_acc(history_1, history_2, epochs):
05      his_dict_1 = history_1.history
06      his_dict_2 = history_2.history
07      keys = list(his_dict_1.keys())
08
09      epochs = range(1, epochs)
10      fig = plt.figure(figsize = (10, 10))
11      ax = fig.add_subplot(1, 1, 1)
12      # axis 선과 ax의 축 레이블을 제거합니다.
13      ax.spines['top'].set_color('none')
14      ax.spines['bottom'].set_color('none')
15      ax.spines['left'].set_color('none')
16      ax.spines['right'].set_color('none')
17      ax.tick_params(labelcolor='w', top=False,
18                     bottom=False, left=False, right=False)
19
20      for i in range(len(his_dict_1)):
21          temp_ax = fig.add_subplot(2, 2, i + 1)
22          temp = keys[i%2]
23          val_temp = keys[(i + 2)%2 + 2]
24          temp_history = his_dict_1 if i < 2 else his_dict_2
25          temp_ax.plot(epochs, temp_history[temp][1:],
26                       color = 'blue', label = 'train_' + temp)
27          temp_ax.plot(epochs, temp_history[val_temp][1:],
28                       color = 'orange', label = val_temp)
29          if(i == 1 or i == 3):
30              start, end = temp_ax.get_ylim()
31              temp_ax.yaxis.set_ticks(np.arange(np.round(start, 2), end, 0.01))
32          temp_ax.legend()
33      ax.set_ylabel('loss', size = 20)
34      ax.set_xlabel('Epochs', size = 20)
35      plt.tight_layout()
36      plt.show()
37
38  draw_loss_acc(first_history, second_history, 30)
```

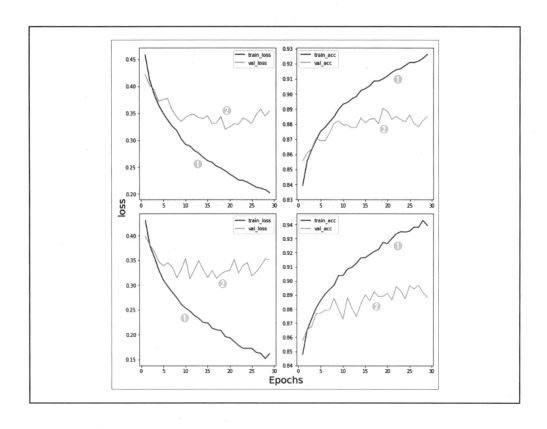

결과 그림에서 1행은 첫 번째 모델의 결과이고, 2행은 두 번째 모델의 결과입니다. Dense(128)층을 추가한 두 번째 모델은 첫 번째 모델보다 빠르게 수렴하며 높은 정확도와 낮은 손실값을 보여주고 있습니다. 하지만 과대적합 문제를 잊지 말아야 합니다. 각 그림에서 ❶번 선과 ❷번 선이 벌어지기 시작하는 지점을 주의해서 보겠습니다. 첫 번째 모델(20에폭)보다 두 번째 모델(10 에폭)은 벌어지는 지점이 상대적으로 빠른 것을 볼 수 있습니다. 30에폭을 기준으로 벌어짐의 정도 또한 더 심한 것으로 보입니다. 결과 예측을 위해 두 모델 중 한 가지를 사용해야 한다면, 두 번째 모델을 기준으로 과대적합이 일어나기 전 가장 높은 성능을 가지는 8에폭까지만 모델을 학습시키고 이를 최종 성능으로 사용해야 합니다. 이전에 살펴보았던 예제와의 공통점은 과대적합이 일어나기 전까지의 모델을 사용한다는 것입니다.

위의 결과는 모델을 깊게 구성하면 높은 성능을 얻을 수 있는 만큼, 모델이 가지는 파라미터의 수가 매우 많아지기 때문에 과대적합 문제에도 많이 노출될 수 있음을 보여줍니다. 따라서 모델의 깊이는 데이터에 알맞게 조절될 필요가 있습니다. 어느 정도가 적절한 모델의 깊이인지 파악하기 어렵다면, **유명한 데이터셋이나 유사한 분야에서 높은 성능을 보여준 모델의 구조를 참고하여 구성해보고 실험을 진행하는 것이 좋습니다.**

4.2 보스턴 주택 가격 예측

보스턴 주택 가격 데이터셋은 연속적인 값을 예측하는 회귀regression 문제입니다. 1970년대 보스턴 지역의 범죄율, 토지 지역의 비율, 방의 개수 등 정답을 포함한 총 14개의 특성으로 이루어져 있습니다.

4.2.1 데이터 살펴보기

다음 코드를 통해 데이터를 다운받습니다.

[함께 해봐요] **보스턴 주택 가격 데이터셋 다운받기**　　　　　　　　　　boston.ipynb

```
01  from tensorflow.keras.datasets.boston_housing import load_data
02
03  # 데이터를 다운받습니다.
04  (x_train, y_train), (x_test, y_test) = load_data(path='boston_housing.npz',
05                                                   test_split=0.2,
06                                                   seed=777)
```

총 데이터는 506개로 상당히 적은 편에 속하고, 404개의 학습 데이터와 102개의 테스트 데이터로 이루어져 있습니다.

[함께 해봐요] **데이터 형태 확인하기**　　　　　　　　　　　　　　　boston.ipynb

```
01  print(x_train.shape, y_train.shape)
02  print(x_test.shape, y_test.shape)
```

```
(404, 13) (404,)
(102, 13) (102,)
```

데이터는 13개의 특성이 있으며, 레이블은 주택 가격의 중간 가격($1000 단위)을 나타냅니다. 이전에 다루었던 데이터셋처럼 특성의 스케일이 모두 동일하면 좋겠지만, 이번 데이터셋은 그렇지 않습니다. 예를 들면, 범죄율과 같은 특성은 비율을 나타내기 때문에 0~1의 값을 가지지만, 방의 개수 같은 경우는 3~9의 범위를 가집니다. 앞서 언급했듯이, 이러한 스케일 문제는 신경망의 성능에 큰 영향을 미칩니다. 각 데이터 특성이 가지는 범위가 다를 때는 범위가 동일하도록 조정해야만 합니다. 이러한 문제를 해결할 때 대표적으로 사용하는 방법은 표준화Standardization를 수행하는 것입니다.

표준화는 각 데이터의 특성에 대해서 특성의 평균을 빼고, 표준편차로 나눠줍니다. 이는 특성의 평균을 0으로, 표준편차를 1로 만들어 줍니다. 이 방법은 실제로 신경망뿐만 아니라 다른 머신러닝 방법을 사용할 때에도 주요하게 사용되니 꼭 알아둡시다.

[함께 해봐요] 데이터 전처리 및 검증 데이터셋 만들기　　　　　　　boston.ipynb

```
01  import numpy as np
02
03  # 데이터 표준화
04  mean = np.mean(x_train, axis = 0)
05  std = np.std(x_train, axis = 0)
06
07  x_train = (x_train - mean) / std
08  x_test = (x_test - mean) / std
09
10  # 검증 데이터셋을 만듭니다.
11  from sklearn.model_selection import train_test_split
12
13  x_train, x_val, y_train, y_val = train_test_split(x_train, y_train,
14                                                    test_size = 0.33,
15                                                    random_state = 777)
```

위의 코드에서 주의해야 할 부분은 테스트셋의 전처리 과정에서 별도의 평균과 표준편차를 구하지 않고, 학습 데이터셋에서 얻은 평균과 표준편차를 사용하여 전처리를 진행했다는 점입니다.

4.2.2 모델 구성하기

만약 데이터가 복잡하지 않고 개수가 매우 적다면, 모델을 깊게 쌓을수록 과대적합이 일어날 확률이 높으므로 주의해야 합니다. 이를 생각하면서 적절한 크기의 모델을 구성해보겠습니다.

```
01  from tensorflow.keras.models import Sequential
02  from tensorflow.keras.layers import Dense
03
04  model = Sequential()
05  # 입력 데이터의 형태를 꼭 명시해야 합니다.
06  # 13차원의 데이터를 입력으로 받고, 64개의 출력을 가지는 첫 번째 Dense층
07  model.add(Dense(64, activation = 'relu', input_shape = (13, )))
08  model.add(Dense(32, activation = 'relu'))  # 32개의 출력을 가지는 Dense층
09  model.add(Dense(1))   # 하나의 값을 출력합니다.
10
11  model.compile(optimizer = 'adam', loss = 'mse', metrics = ['mae'])
```

모델의 마지막 Dense층에서 시그모이드 함수 또는 소프트맥스 함수를 사용하지 않았습니다. 보스턴 주택 가격은 정답의 범위가 제한되지 않기 때문에 별도의 함수를 사용하지 않아야 합니다. activation 인자를 설정하지 않을 경우, Dense층의 활성화 함수는 자동으로 linear로 설정됩니다. 손실 함수는 회귀 문제에서 주로 사용되는 평균 제곱 오차MSE; Mean Squared Error를 사용합니다. 이 함수는 정답과 예측값 사이 거리의 제곱입니다. 평가지표로는 평균 절대 오차MAE; Mean Absolute Error를 사용했습니다. 회귀 문제는 분류 문제와 다른 손실 함수와 평가지표를 사용한다는 점을 기억하세요.

4.2.3 모델 학습하고 평가하기

회귀 문제를 해결할 모든 준비가 끝났습니다. 바로 모델을 학습시키고 평가해보겠습니다.

```
01  history = model.fit(x_train, y_train, epochs = 300,
                        validation_data = (x_val, y_val))
02  model.evaluate(x_test, y_test)
```

```
... 생략 ...
[9.3971145994523, 2.2616422]
```

최종 점수로 2.2를 얻었습니다.[5] 이는 주택의 실제 가격과 예측 가격이 평균적으로 2,200달러 정도의 차이가 있음을 의미합니다.

2장에서 데이터 개수가 적은 경우 모델의 성능을 향상시킬 수 있는 매우 좋은 방법으로 교차 검증을 언급한 바 있습니다. 여기에서는 K-폴드 교차 검증을 사용해보겠습니다. 이번 예제에서는 결과보다 K-폴드를 사용하는 방법을 중점에 두고 진행합니다. 표준화 과정까지는 전부 동일하지만, 검증 데이터셋은 직접 만들어두지 않습니다. sklearn.model_selection 모듈의 KFold 함수를 통해 자동으로 생성할 것입니다.

[함께 해봐요] K-폴드 사용하기   boston.ipynb

```
01  from tensorflow.keras.datasets.boston_housing import load_data
02  from tensorflow.keras.models import Sequential
03  from tensorflow.keras.layers import Dense
04
05  import numpy as np
06  from sklearn.model_selection import KFold
07
08  (x_train, y_train), (x_test, y_test) = load_data(path='boston_housing.npz',
09                                                   test_split=0.2,
10                                                   seed=777))
11
12  # 데이터 표준화
13  mean = np.mean(x_train, axis = 0)
14  std = np.std(x_train, axis = 0)
15  # 여기까지는 전부 동일합니다.
16  x_train = (x_train - mean) / std
17  x_test = (x_test - mean) / std
18
19  # K-폴드를 진행해봅니다.
20  k = 3
21
22  # 주어진 데이터셋을 k만큼 등분합니다.
23  # 여기서는 3이므로 학습 데이터셋(404개)을 3등분하여
24  # 한 개는 검증셋으로, 나머지 두 개는 학습 데이터셋으로 활용합니다.
25  kfold = KFold(n_splits=k, random_state = 777)
26
```

---

5 신경망의 가중치는 사용자별로 무작위로 변하기 때문에, 결괏값이 매우 다를 수 있습니다. 당황하지 말고 진행하여도 됩니다.

```
27    # K-폴드 과정에서 재사용을 위해 모델을 반환하는 함수를 정의합니다.
28    def get_model():
29        model = Sequential()
30        model.add(Dense(64, activation = 'relu', input_shape = (13, )))
31        model.add(Dense(32, activation = 'relu'))
32        model.add(Dense(1))
33
34        model.compile(optimizer = 'adam', loss = 'mse', metrics = ['mae'])
35
36        return model
37
38    mae_list = []   # 테스트셋을 평가한 후 결과 mae를 담을 리스트를 선언합니다.
39
40    # k번 진행합니다.
41    for train_index, val_index in kfold.split(x_train):
42        # 해당 인덱스는 무작위로 생성됩니다.
43        # 무작위로 생성해주는 것은 과대적합을 피할 수 있는 좋은 방법입니다.
44        x_train_fold, x_val_fold = x_train[train_index], x_train[val_index]
45        y_train_fold, y_val_fold = y_train[train_index], y_train[val_index]
46
47        # 모델을 불러옵니다.
48        model = get_model()
49
50        model.fit(x_train_fold, y_train_fold, epochs = 300,
                  validation_data = (x_val_fold, y_val_fold))
51
52        _, test_mae = model.evaluate(x_test, y_test)
53        mae_list.append(test_mae)
```

K-폴드 교차 검증에서 k=3으로 설정하여 진행했습니다. 이는 반복마다 전체 데이터를 3등분하여 두 개는 학습 데이터셋, 나머지 한 개는 검증 데이터셋으로 활용하겠다는 것을 의미합니다. 또한, 모델을 반환하는 get_model() 함수를 정의하여 총 세 개의 개별적 모델을 사용하도록 했습니다. 반환된 결괏값을 확인해보겠습니다.

```
01  print(mae_list)
```

```
[2.057369, 1.9423964, 2.1546433]
```

```
01  print(np.mean(mae_list))
```

```
2.0514696
```

교차 검증을 사용하지 않은 이전의 모델보다 향상된 결과를 얻었습니다. 하지만 세 개의 모델이 전부 성능이 좋은 것 같지는 않습니다. 두 번째 모델은 기존 모델보다 훨씬 좋은 성능을 보이지만, 세 번째 모델은 큰 차이가 없는 것을 볼 수 있습니다. 이러한 차이가 존재하는 이유는 전체 데이터셋은 같지만 각 폴드에서 학습 및 검증에 사용한 데이터가 다르기 때문입니다. 두 번째 모델은 상대적으로 테스트 데이터와 비슷한 데이터를 학습한 경우라고 해석할 수도 있습니다. 이런 문제 때문에 최종적으로는 세 개 모델의 결괏값을 평균내어 사용합니다. 따라서 위의 교차 검증을 활용한 기법의 최종 성능은 2.05가 됩니다.

교차 검증은 모델의 성능을 향상시킬 수 있는 아주 좋은 방법입니다. **하지만 이보다 더 중요하고, 모델의 성능을 극적으로 향상시킬 수 있는 방법은 데이터의 특성을 잘 파악하는 것입니다.** 명심하세요!

4.3 빙산인가? 선박인가?-1

4.3.1

다음 장으로 넘어가기 전에 캐글을 활용하여 이진 분류Binary Classification 문제를 다뤄봅니다. 캐글에서 만나볼 수 있는 이진 분류 문제에는 대표적으로 '타이타닉', '개 vs 고양이' 등의 튜토리얼 수준의 문제가 있습니다. 대회에 제출하기 위해 주피터 노트북이 아닌 캐글 노트북을 활용해보세요. 또, 캐글 대회의 데이터를 다루기 위한 아이디어를 얻을 수 있는 최고의 방법은 Notebooks 메뉴를 참고하는 것입니다.

[그림 4-5] 이진 분류 대회, 개 vs 고양이 대회도 흥미롭습니다!

이 책은 대회의 존재 여부만 알리고, 코드와 데이터에 대한 어떠한 내용도 제공하지 않습니다. 캐글 대회 관련 내용은 권장사항일 뿐, 의무사항이 아닙니다. 대신 캐글 노트북에는 문제를 해결하기 위한 다양한 방법이 존재합니다. 이를 참고하세요.

4.3.2 캐글 대회를 통해 알 수 있는 것 또는 알아야 할 것

캐글 대회를 통해 알 수 있거나 알아야 할 주요 내용을 정리했습니다.

- 대회 페이지의 [Notebooks]를 클릭한 뒤, [New Notebook] 버튼을 눌러 새로운 캐글 노트북을 만듭니다. 캐글에서 자동으로 제공하고 있는 코드를 실행하면 우리가 사용할 수 있는 데이터의 경로를 출력해줍니다.

- 데이터의 구성을 자세히 확인해 보는 것은 지나치지 말아야 할 필수 과정입니다.

- 학습 데이터셋에 적용한 전처리 방법은 테스트 데이터셋에 동일하게 적용해야 합니다.

- '이진 분류(0과 1)에서는 시그모이드 함수', '다중 분류(0, 1, 2, ...)에서는 소프트맥스 함수', '연속적인 값을 예측해야 하는 회귀 문제에서는 항등 함수(이 책에서는 linear 활성화 함수를 사용한 적이 있습니다)'를 사용한다는 것을 기억하세요.

- 캐글의 GPU는 사용일부터 7일 간격으로 30시간 동안 사용할 수 있습니다(2020년 4월 기준). 따라서 데이터를 살펴보는 것과 모델을 구성하는 단계에서는 가급적이면 CPU를 활용하거나 본인의 데스크톱 또는 노트북을 활용하는 것을 권장합니다.

4.4 무슨 옷과 무슨 색?-1

이번에는 다중 레이블 분류 문제Multi-label Class Classification를 다뤄보겠습니다. 다중 클래스와 다중 레이블의 차이를 다음 그림을 통해 다시 한번 알아보겠습니다.

[그림 4-6] 다중 클래스와 다중 레이블 문제

이번에 사용할 데이터셋은 케라스에서 제공하지 않으며, 이 책에서 제공하는 깃허브 저장소 또는 필자의 캐글 데이터 페이지를 통해 다운받아야 합니다.[6] 먼저 옷의 색은 검은색, 파란색, 갈색, 초록색, 빨간색, 흰색으로 구성되어 있으며, 색깔별로 보유하고 있는 품목은 다음과 같습니다

예시: 데이터 구성 표

색깔	드레스	셔츠	바지	반바지	신발
검은색	–				–
파란색	–	–	–	–	–
갈색				–	–
초록색		–		–	–
빨간색	–				
흰색	–			–	–

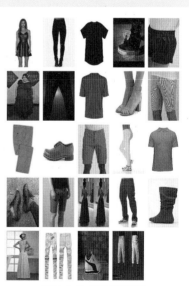

[그림 4-7] 의류 데이터셋

---

6 https://www.kaggle.com/airplane2230/apparel-image-dataset-2를 참고하세요. 필자의 캐글 데이터 페이지입니다.

Fashion-MNIST 데이터셋과 다르게 [그림 4-7]과 같이 실제 환경에서 볼 수 있는 배경 또는 인물이 존재하는 이미지 데이터를 포함합니다.

총 11,385장의 이미지를 메모리에 할당하기엔 무리가 있기 때문에, 제네레이터를 사용하는 방법으로 모델을 학습시키겠습니다. 또한, 이 절에서 사용하는 이미지 제네레이터는 간단히 설명하고, 5장에서 좀 더 자세히 설명하겠습니다. 이미지 제네레이터를 사용하려면 이미지 경로와 해당 레이블을 포함하고 있는 csv 파일이 필요합니다. 다행히도 필자가 미리 만들어두었으니 이를 활용하기만 하면 됩니다. csv 파일을 제작하는 과정은 make_dataframe.ipynb의 코드를 참조하길 바랍니다. **여기서 설명하는 모든 코드는 clothes_classification 폴더에 존재합니다.**

먼저, csv 파일을 불러오겠습니다. 판다스pandas를 활용하면 csv 파일을 데이터프레임 형태로 쉽게 부르거나 저장할 수 있습니다.

[함께 해봐요] **데이터 불러오기**   clothes1.ipynb

```
01  import pandas as pd
02
03  DATA_PATH = './csv_data/nocolorinfo'
04
05  train_df = pd.read_csv(DATA_PATH + '/train.csv')
06  val_df = pd.read_csv(DATA_PATH + '/val.csv')
07  test_df = pd.read_csv(DATA_PATH + '/test.csv')
08
09  train_df.head()
```

	image	black	blue	brown	green	red	white	dress	shirt	pants	shorts	shoes
0	./clothes_dataset\blue_shorts\256d854b55ac32ea...	0.0	1.0	0.0	0.0	0.0	0.0	0.0	0.0	0.0	1.0	0.0
1	./clothes_dataset\red_pants\584f778aece14f07c2...	0.0	0.0	0.0	0.0	1.0	0.0	0.0	0.0	1.0	0.0	0.0
2	./clothes_dataset\green_pants\ec543ca241cefb2b...	0.0	0.0	0.0	1.0	0.0	0.0	0.0	0.0	1.0	0.0	0.0
3	./clothes_dataset\brown_shorts\c8db9e0f7010592...	0.0	0.0	1.0	0.0	0.0	0.0	0.0	0.0	0.0	1.0	0.0
4	./clothes_dataset\white_dress\551373c80717c5b0...	0.0	0.0	0.0	0.0	0.0	1.0	1.0	0.0	0.0	0.0	0.0

데이터프레임의 head() 함수를 통해 상위 다섯 개의 데이터를 간단히 살펴볼 수 있습니다. 'image'는 이미지가 존재하는 전체 경로를 나타내며, 그 외의 열column은 해당 이미지의 색과 종류를 나타내고 있습니다.

이미지 제네레이터를 정의하고 모델을 구성하겠습니다. 여기서 사용하는 모델은 이전과 같이 Dense층으로만 구성되어 있습니다.

[함께 해봐요] **이미지 제네레이터 정의 및 모델 구성하기**   clothes1.ipynb

```python
01  from tensorflow.keras.preprocessing.image import ImageDataGenerator
02  # 이미지 제네레이터를 정의합니다.
03  train_datagen = ImageDataGenerator(rescale = 1./255)
04  val_datagen = ImageDataGenerator(rescale = 1./255)
05
06  def get_steps(num_samples, batch_size):
07      if (num_samples % batch_size) > 0 :
08          return (num_samples // batch_size) + 1
09      else :
10          return num_samples // batch_size
11
12  from tensorflow.keras.models import Sequential
13  from tensorflow.keras.layers import Dense, Flatten
14
15  model = Sequential()
16  # 입력 데이터의 형태를 꼭 명시해야 합니다.
17  model.add(Flatten(input_shape = (112, 112, 3)))   # (112, 112, 3) -> (112 * 112 * 3)
18  model.add(Dense(128, activation = 'relu'))        # 128개의 출력을 가지는 Dense층
19  model.add(Dense(64, activation = 'relu'))         # 64개의 출력을 가지는 Dense층
20  model.add(Dense(11, activation = 'sigmoid'))      # 11개의 출력을 가지는 신경망
21
22  model.compile(optimizer = 'adam',
23                loss = 'binary_crossentropy',
24                metrics = ['acc'])
```

다중 레이블 문제는 손실 함수로 binary_crossentropy를 사용합니다. categorical_crossentropy 는 소프트맥스 함수를 사용하여 가장 높은 확률의 클래스만 강조하기 때문에 부적합합니다. 케라스는 데이터프레임을 활용하여 학습을 진행할 수 있는 방법(flow_from_dataframe)을 제공하고 있습니다. 먼저 이를 정의하겠습니다.

```
01  batch_size = 32
02  class_col = ['black', 'blue', 'brown', 'green', 'red', 'white',
03              'dress', 'shirt', 'pants', 'shorts', 'shoes']
04
05  # Make Generator
06  train_generator = train_datagen.flow_from_dataframe(
07      dataframe=train_df,
08      directory='',
09      x_col = 'image',
10      y_col = class_col,
11      target_size = (112, 112),
12      color_mode='rgb',
13      class_mode='other',
14      batch_size=batch_size,
15      seed=42)
16
17  val_generator = val_datagen.flow_from_dataframe(
18      dataframe=val_df,
19      directory='',
20      x_col = 'image',
21      y_col = class_col,
22      target_size = (112, 112),
23      color_mode='rgb',
24      class_mode='other',
25      batch_size=batch_size,
26      shuffle=True)
```

```
Found 5578 validated image filenames.
Found 2391 validated image filenames.
```

이미지 제네레이터의 flow_from_dataframe() 함수는 데이터프레임을 활용하여 이미지를 불러옵니다. 사용되는 인자가 많아 헷갈릴 수 있습니다. 천천히 보겠습니다.

- **dataframe**: 사용할 데이터프레임을 전달합니다.

- **directory**: 이미지가 존재하는 폴더 경로를 전달합니다. 하지만 우리가 사용할 데이터프레임은 전체 경로를 담고 있으므로 전달하지 않았습니다.

- **x_col, y_col**: 학습에 사용할 데이터와 레이블이 존재하는 열을 전달합니다. 예제 코드에서는 이미지 경로가 존재하는 image와 레이블이 존재하는 class_col을 정의하여 전달하고 있습니다.

- **target_size**: 이미지의 크기를 전달받은 크기로 조절합니다.

- **class_mode**: 다중 레이블 문제를 해결하기 위해 other를 전달합니다. 만약 이진 분류라면 binary, 다중 분류라면 categorical을 전달합니다.

모든 준비가 끝났습니다. 데이터가 복잡하지 않으므로 학습은 10회 반복합니다.

[함께 해봐요] 제네레이터를 통해 모델 학습시키기　　　　　　　　`clothes1.ipynb`

```
01  model.fit(train_generator,
02              steps_per_epoch=get_steps(len(train_df), batch_size),
03              validation_data = val_generator,
04              validation_steps=get_steps(len(val_df), batch_size),
05              epochs = 10)
```

```
... 생략 ...
Epoch 8/10
175/175 [==============================] - 33s 186ms/step - loss: 0.1880
- acc: 0.9277 - val_loss: 0.2124 - val_acc: 0.9182
Epoch 9/10
175/175 [==============================] - 31s 176ms/step - loss: 0.1807
- acc: 0.9294 - val_loss: 0.2803 - val_acc: 0.9035
Epoch 10/10
175/175 [==============================] - 31s 176ms/step - loss: 0.1687
- acc: 0.9337 - val_loss: 0.2123 - val_acc: 0.9221
```

학습된 모델을 통해 테스트 데이터를 예측해보고, 각 클래스의 확률을 함께 그려보겠습니다. 올바른 예측도 존재하지만, 황당한 예측 또한 존재합니다. 첫 번째 행의 네 번째 결과는 신발을 셔츠로 인식하고 있습니다.

```python
01  # 8개만 예측해보겠습니다.
02  do_preds = preds[:8]
03
04  for i, pred in enumerate(do_preds):
05      plt.subplot(2, 4, i + 1)
06      prob = zip(class_col, list(pred))
07      prob = sorted(list(prob), key = lambda z: z[1], reverse = True)[:2]
08
09      image = cv2.imread(test_df['image'][i])
10      image = cv2.cvtColor(image, cv2.COLOR_BGR2RGB)
11
12      plt.imshow(image)
13      plt.title(f'{prob[0][0]}: {round(prob[0][1] * 100, 2)}% \n {prob[1][0]}:
                           {round(prob[1][1] * 100, 2)}%')
14
15  plt.tight_layout()
```

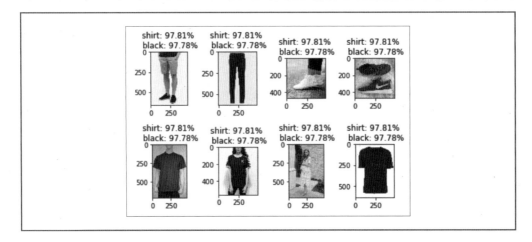

● 이 장에서 우리가 얻은 것

이 장에서는 3장에서 배운 Dense층을 본격적으로 활용하여 다중 분류, 회귀, 이진 분류, 다중 레이블 문제를 다뤄보았습니다. 입문을 위한 대표적인 데이터셋을 다루는 각 절은 공통으로 [데이터 살펴보기] → [모델 구성하기] → [모델 학습하기] → [정답 비교하기]라는 과정을 거치며 이를 반복하여 경험해보았습니다. 또 결괏값의 해석에서 시그모이드 함수와 소프트맥스 함수가 어떻게 다른지 알아보았습니다. 다음 목록은 주어진 문제에서 올바른 결괏값을 얻기 위해 기본적으로 사용되는 함수를 보여줍니다.

- 이진 분류: 시그모이드 함수
- 다중 분류: 소프트맥스 함수
- 회귀 문제: 항등 함수
- 다중 레이블: 시그모이드 함수

마지막으로 우리는 캐글 대회를 통해 어떠한 방법으로 대회에 참가하고 결과를 제출하는지 경험해보았습니다.

● 이것만은 알고 갑시다

1. 특정 분야가 아닌 이상, 문제에 사용되는 대표적인 데이터셋은 분명히 존재합니다. 어느 부분부터 접근해야 할지 모르겠다면, 해당 문제에 사용되는 대표적인 데이터셋과 문제에 적용된 모델을 벤치마킹하는 것이 가장 빠른 접근 방법일 수 있습니다.

2. 신경망은 스케일에 매우 민감하므로 적절한 전처리 과정은 필수입니다.

3. 이진 분류: sigmoid + binary_crossentropy
   다중 분류: softmax + categorical_crossentropy
   회귀 문제: mse + mae
   다중 레이블: sigmoid + binary_crossentropy

4. 모델의 History 객체를 활용하면 학습 과정을 더욱 직관적으로 관찰할 수 있습니다.

5. 데이터가 복잡하지 않고 충분하지도 않을 때, 모델을 깊게 구성하면 과대적합에 크게 노출될 수 있습니다.

6. 데이터가 충분하지 않을 때, 교차 검증은 이를 보완할 좋은 방법입니다.

7. 모델의 성능을 극적으로 향상시킬 수 있는 방법은 데이터의 특성을 잘 파악하는 것입니다.

8. 캐글은 이러한 모든 과정을 경험할 수 있는 최고의 공간입니다.

● 나의 이해도를 측정하자

1. MNIST 데이터셋은 복잡하지 않은 데이터셋이기 때문에 가벼운 환경에서도 다양한 실험을 해보기에 적합합니다. 필자는 계속해서 신경망이 스케일에 매우 민감하다고 언급해왔습니다. MNIST 데이터셋에서의 스케일에 대한 전처리로 데이터를 255로 나누는 과정을 기억하나요? 이 과정을 거치지 않고 결과를 비교해보기 바랍니다. 또한, 보스턴 주택 가격 예측 문제에서도 스케일 문제를 해결하기 위해 표준화를 진행해주었습니다. 표준화를 적용하지 않은 상태에서 신경망을 학습시켜보고 결과를 비교해보길 바랍니다.

> **프로그램을 만들기 위해서는 다음과 같은 지식이 필요해요**
> - MNIST 데이터셋
> - 보스턴 주택 가격 예측
> - 신경망에서의 스케일링 문제

2. Fashion-MNIST 문제에서 과대적합에 대해 설명했습니다. 데이터가 충분하지 않다면, 모델의 깊이가 깊은 경우 과대적합 문제에 노출될 확률이 매우 높은데요. 필자는 이를 어느 정도 조절하기 위해 매우 깊은 Dense층을 사용하지 않은 상태로 여러분들에게 예제 코드를 제공했습니다. Fashion-MNIST에서 총 세 가지의 실험을 진행해보았으면 좋겠습니다. 각 실험에서 모델의 수렴 속도와 과대적합이 어느 구간에서 발생하는지 확인할 수 있어야 합니다.

   - 매우 적은 개수의 은닉 유닛과 적은 개수의 Dense층을 통한 학습
   - 이 책의 예제 코드를 통한 학습
   - 매우 많은 개수의 은닉 유닛과 많은 개수의 Dense층을 통한 학습

> **프로그램을 만들기 위해서는 다음과 같은 지식이 필요해요**
> - Fashion-MNIST 데이터셋
> - Dense층을 활용한 모델 구성
> - 과대적합

3. **캐글을 통해 능력 향상시키기** 이진 분류 문제, 빙산과 선박을 구별하는 캐글 대회 참여하기.

- 이 책은 코드와 데이터에 대한 어떠한 내용도 제공하지 않습니다.
- 캐글에 'Statoil/C-CORE Iceberg Classifier Challenge'를 검색하세요!
- 이 장에서는 Dense층만 사용하여 결과를 제출하세요.

4. **번외** 보통 캐글을 시작한다고 하면 생존자를 예측하는 타이타닉 문제(https://www.kaggle.com/c/titanic)를 떠올립니다. 데이터 분석부터 모델 학습 및 결과 도출까지의 전 과정을 쉽게 경험해볼 수 있는 매우 유명한 문제입니다. 난이도도 쉬운 편에 속하니 타이타닉 문제를 경험해보는 것은 어떨까요? 첫 시작이 어렵다면, 이미 수많은 분석가가 캐글 노트북에 멋진 분석 방법을 작성하여 공유하고 있습니다. 이를 참고하여 시작해보는 것도 좋은 방법입니다.

5장

컨볼루션 신경망

이 장에서는 이미지 데이터를 다루는 컴퓨터 비전Computer Vision 분야에서 매우 활발하게 사용하고 있는 컨볼루션 신경망CNN; Convolutional Neural Network에 관해 알아보겠습니다. 사실 '이미지 데이터를 다루는 컴퓨터 비전 분야에서'라는 수식어는 이제 과거의 수식어라고 할 수 있습니다. 이미지 데이터뿐만 아니라 텍스트, 시계열 데이터 등 다양한 분야에서 이미 뛰어난 성능을 보여주고 있기 때문입니다. 그럼에도 컨볼루션 신경망이 가장 빛이 나는 순간은 이미지 데이터를 다룰 때라는 것을 잊지마세요.

이미지 데이터로 이루어진 데이터셋을 활용하여 컨볼루션 신경망을 학습시켜 보겠습니다. 또, 우리는 항상 신경망을 학습시키는 과정에서 과대적합 문제를 생각할 수 있어야 합니다. 컨볼루션 신경망에서도 역시 과대적합 문제를 피해갈 수 없습니다. 따라서 과대적합을 피하기 위한 방법과 모델을 견고하게 만들 수 있는 매우 효과적인 방법인 데이터 증식을 사용해보고, 이 장의 끝에서는 높은 성능을 얻을 수 있는 매우 강력한 방법, 딥러닝의 매우 강력한 장점인 전이 학습을 알아보겠습니다.

- 컨볼루션 신경망: 컨볼루션과 풀링의 개념
- 과대적합 예방하기: 규제화 함수, 드롭아웃, 배치 정규화
- 모델을 견고하게 만들기: 데이터 증식
- 딥러닝의 매우 강력한 장점: 전이 학습

5.1 일단 사용해보기

컨볼루션 신경망은 매우 광범위한 분야에서 사용되고 있는데, 위에서 언급했듯이 주로 이미지 데이터에서 진가를 발휘하고 있습니다. 컨볼루션 신경망은 크게 **컨볼루션층**Convolution layer과 **풀링층**Pooling layer으로 구성되는데, 원리를 이해하기 전에 먼저 Fashion-MNIST 데이터셋에 적용해보겠습니다. 데이터를 준비하는 과정은 4장과 동일합니다.

[함께 해봐요] **데이터 살펴보기**   fashion_mnist_cnn.ipynb

```
01  from tensorflow.keras.datasets import fashion_mnist
02
03  # 데이터를 다운받습니다.
04  (x_train, y_train), (x_test, y_test) = fashion_mnist.load_data()
05
06  import matplotlib.pyplot as plt
07  import numpy as np
08  np.random.seed(777)
09
10  class_names = ['T-shirt/top', 'Trouser', 'Pullover', 'Dress', 'Coat',
11              'Sandal', 'Shirt', 'Sneaker', 'Bag', 'Ankle boot']
12
13  sample_size = 9
14  # 0~59999의 범위에서 무작위로 세 개의 정수를 뽑습니다.
15  random_idx = np.random.randint(60000, size=sample_size)
16
17  # 0~1 범위로 만듭니다.
18  x_train = np.reshape(x_train / 255, (-1, 28, 28, 1))
19  x_test = np.reshape(x_test / 255, (-1, 28, 28, 1))
20
21  from tensorflow.keras.utils import to_categorical
22  # 각 데이터의 레이블을 범주형 형태로 변경합니다.
23  y_train = to_categorical(y_train)
24  y_test = to_categorical(y_test)
25
26  # 검증 데이터셋을 만듭니다.
27  from sklearn.model_selection import train_test_split
28
```

```
29  # 학습/테스트 데이터를 0.7/0.3의 비율로 분리합니다.
30  x_train, x_val, y_train, y_val = train_test_split(x_train, y_train,
31                                                    test_size = 0.3,
32                                                    random_state = 777)
33  print('Fashion-MNIST ready~')
```

```
Fashion-MNIST ready~
```

모델은 Conv2D층과 MaxPool2D층으로 이루어져 있으며, 마지막 단에서 Dense층(분류기라고 표현합니다)을 통해 분류 작업이 이루어집니다.

[함께 해봐요] **모델 구성하기**   fashion_mnist_cnn.ipynb

```
01  from tensorflow.keras.models import Sequential
02  from tensorflow.keras.layers import Conv2D, MaxPool2D, Dense, Flatten
03
04  model = Sequential([
05      Conv2D(filters = 16, kernel_size = 3, padding = 'same',
                activation = 'relu', input_shape = (28, 28, 1)),
06      MaxPool2D(pool_size = (2, 2), strides = 2, padding = 'same'),
07      Conv2D(filters = 32, kernel_size = 3, padding = 'same', activation = 'relu'),
08      MaxPool2D(pool_size = (2, 2), strides = 2, padding = 'same'),
09      Conv2D(filters = 64, kernel_size = 3, padding = 'same', activation = 'relu'),
10      MaxPool2D(pool_size = (2, 2), strides = 2, padding = 'same'),
11      Flatten(),
12      Dense(64, activation = 'relu'),
13      Dense(10, activation = 'softmax')
14  ])
```

모델을 구성하는 코드에서 이전과 다른 점은 Sequential() 함수를 사용하여 모델의 층을 구성하는 부분입니다. 층을 구성하기 위해 Sequential() 함수에 리스트 형태로 케라스층을 제공할 수 있습니다. 이 책에서는 이 방법보다 기존에 사용하던 add() 함수를 주로 사용하겠습니다. 예제 코드의 모델과 같이 컨볼루션 신경망은 주로 다음 그림처럼 모델을 구성하게 됩니다.

데이터 입력 → Conv2D, MaxPool2D → Dense → 결괏값 출력

이미지 특징을 추출합니다.

분류 작업을 수행하는 분류기(Classifier)

[그림 5-1] 컨볼루션 신경망을 포함한 모델 구조

이제 모델을 학습시키겠습니다.

```
01  model.compile(optimizer = 'adam',
02              loss = 'categorical_crossentropy',
03              metrics = ['acc'])
04
05  model.fit(x_train, y_train,
06          epochs = 30,
07          batch_size = 128,
08          validation_data = (x_val, y_val))
```

```
Epoch 28/30
42000/42000 [==============================] - 3s 82us/sample - loss: 0.0625 -
acc: 0.9775 - val_loss: 0.3029 - val_acc: 0.9191
Epoch 29/30
42000/42000 [==============================] - 3s 83us/sample - loss: 0.0599 -
acc: 0.9774 - val_loss: 0.3290 - val_acc: 0.9098
Epoch 30/30
42000/42000 [==============================] - 3s 83us/sample - loss: 0.0595 -
acc: 0.9781 - val_loss: 0.3235 - val_acc: 0.9178
```

'4.1.5 Fashion-MNIST 살펴보기'에서 Dense층으로 구성한 모델은 88~89%의 정확도를 얻었지만, 여기서는 컨볼루션 신경망을 활용하여 그보다 더 높은 약 92%의 정확도를 얻었습니다. 우리는 이번 예제를 통해 이미지 데이터에서 Dense층으로만 구성한 모델보다 컨볼루션 신경망으로 구성한 모델이 향상된 성능을 보여준다는 것을 확인할 수 있었습니다.

5.2 컨볼루션층과 풀링층

이제 컨볼루션층과 풀링층의 원리를 알아보겠습니다.

5.2.1 컨볼루션층을 사용하는 이유

컨볼루션층의 이해를 돕기 위해 먼저 완전연결층(이 책에서 자주 사용하는 Dense층)과의 차이와 컨볼루션 필터에 대해 알아보겠습니다.

완전연결층과의 차이

완전연결층fully-connected layer은 1차원 배열의 형태의 데이터를 통해 학습한다는 것을 이전 예제에서 경험했습니다. 완전연결층의 단점은 다음과 같습니다.

- 단순히 데이터를 펼쳐서 사용하기 때문에 각 이미지 픽셀의 관계를 고려하지 않습니다.
- 2차원 배열 형태의 데이터(28, 28)를 1차원 배열 형태의 데이터(28*28)로 변환하면서 본래 데이터의 특징을 잃어버리게 됩니다.

다시 말해, 완전연결층에 햄버거 이미지를 입력하면 햄버거 패티, 치즈, 양상추 등을 학습하는 것이 아닌 햄버거 전체(전역적 특징)를 학습하게 되는 것입니다. 전역적 특징을 학습하는 것의 문제점은 같은 햄버거라도 패티의 위치나 내용물이 달라지는 경우 다른 햄버거로 인식하여 상당히 부정적인 결과를 얻을 수 있다는 것입니다. 이를 "공간 정보를 손실한다"고 표현합니다. 완전연결층의 은닉 유닛 수를 늘려 문제를 해결할 수도 있지만, 급격히 증가하는 파라미터 수로 인해 과대적합 문제가 발생할 수 있습니다.

하지만 컨볼루션층은 이미지 픽셀 사이의 관계를 고려하기 때문에, 햄버거 패티, 치즈, 양상추 등의 지역적 특징을 학습하여 햄버거를 판단하게 됩니다. 지역적 특징은 빵 밑에 패티가 있고, 다시 그 밑에 빵이 있거나 또는 사람의 얼굴에서 눈 옆에 코가 있고 그 밑에 입이 있는 것과 같은 예처럼 각 특징 사이의 관계를 의미합니다. 이를 "공간 정보를 유지한다"고 표현합니다. 또한, 각 필터의 파라미터가 공유[1] 되기 때문에 완전연결층에 비해 적은 수의 파라미터를 요구합니다.

---

1 파라미터를 공유한다는 것의 의미는 컨볼루션 연산(5.2.2 컨볼루션 알아보기)을 보면 이해할 수 있습니다.

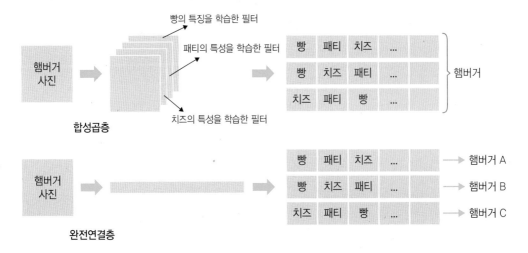

[그림 5-2] 컨볼루션층과 완전연결층의 결과 차이

위의 그림처럼 완전연결층은 전부 동일한 햄버거지만, 빵, 치즈, 패티의 위치에 따라 서로 다른 햄버거로 인식할 수 있습니다. 다음 그림은 동일한 모델 깊이에서 완전연결층이 왜 과대적합 문제에 노출되기 쉬운지를 보여주는 파라미터 수의 극단적인 예입니다. 컨볼루션층은 1,000개의 컨볼루션 필터를 사용했음에도, 완전연결층보다 훨씬 적은 수의 파라미터를 요구합니다.

```
model = Sequential()
model.add(Dense(128,
          activation = 'relu',
          input_shape = (784, )))
```

128개의 은닉 유닛을 사용한
Dense층의 파라미터 수: 100,480개

```
model = Sequential()
model.add(Conv2D(1000, 3,
          activation = 'relu',
          input_shape = (28, 28, 1)))
```

1000개의 합성곱 필터를 사용한
Conv2D층의 파라미터 수: 1,280개

[그림 5-3] 파라미터 수: Dense층 vs. Conv2D층

컨볼루션 필터

컨볼루션층에서는 '필터'라는 개념을 사용합니다. 본론으로 들어가기 전에 필터라는 단어를 보고 다음과 같은 생각이 들지는 않았나요? '혹시 우리가 셀카를 찍고 난 후, 특정 사진 앱을 사용하여 얼굴을 변형해주는 그런 필터!' 이러한 생각이 들었다면 정답입니다. 사진 앱은 얼굴을 변형하기 위해서

특정 연산을 수행하는 필터를 사용했을 것입니다. 이를 이미지 필터Image Filter라고 합니다. 이미지 필터를 활용하여 변형된 얼굴 사진을 얻을 수 있다면, 컨볼루션층은 여러 개의 컨볼루션 필터를 활용하여 이미지에 내포된 다양한 정보를 인식할 수 있습니다.

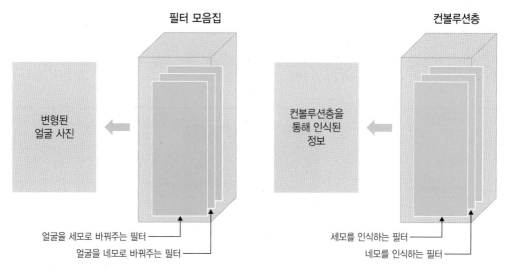

[그림 5-4] 이미지 필터와 컨볼루션 필터

이미지 필터와 컨볼루션 필터의 공통점은 필터가 가지고 있는 파라미터를 통해 목적을 달성한다는 것인데, 이미지 필터는 파라미터를 직접 정의해주어야 하고 컨볼루션 필터는 모델의 학습을 통해 조정된다는 차이가 있습니다.

- 얼굴 변형의 목적을 가진 이미지 필터는 이미지의 선명함을 목적으로 하는 필터로써 사용할 수 없습니다. 즉, 두 가지 목적을 동시에 달성하려면 독립적으로 각각의 필터를 직접 정의해주어야 합니다.
- 컨볼루션 필터는 모델의 학습을 통해 필터의 파라미터가 목적에 맞게끔 조정됩니다. 학습된 모델을 사용하면 얼굴 변형, 선명함 등의 목적을 동시에 사용할 수 있습니다.

이미지 필터를 이해한다면, 컨볼루션 필터를 더욱 쉽게 이해할 수 있을 것입니다. 먼저 이미지 필터를 이해하기 위해 가장자리 검출Edge-detection에서 예시로 자주 사용되고, 아주 유명한 소벨 필터 Sobel Filter를 사용해보겠습니다. Fashion-MNIST 데이터셋에서 특정 데이터 하나를 가져온 후 소벨 필터를 사용해 가장자리를 검출해보도록 하죠. 이 예제를 통해 파라미터를 직접 정의하는 것이 무슨 의미인지 알 수 있을 것입니다.

먼저 데이터를 다운받고, 첫 번째 데이터를 그려보겠습니다.

```
01   from tensorflow.keras.datasets import fashion_mnist
02
03   # 데이터를 다운받습니다.
04   (x_train, y_train), (x_test, y_test) = fashion_mnist.load_data()
05
06   import matplotlib.pyplot as plt
07   plt.imshow(x_train[0])   # 첫 번째 데이터를 그려봅니다.
```

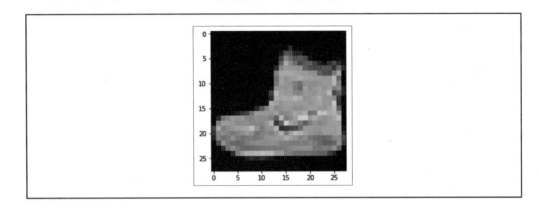

첫 번째 데이터는 신발을 나타내고 있습니다. 이제 필터를 사용해서 신발의 가장자리를 검출해보
겠습니다. 여기서 사용해볼 소벨 필터는 두 가지의 대표적인 필터를 이용하여 가로선horizontal과 세
로선vertical을 추출합니다. 그 후에 이 둘을 더하여 가장자리가 검출된 최종 이미지를 얻을 것입니
다. 소벨 필터에서 사용하는 두 개의 필터는 다음과 같습니다. 각 숫자는 필터의 파라미터라고 하
겠습니다. **우리는 지금 필터를 직접 정의하여 사용하려고 합니다.**

1	2	1
0	0	0
−1	−2	−1

가로선 필터

1	0	−1
2	0	−2
1	0	−1

세로선 필터

[그림 5-5] 가로선 필터와 세로선 필터

이미지 필터와 계산에 필요한 상수들을 정의하겠습니다.

```python
01  import numpy as np
02  import cv2
03
04  # 가로선을 추출하기 위한 필터
05  horizontal_filter = np.array([[1., 2., 1.],
06                                [0., 0., 0.],
07                                [-1., -2., -1.]])
08
09  # 세로선을 추출하기 위한 필터
10  vertical_filter = np.array([[1., 0., -1.],
11                              [2., 0., -2.],
12                              [1., 0., -1.]])
13
14  # 계산의 편의를 위해 이미지의 형태를 (27, 27)로 줄입니다.
15  test_image = cv2.resize(x_train[0], (27, 27))
16  image_size = test_image.shape[0]
17  output_size = int((image_size - 3)/1 + 1)
18  print('output의 크기 : %d' % output_size)
```

```
output의 크기 : 25
```

신발 이미지에 필터를 적용하고, 그려봅니다.

```python
01  filter_size = 3
02
03  def get_filtered_image(filter):
04      filtered_image = np.zeros((output_size, output_size))
05      for i in range(output_size):
06          for j in range(output_size):
07              # 컨볼루션 연산
08              indice_image = test_image[i:(i + filter_size),
                                          j:(j + filter_size)] * filter
09              indice_sum = np.sum(indice_image)
10
```

```
11              if(indice_sum > 255):
12                  indice_sum = 255
13              filtered_image[i, j] = indice_sum
14
15      return filtered_image
16
17  vertical_filtered_image = get_filtered_image(vertical_filter)
18  horizontal_filtered_image = get_filtered_image(horizontal_filter)
19
20  plt.subplot(1, 2, 1)
21  plt.title('vertical')
22  plt.imshow(vertical_filtered_image)
23
24  plt.subplot(1, 2, 2)
25  plt.title('horizontal')
26  plt.imshow(horizontal_filtered_image)
27  plt.show()
```

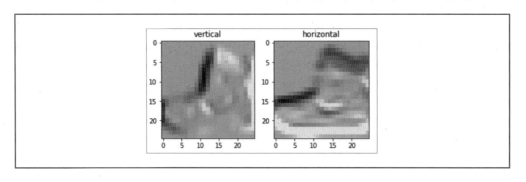

두 그림을 비교해서 보길 바랍니다. 각 필터의 목적에 맞게 세로선과 가로선을 잘 검출하고 있습니다. 이제 두 그림을 더해서 가장자리가 검출된 최종 결과 그림을 보겠습니다.

```
01  sobel_image = np.sqrt(np.square(horizontal_filtered_image) +
02              np.square(vertical_filtered_image))
03
04  plt.imshow(sobel_image)
```

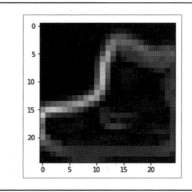

우리가 원하는 대로 신발의 가장자리가 잘 검출되었습니다. 물론 이게 중요한 결론은 아닙니다. 이번 예제의 핵심은 이미지 필터(가로선 필터와 세로선 필터)를 직접 정의해서 사용했다는 것입니다. 만약 우리가 가로선과 세로선이 아닌 또 다른 특징을 검출하고 싶다면, 그에 맞는 필터를 찾기 위해 수많은 조합의 파라미터와 특정 연산을 탐색하는 실험을 무수히 반복해야 합니다. 최악의 경우로 필터를 잘못 정의할 경우 전혀 다른 결과를 얻는 문제가 발생할 수 있습니다.

하지만 컨볼루션층을 사용하면 필터를 직접 정의할 필요가 없습니다. 컨볼루션 신경망으로 구성한 모델은 가로선, 세로선 또는 어떤 물체의 특징(예 사람의 눈, 귀, 코, 입)을 학습하게 되는데, 앞서 언급했듯이 컨볼루션 필터의 파라미터가 학습을 통해 적절히 조정된다는 것입니다. 그뿐만 아니라 여러 개의 필터를 사용하여 다수의 특징을 학습하고, 인식할 수 있게 됩니다.

5.2.2 컨볼루션 알아보기

컨볼루션층이 이미지에 존재하는 물체의 특징을 인식할 수 있다는 것을 이미지 필터와 비교하여 알아보았습니다. 이번 절에서는 컨볼루션층에서 사용하는 용어를 알아보겠습니다.

- 컨볼루션 연산Convolution
- 스트라이드Stride
- 패딩Padding

컨볼루션 연산과 스트라이드

아래 그림처럼 컨볼루션층은 주어진 입력 데이터에서 컨볼루션 필터를 활용하여 원소별 곱과 윈도우 슬라이딩Window Sliding[2]을 행하는 컨볼루션 연산을 통해 특징맵Feature Map을 만들게 됩니다.

---

2 윈도우 슬라이딩은 컨볼루션 필터가 정의된 스트라이드의 크기만큼 창문을 닦듯이 미끄러지면서 입력 데이터를 훑는 것을 의미합니다. [그림 5-7]과 같이 필터가 일정 방향으로 스트라이드 크기만큼 움직이면서 원소별 곱을 수행합니다.

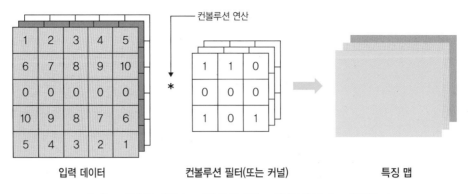

입력 데이터　　　　　　　컨볼루션 필터(또는 커널)　　　　특징 맵

[그림 5-6] 입력 데이터 → (컨볼루션 연산 + 컨볼루션 필터) → 특징맵

이때 필터의 크기를 정해야 하는데, 여기서는 일반적으로 많이 사용하는 3×3의 크기를 사용했습니다. 초기에는 5×5, 7×7과 같은 큰 크기의 필터를 사용하기도 했지만, 사용되는 파라미터 수에 비해 비효율적인 것이 여러 연구를 통해 증명되면서 지금은 잘 사용하지 않습니다. **이때 컨볼루션 필터는 지정해준 스트라이드 크기만큼 움직이게 됩니다.** 다음 그림은 1×1 스트라이드와 3×3 필터 크기를 사용하는 컨볼루션 연산의 예입니다.

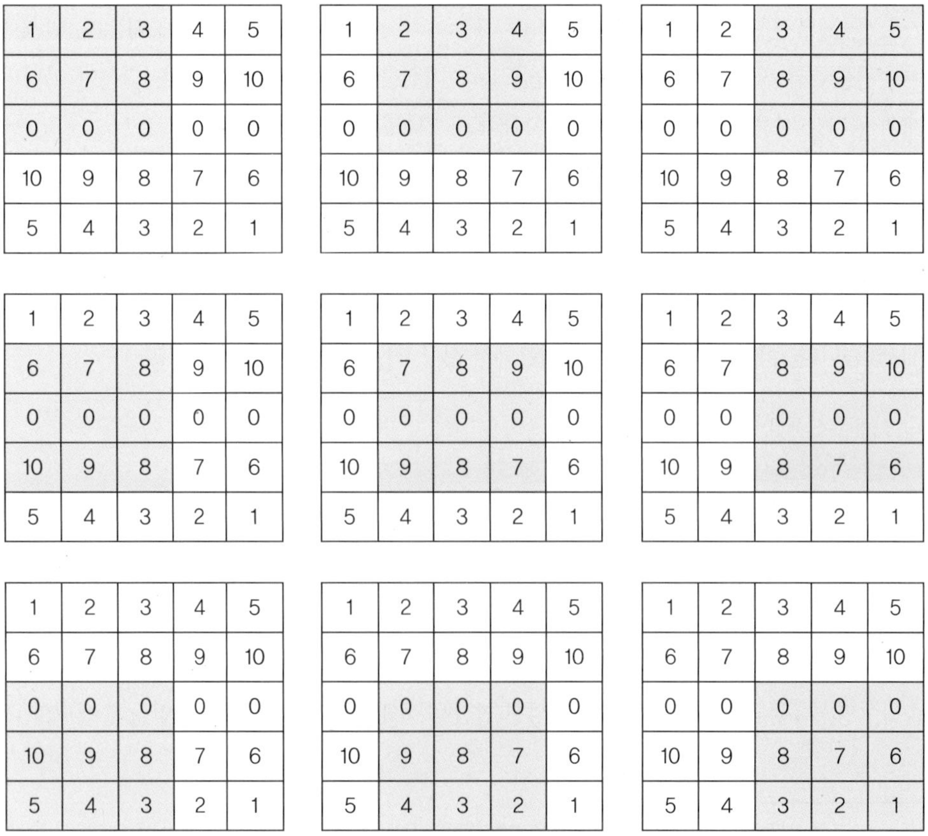

[그림 5-7] 1×1 스트라이드와 3×3 필터를 사용하는 컨볼루션 연산

위의 그림에서 볼 수 있는 민트색 셀은 1×1 스트라이드와 3×3 필터를 사용하여 컨볼루션 연산이 수행될 영역을 나타냅니다. 컨볼루션 필터의 크기도 여러 가지를 사용할 수 있듯이, 스트라이드 또한 주로 사용하는 1×1 크기를 포함하여 1×2, 2×1, 2×2, 3×3 등의 크기를 사용할 수 있습니다. 다음 그림은 2×2 스트라이드와 3×3 필터를 사용하는 컨볼루션 연산의 예입니다.

1	2	3	4	5
6	7	8	9	10
0	0	0	0	0
10	9	8	7	6
5	4	3	2	1

1	2	3	4	5
6	7	8	9	10
0	0	0	0	0
10	9	8	7	6
5	4	3	2	1

1	2	3	4	5
6	7	8	9	10
0	0	0	0	0
10	9	8	7	6
5	4	3	2	1

1	2	3	4	5
6	7	8	9	10
0	0	0	0	0
10	9	8	7	6
5	4	3	2	1

[그림 5-8] 2×2 스트라이드와 3×3 필터 형태를 사용하는 컨볼루션 연산

위와 같이 1×1 스트라이드보다 큰 스트라이드를 사용하는 경우 특징맵을 다운샘플링(신경망의 파라미터 수를 감소시키는 효과)하는 효과를 볼 수 있습니다. 하지만 우리는 스트라이드보다 풀링 개념을 통해 다운샘플링을 수행하게 될 것입니다. 이는 '5.2.3 풀링 연산 알아보기'에서 확인할 수 있습니다. 위의 두 가지 예시는 전부 입력 데이터보다 특징맵의 크기가 감소한 형태로 출력됩니다.

- 첫 번째 예시: (5, 5) → (3, 3)
- 두 번째 예시: (5, 5) → (2, 2)

패딩

특징맵의 크기가 감소하지 않고, 입력 데이터의 형태와 동일한 형태를 출력값으로 얻고 싶은 경우 패딩을 사용합니다. 또한, 패딩을 사용하게 되면 이미지 가장자리 부분에 해당하는 정보를 손실하지 않고 전달해줄 수 있는 효과를 볼 수 있습니다. 패딩은 다음과 같이 행과 열에 특정 숫자를 추가합니다.

0	0	0	0	0	0	0
0						0
0						0
0		입력 데이터				0
0						0
0						0
0	0	0	0	0	0	0

[그림 5-9] 1 크기의 패딩을 추가한 예

컨볼루션 신경망에서는 패딩을 이용하여 특징맵의 크기를 적절히 조절하게 됩니다. **다시 한번, 패딩은 주로 특징맵의 크기를 입력 데이터와 동일하게 얻기 위해 사용한다는 점을 기억하세요.**

패딩을 포함하여 입력 데이터에 컨볼루션 연산을 적용할 경우, 컨볼루션층의 결괏값인 특징맵의 크기는 다음 그림과 같이 계산할 수 있습니다. 그림에서 볼 수 있는 수식은 컨볼루션 신경망에서 각 컨볼루션층이 출력하는 특징맵 크기를 확인해보는 경우에 사용되므로 알아두면 유용합니다. 하지만 케라스에서는 모델을 구성하는 각 층의 입력과 출력의 크기를 직접 계산해주니 걱정하지 않아도 됩니다.

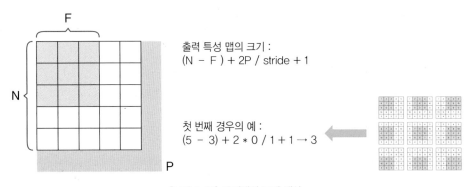

출력 특성 맵의 크기 :
$(N - F) + 2P / stride + 1$

첫 번째 경우의 예 :
$(5 - 3) + 2 * 0 / 1 + 1 \rightarrow 3$

[그림 5-10] 특징맵의 크기 계산

위의 그림에서 N은 입력 데이터의 크기, F는 필터의 크기, P는 패딩의 크기를 나타냅니다.

마지막으로 필터를 통해 특징맵이 어떻게 만들어지는지 간단한 그림을 통해 알아보겠습니다. 입력 데이터는 RGB 채널로 이루어진 이미지 데이터라고 가정합니다.

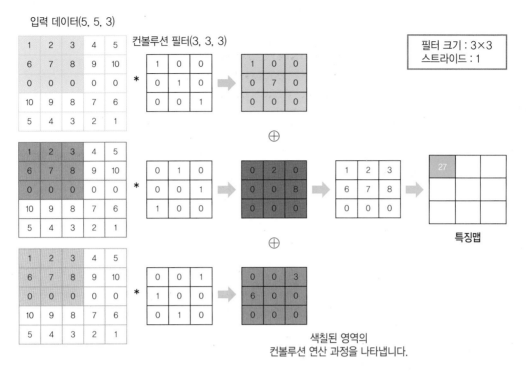

[그림 5-11] 컨볼루션 연산

컨볼루션 연산에 쓰일 필터는 (filter_size, filter_size, input_channel)의 형태를 가지게 됩니다. 따라서 위의 경우는 필터 크기가 3이고, RGB로 이루어진 입력 데이터의 채널이 3이기 때문에 (3, 3, 3) 형태의 컨볼루션 필터가 생성된 것으로 볼 수 있습니다. 그 다음으로 원소곱element-wise[3]을 통해 값을 만들어 낸 뒤, 이를 전부 더합니다. 다시 이 값들을 전부 더하면 비로소 특징맵에서 한 개의 셀에 해당하는 값이 만들어집니다. 실제 모델에서 Conv2D층의 첫 번째 인자값이 64라면, 위의 경우에서 필터가 가지는 전체 파라미터 수는 (64*3*3*3)이 됩니다.

다음으로 다운샘플링을 위해 주로 사용하는 풀링 연산에 대해 알아보겠습니다. 위에서 예제로 다룬 특징맵 크기와 컨볼루션 연산 예제는 직접 계산해보는 것을 추천합니다.

5.2.3 풀링 연산 알아보기

'5.1 일단 사용해보기'에서 모델을 구성하기 위해 Conv2D → Maxpool2D → Conv2D → …와 같은 반복적인 패턴을 사용했습니다. 풀링 연산에서는 평균값을 사용하는 **평균 풀링**Average Pooling도 있지만, 주로 최댓값을 사용하는 **최대 풀링**Max Pooling을 사용합니다. 컨볼루션 신경망에서 최대 풀링은 일반적으로 2×2 스트라이드와 2×2 윈도우 크기를 사용해서 특징맵 크기를 절반으로 줄이는 역할을 합니다(다운샘플링). 최대 풀링의 연산 방식은 다음 그림에서 볼 수 있습니다.

---

3 벡터의 내적이 아닌 단순하게 같은 위치의 원소끼리 곱하는 것을 의미합니다.

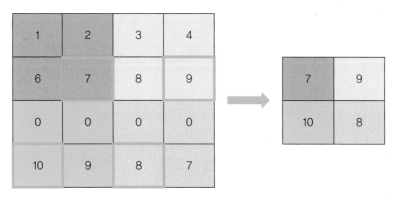

[그림 5-12] 최대 풀링

위의 그림처럼 최대 풀링은 해당 윈도우에서 가장 큰 값을 특징값으로 사용하게 됩니다. 최대 풀링 연산은 다음과 같은 장점을 제공합니다.

- **모델이 물체의 주요한 특징을 학습할 수 있도록 도와주며, 컨볼루션 신경망이 이동 불변성**translation or shift invariant[4] **특성을 가지도록 합니다.** 이동 불변성은 물체가 어느 위치에 있어도 그 물체를 인식할 수 있다는 것을 의미합니다. 위의 그림에서 짙은 회색(윗쪽 왼편) 면의 가장 큰 숫자 7이 숫자 1과 자리를 바꾸어도 최대 풀링층은 여전히 7이라는 특징을 잡아낼 것입니다. 그 외에도 크기 불변성Scale invariant, 회전 불변성Rotation invariant 등과 같은 특징이 있지만, 이에 대해서는 취약점을 가지고 있습니다. 이를 해결하기 위해서 일반적으로 데이터 증식Data augmentation 방법을 활용합니다.

- **모델 파라미터 수를 줄여줍니다.** 이는 곧 계산 속도 향상과도 연관이 있으며, 과대적합 문제에 노출될 위험을 줄여줍니다.

이동 불변성이 존재하지 않는 경우

이동 불변성이 존재하는 경우

[그림 5-12] 이동 불변성

---

4 이러한 개념은 이미지 처리 분야에서 매우 중요한 특징에 해당합니다. 관심이 있다면 'invariance vs equivariance'를 검색하세요.

앞서 언급했듯이, 풀링 연산에는 최대 풀링뿐만 아니라 평균 풀링도 존재합니다. 평균 풀링은 각 윈도우에 속하는 값들을 평균 내어 특징값으로 사용하게 됩니다. 하지만 실제 모델에서 평균 풀링은 자주 사용되지 않습니다. 어떤 물체의 존재 여부를 알기 위해서는 가장 명확한 특징값을 사용하여 학습하는 것이 좋다고 알려져 있습니다. 또, 컨볼루션 신경망에서 최대 풀링층을 사용하고 있다면, 컨볼루션층에서 1×1 스트라이드 사용을 권장합니다. **최대 풀링층이 강한 특징값을 뽑아냄과 동시에 특징맵의 크기를 줄여 다운샘플링을 행하기 때문에 컨볼루션층에서는 가급적이면 정보를 보존하는 것이 좋습니다.**

넘어가기 전에, 이미지 필터를 사용해보는 과정에서 컨볼루션 연산을 구현해보았으니 풀링 연산도 구현해보아야겠죠?

[함께 해봐요] **풀링 연산 구현하기**　　　　　　　　　　　　　`use_image_filter.ipynb`

```
01  import numpy as np
02
03  image = x_train[0]
04  image_x = image.shape[0]
05  image_y = image.shape[1]
06  new_image_x = int(image_x / 2)
07  new_image_y = int(image_y / 2)
08
09  pooled_image = np.zeros((new_image_x, new_image_y))
10
11  print(f'original image shape: ({image_x}, {image_y})')
12  print(f'pooled image shape: ({new_image_x}, {new_image_y})')
13
14  for x in range(0, image_x, 2):
15      for y in range(0, image_y, 2):
16          pooled_image[int(x/2), int(y/2)] = np.max(image[x:x + 2, y:y + 2])
17
18  plt.imshow(pooled_image)
```

```
original image shape: (28, 28)
pooled image shape: (14, 14)
```

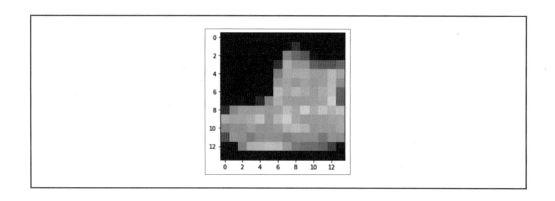

5.2.4 모델 다시 살펴보기

컨볼루션층과 풀링층의 원리를 알아보았으니, 모델에 사용된 Conv2D층, MaxPool2D층을 더 자세히 살펴보겠습니다.

예시: 컨볼루션 신경망

```
01  model = Sequential([
02      # 항상 모델의 첫 번째 층은 입력의 형태를 명시해주어야 합니다.
03      Conv2D(filters = 16, kernel_size = 3, strides = (1, 1),
                 padding = 'same', activation = 'relu', input_shape = (28, 28, 1)),
04      MaxPool2D(pool_size = (2, 2), strides = 2, padding = 'same'),
05      Conv2D(filters = 32, kernel_size = 3, strides = (1, 1),
                 padding = 'same', activation = 'relu'),
06      MaxPool2D(pool_size = (2, 2), strides = 2, padding = 'same'),
07      Conv2D(filters = 64, kernel_size = 3, strides = (1, 1),
                 padding = 'same', activation = 'relu'),
08      MaxPool2D(pool_size = (2, 2), strides = 2, padding = 'same'),
09      Flatten(),  # Dense층에 입력하기 위해 데이터를 펼쳐줍니다.
10      Dense(64, activation = 'relu'),
11      Dense(10, activation = 'softmax')   # 열 개의 출력을 가지는 신경망
12  ])
```

3행에서 주의 깊게 살펴 볼 내용은 다음과 같습니다.

```
03      Conv2D(filters = 16, kernel_size = 3, strides = (1, 1),
                 padding = 'same', activation = 'relu', input_shape = (28, 28, 1)),
```

- **filters**: 특징맵의 차원을 결정합니다. filters=16은 16개의 컨볼루션 필터를 사용한다는 의미이며, 특징맵의 형태는 (batch_size, rows, cols, filters)가 됩니다.
- **kernel_size**: (3, 3)과 같이 튜플 형태로 필터의 크기를 설정합니다. 위의 경우처럼 하나의 숫자 k를 전달할 경우 자동으로 (k, k) 필터 크기로 설정됩니다.
- **strides**: 스트라이드 크기를 지정합니다. 기본값은 (1, 1)으로 kernel_size와 같이 하나의 숫자 형태로 제공할 수 있습니다.
- **padding**: 패딩에 대한 결정 여부를 지정합니다. same은 패딩을 사용하여 출력 형태와 입력 형태가 동일하도록 조절하며, valid를 전달할 경우 패딩을 사용하지 않습니다. 기본값은 valid입니다.
- **activation**: 사용할 활성화 함수를 문자열 또는 클래스 형태로 제공합니다.

8행에서 주의 깊게 살펴볼 내용은 다음과 같습니다.

```
08  MaxPool2D(pool_size = (2, 2), strides = 2, padding = 'same')
```

- **pool_size**: 풀링층에서 사용할 커널의 크기를 설정합니다. Conv2D의 kernel_size처럼 하나의 숫자 형태로 제공할 수 있습니다.
- **strides**: 스트라이드 크기를 지정합니다. 기본값은 None입니다. 이 값이 주어지지 않는 경우, pool_size의 크기와 동일한 크기로 지정됩니다. 예를 들어, pool_size=(2,2)이고 스트라이드가 None이라면, 실제 최대 풀링층의 스트라이드는 (2, 2)로 적용됩니다.
- **padding**: Conv2D층의 내용과 동일합니다.

이 책에서는 Conv2D층과 MaxPool2D층에서 사용하는 대표적인 인자만 설명했습니다.[5] 우리가 구성한 모델은 두 가지 층을 반복적으로 거쳐 특징을 추출하고, Flatten층과 Dense층을 통과하여 최종 결괏값을 만들게 됩니다.

스트라이드, 필터 크기, 풀링층의 사용 개수 등은 입력 데이터의 형태를 변형시키는 주요한 요소입니다. 이를 직접 계산하여 메모장에 입력해놓을 수는 없겠죠? 모델의 구조를 편리하게 확인할 수 있는 두 가지 방법은 summary()와 plot_model() 함수를 활용하는 것입니다. summary() 함수는 매우 간단합니다. 모델을 구성하고 함수를 사용하기만 하면 됩니다. 위의 모델을 그대로 사용하겠습니다.

---

5 두 가지 층은 설명한 인자 외에도 다양한 인자를 보유하고 있는데, 이 책에서는 이에 대해 추가로 언급하지 않습니다. 케라스가 제공하는 층과 층이 보유하고 있는 인자에 대해 더 자세히 알아보고 싶다면 공식 문서를 참고하세요.

```
01  model.summary()   # 모델의 구조를 확인합니다.
```

```
Model: "sequential"
_____
Layer (type)                 Output Shape              Param #
=================================================================
conv2d (Conv2D)              (None, 28, 28, 16)        160
_____
max_pooling2d (MaxPooling2D) (None, 14, 14, 16)        0
_____
conv2d_1 (Conv2D)            (None, 14, 14, 32)        4640
_____
max_pooling2d_1 (MaxPooling2 (None, 7, 7, 32)          0
_____
conv2d_2 (Conv2D)            (None, 7, 7, 64)          18496
_____
max_pooling2d_2 (MaxPooling2 (None, 4, 4, 64)          0
_____
flatten (Flatten)            (None, 1024)              0
_____
dense (Dense)                (None, 64)                65600
_____
dense_1 (Dense)              (None, 10)                650
=================================================================
Total params: 89,546
Trainable params: 89,546
Non-trainable params: 0
_____
```

결과 그림을 보면 summary() 함수는 각 층의 이름(Layer)과 출력 형태(Output Shape), 각 층에서 사용하는 파라미터 수(Param #)에 대한 정보를 제공합니다. 다음은 plot_model() 함수[6]입니다.

```
01  # 6번 각주의 해결 방법을 써도 문제가 해결되지 않는다면, 다음 코드의 주석을 풀어 실행시키세요.
02  # import os
03  # os.environ["PATH"] += os.pathsep + 'C:/Program Files (x86)/Graphviz2.38/bin'
04
05  from tensorflow.keras.utils import plot_model
06  plot_model(model, './model.png', show_shapes=True)
```

---

6 이를 사용하기 위해서는 pydot과 graphviz 패키지를 설치해야 합니다. 윈도우즈를 사용하는 경우 이 두 가지를 설치해도 안된다면 다음과 같이 진행합니다.

  ❶ pydot-ng 패키지를 설치합니다.

  ❷ https://graphviz.gitlab.io/_pages/Download/Download_windows.html에서 윈도우즈용 Stable 버전을 설치합니다.

  ❸ [시작] → [컴퓨터(우클릭 후 속성)] → [고급시스템 설정] → [환경변수] → [Path]에 C:\Program Files (x86)\Graphviz2.38\bin을 추가합니다.

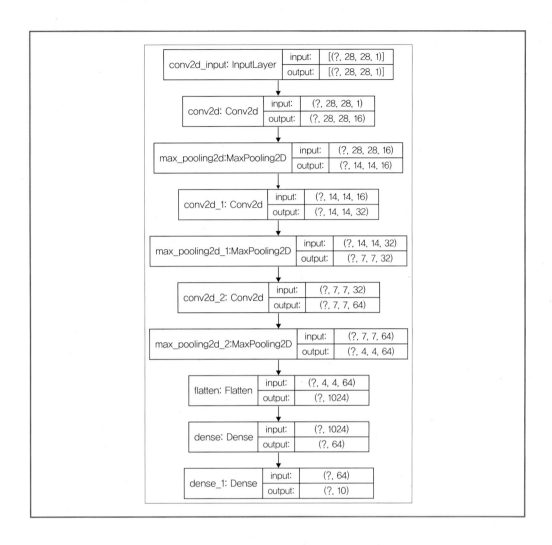

plot_model() 함수도 훌륭한 방법이지만, 모델 구조를 확인하는 방법은 주로 model.summary()
함수를 사용합니다.

5.3 CIFAR-10 살펴보기

컨볼루션 신경망에 익숙해지기 위해 또 다른 데이터셋을 사용해보겠습니다. 이번에 사용해볼 데이터셋은 CIFAR-10[7]입니다. CIFAR-10 데이터셋은 총 열 개의 클래스를 다루며, 더 확장된 데이터셋인 CIFAR-100 데이터셋은 100개의 클래스를 다룹니다. 이 데이터셋은 MNIST 데이터셋과 같이 매우 기본적인 데이터셋으로서 연습을 위해 자주 사용하지만, MNIST 데이터셋에서 얻은 만큼의 성능을 기대하진 못할 것입니다(특히 CIFAR-100 데이터셋은 높은 성능을 기대하기 어렵습니다).

[그림 5-14] CIFAR-10의 클래스 유형

MNIST 데이터셋과 동일하게 총 50,000개의 학습 데이터와 10,000개의 테스트 데이터가 주어집니다. 클래스 개수는 MNIST 데이터셋과 동일하지만, 데이터의 복잡도가 훨씬 높아 신경망이 특징을 검출하기가 더욱 어렵습니다.

5.3.1 데이터 살펴보기

데이터를 다운받고, 형태를 출력해보겠습니다. 레이블은 0~9로 구성되어 있습니다.

---

7 https://www.cs.toronto.edu/~kriz/cifar.html을 검색하세요.

```
01   from tensorflow.keras.datasets import cifar10
02
03   (x_train, y_train), (x_test, y_test) = cifar10.load_data()
04
05   print(x_train.shape, y_train.shape)
06   print(x_test.shape, y_test.shape)
```

```
(50000, 32, 32, 3) (50000, 1)
(10000, 32, 32, 3) (10000, 1)
```

기본적으로 케라스가 제공하는 데이터셋은 전부 정리가 잘 되어 있어 학습하기가 편리합니다. 이미지의 크기 또한 (32, 32, 3)으로 학습하기에 어려움이 없는 저해상도에 해당합니다. 몇 개의 이미지를 그려보겠습니다.

```
01   import matplotlib.pyplot as plt
02   import numpy as np
03   np.random.seed(777)
04
05   class_names = ['airplane', 'automobile', 'bird', 'cat',
06                  'deer', 'dog', 'frog', 'horse',
07                  'sheep', 'truck']
08
09   sample_size = 9
10   random_idx = np.random.randint(60000, size=sample_size)
11
12   plt.figure(figsize = (5, 5))
13   for i, idx in enumerate(random_idx):
14       plt.subplot(3, 3, i+1)
15       plt.xticks([])
16       plt.yticks([])
17       plt.imshow(x_train[i], cmap = 'gray')
18       plt.xlabel(class_names[int(y_train[i])])
19   plt.show()
```

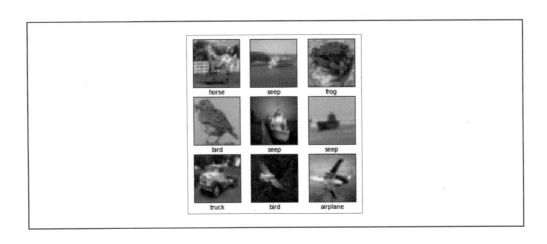

다음으로 신경망 모델의 입력으로 사용하기 위해 데이터가 가지는 값의 범위를 조절하겠습니다. 이전에 했던 방법과 다르게 이번에는 데이터셋의 평균과 표준 편차를 채널별로 구해 표준화를 진행하겠습니다.

[함께 해봐요] CIFAR-10 데이터셋 전처리 과정   cifar10_cnn.ipynb

```
01  # 평균과 표준 편차는 채널별로 구해줍니다.
02  x_mean = np.mean(x_train, axis = (0, 1, 2))
03  x_std = np.std(x_train, axis = (0, 1, 2))
04
05  x_train = (x_train - x_mean) / x_std
06  x_test = (x_test - x_mean) / x_std
07
08  from sklearn.model_selection import train_test_split
09
10  x_train, x_val, y_train, y_val = train_test_split(x_train, y_train,
11                                          test_size = 0.3)
12
13  print(x_train.shape, len(y_train))
14  print(x_val.shape, len(y_val))
```

```
(35000, 32, 32, 3) 35000
(15000, 32, 32, 3) 15000
```

5.3.2 모델 구성하기

학습에 사용할 모델은 '5.1 일단 사용해보기'에서 사용했던 모델보다 좀 더 깊게 구성하겠습니다.

[함께 해봐요] **CIFAR-10 모델 구성하기**   cifar10_cnn.ipynb

```
01  from tensorflow.keras.models import Sequential
02  from tensorflow.keras.layers import Conv2D, MaxPool2D, Dense, Flatten
03  from tensorflow.keras.optimizers import Adam
04
05  model = Sequential()
06  # (32, 32, 3)의 데이터를 입력으로 받습니다.
07  model.add(Conv2D(filters = 32, kernel_size = 3, padding = 'same',
            activation = 'relu', input_shape = (32, 32, 3)))
08  model.add(Conv2D(filters = 32, kernel_size = 3, padding = 'same',
            activation = 'relu'))
09  model.add(MaxPool2D(pool_size = (2, 2), strides = 2, padding = 'same'))
10  model.add(Conv2D(filters = 64, kernel_size = 3, padding = 'same',
            activation = 'relu'))
11  model.add(Conv2D(filters = 64, kernel_size = 3, padding = 'same',
            activation = 'relu'))
12  model.add(MaxPool2D(pool_size = (2, 2), strides = 2, padding = 'same'))
13  model.add(Conv2D(filters = 128, kernel_size = 3, padding = 'same',
            activation = 'relu'))
14  model.add(Conv2D(filters = 128, kernel_size = 3, padding = 'same',
            activation = 'relu'))
15  model.add(MaxPool2D(pool_size = (2, 2), strides = 2, padding = 'same'))
16  model.add(Flatten())
17  model.add(Dense(256, activation = 'relu'))
18  model.add(Dense(10, activation = 'softmax'))   # 열 개의 출력을 가지는 신경망
19
20  model.compile(optimizer = Adam(1e-4),
21              loss = 'sparse_categorical_crossentropy',
22              metrics = ['acc'])
```

복잡한 데이터일수록 모델을 깊게 구성해봅니다. 실험적으로 모델을 먼저 깊게 구성해보고, 얕게 구성하는 방향으로 진행하는 것이 효율적일 수 있습니다. 또한, 옵티마이저 Adam의 학습률을 0.0001(1e-4)로 조정하고, 손실 함수는 sparse_categorical_crossentropy를 사용했습니다. 같은 형태를 가지고 있는 MNIST 데이터셋에서 원-핫 인코딩을 이용하여 레이블의 형태를 범주형 형태로 변환한 것을 기억하나요? 이때 손실 함수는 categorical_crossentropy를 사용했습니

다. 만약 원-핫 인코딩을 하지 않고, 0~9로 되어 있는 형태의 레이블을 그대로 사용하고 싶다면 sparse_categorical_crossentropy를 사용합니다.

model.summary() 함수를 사용하여 모델 구조와 파라미터 수를 확인하세요!

5.3.3 모델 학습하기

30회만 반복해보겠습니다. 이전에 사용했던 예제들과 다르게 체감상 학습이 오래 걸릴 수 있습니다.

[함께 해봐요] **CIFAR-10 모델 학습하기**　　　　　　　　　　`cifar10_cnn.ipynb`

```
01  history = model.fit(x_train, y_train,
02                      epochs = 30,
03                      batch_size = 32,
04                      validation_data = (x_val, y_val))
```

```
Epoch 28/30
35000/35000 [==============================] - 17s 472us/sample - loss: 0.4578 -
acc: 0.8634 - val_loss: 1.2370 - val_acc: 0.7446
Epoch 29/30
35000/35000 [==============================] - 17s 479us/sample - loss: 0.4442 -
acc: 0.8671 - val_loss: 1.1502 - val_acc: 0.7425
Epoch 30/30
35000/35000 [==============================] - 16s 462us/sample - loss: 0.4167 -
acc: 0.8739 - val_loss: 1.0508 - val_acc: 0.7119
```

모델의 History 객체를 통해 학습 과정을 그려봅니다.

[함께 해봐요] **CIFAR-10 학습 과정 그려보기**　　　　　　　　`cifar10_cnn.ipynb`

```
01  import matplotlib.pyplot as plt
02
03  his_dict = history.history
04  loss = his_dict['loss']
05  val_loss = his_dict['val_loss']
06
07  epochs = range(1, len(loss) + 1)
08  fig = plt.figure(figsize = (10, 5))
09
```

```
10  # 학습 및 검증 손실 그리기
11  ax1 = fig.add_subplot(1, 2, 1)
12  ax1.plot(epochs, loss, color = 'blue', label = 'train_loss')
13  ax1.plot(epochs, val_loss, color = 'orange', label = 'val_loss')
14  ax1.set_title('train and val loss')
15  ax1.set_xlabel('epochs')
16  ax1.set_ylabel('loss')
17  ax1.legend()
18
19  acc = his_dict['acc']
20  val_acc = his_dict['val_acc']
21
22  # 학습 및 검증 정확도 그리기
23  ax2 = fig.add_subplot(1, 2, 2)
24  ax2.plot(epochs, acc, color = 'blue', label = 'train_acc')
25  ax2.plot(epochs, val_acc, color = 'orange', label = 'val_acc')
26  ax2.set_title('train and val acc')
27  ax2.set_xlabel('epochs')
28  ax2.set_ylabel('acc')
29  ax2.legend()
30
31  plt.show()
```

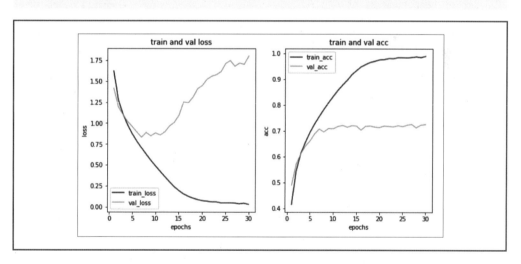

학습 결과에서 과대적합의 문제가 발생하고 있는 것을 볼 수 있습니다. 다음 절에서 과대적합을 예방하는 몇 가지 방법을 알아보겠습니다. 그 전에, 모델이 학습한 특징을 시각화하는 방법을 알아보겠습니다.

신경망의 큰 단점 중 하나는 블랙박스인 모델을 쉽게 해석할 수 없다는 점입니다. 아무리 모델의 성능이 좋다고 하더라도 왜 성능이 좋은지를 알지 못하면, 향후 모델의 견고함과 일반화를 위한 실험 방향 설정과 실제 서비스나 연구에서 왜 그러한 정답을 보이는지를 설명할 수 없어 신뢰성이 떨어지는 결과를 제공할 수 있습니다. 의료, 경제 분석 등의 분야에서는 이러한 설명이 매우 중요할 것입니다. 예를 들어, 환자가 병원에서 AI를 통해 진료받을 때 의사가 결과를 설명하지 않고 단순히 "AI를 통해 검사를 해보았더니 음성으로 판정되었다"라고 한다면 우리는 의사의 진료를 얼마나 신뢰할 수 있을까요? 아마도 신뢰할 수 없을 것입니다. 여기서 우리는 의사가 설명하지 않으려고 한 것이 아니라 AI의 결과를 해석할 수 없기 때문에 설명하지 못한 것을 알아야 합니다. 다행히도 신경망을 해석하기 위해 많은 노력이 이루어지고 있습니다. 또, 이를 설명 가능한 AI XAI; Explainable AI라고 합니다.

모델이 학습한 특징을 시각화하는 방법 또한, 모델을 해석하는 것에 도움이 될 수 있습니다. 아래의 코드를 활용하면 쉽게 이미지에서 모델이 인식한 특징을 확인할 수 있습니다. 예제에서는 CIFAR-10 데이터셋의 두 번째 테스트 데이터(배)를 시각화하고 있습니다. 실행 결과에서 배의 모양을 나타내는 특징맵을 확인할 수 있습니다(실행 결과는 전체 결과의 일부입니다).

[함께 해봐요] 신경망 시각화해보기   `cifar10_cnn.ipynb`

```
01  import tensorflow as tf
02
03  get_layer_name = [layer.name for layer in model.layers]
04  get_output = [layer.output for layer in model.layers]
05
06  # 모델 전체에서 output을 가져올 수 있습니다.
07  visual_model = tf.keras.models.Model(inputs = model.input, outputs = get_output)
08
09  # 테스트셋의 두 번째 데이터는 '배'입니다.
10  test_img = np.expand_dims(x_test[1], axis = 0)
11  feature_maps = visual_model.predict(test_img)
12
13  for layer_name, feature_map in zip(get_layer_name, feature_maps):
14      # Dense층은 제외합니다.
15      if(len(feature_map.shape) == 4):
16          img_size = feature_map.shape[1]
17          features = feature_map.shape[-1]
18
19          display_grid = np.zeros((img_size, img_size * features))
20
```

```
21        # 각 특징맵을 display_grid 배열에 이어붙입니다.
22        for i in range(features):
23            x = feature_map[0, :, :, i]
24            x -= x.mean(); x /= x.std()
25            x *= 64; x += 128
26            x = np.clip(x, 0, 255).astype('uint8')
27            display_grid[:, i * img_size : (i + 1) * img_size] = x
28
29        plt.figure(figsize = (features, 2 + 1./features))
30        plt.title(layer_name, fontsize = 20)
31        plt.grid(False)
32        plt.imshow(display_grid, aspect = 'auto', cmap = 'viridis')
```

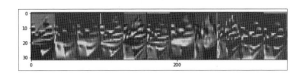

5.3.4 과대적합 피하기

이번 절에서는 과대적합을 방지할 수 있는 2+1가지 방법을 알려드리겠습니다. 여기서 다루는 방법은 단지 예방책일 뿐 과대적합 문제를 100% 해결해주지 않습니다. 또한, 이번 절에서 볼 수 있는 모든 결과 그림은 이 절의 끝에 모아두었습니다.

규제화 함수 사용하기

규제화 함수Regularizer는 임의로 모델의 복잡도를 제한시키는 것을 의미합니다. 대표적으로 L1 노름, L2 노름, L1 노름과 L2 노름을 혼합한 엘라스틱넷ElasticNet이 있습니다. 딥러닝 분야를 다루는 많은 논문에서 이들을 가중치 감쇠Weight Decay라고 표현하기도 합니다.

- tensorflow.keras.regularizers.l1(l=0.01) – 가중치의 절댓값합
- tensorflow.keras.regularizers.l2(l=0.01) – 가중치의 제곱합
- tensorflow.keras.regularizers.l1_l2(l1=0.01, l2=0.01) – (혼합) 절댓값합 + 제곱합

각 규제화 함수는 기능에 맞게 가중치의 합을 구하여 손실 함수에 더하게 됩니다. 예를 들어 l2 규제화 함수는 가중치의 제곱합을 구한 뒤, 이를 손실 함수에 더해줍니다. 다음 예제 코드에서 l2 규제화 함수를 사용해보고 결과를 확인합니다.

```python
01  from tensorflow.keras.models import Sequential
02  from tensorflow.keras.layers import Conv2D, MaxPool2D, Dense, Flatten
03  from tensorflow.keras.optimizers import Adam
04  from tensorflow.keras.regularizers import l2
05
06  model = Sequential()
07  model.add(Conv2D(filters = 32, kernel_size = 3, padding = 'same',
                     activation = 'relu', input_shape = (32, 32, 3)))
08  model.add(Conv2D(filters = 32, kernel_size = 3, padding = 'same',
                     activation = 'relu', kernel_regularizer = l2(0.001)))
09  model.add(MaxPool2D(pool_size = (2, 2), strides = 2, padding = 'same'))
10  model.add(Conv2D(filters = 64, kernel_size = 3, padding = 'same',
                     activation = 'relu'))
11  model.add(Conv2D(filters = 64, kernel_size = 3, padding = 'same',
                     activation = 'relu', kernel_regularizer = l2(0.001)))
12  model.add(MaxPool2D(pool_size = (2, 2), strides = 2, padding = 'same'))
13  model.add(Conv2D(filters = 128, kernel_size = 3, padding = 'same',
                     activation = 'relu'))
14  model.add(Conv2D(filters = 128, kernel_size = 3, padding = 'same',
                     activation = 'relu', kernel_regularizer = l2(0.001)))
15  model.add(MaxPool2D(pool_size = (2, 2), strides = 2, padding = 'same'))
16  model.add(Flatten())
17  model.add(Dense(256, activation = 'relu', kernel_regularizer = l2(0.001)))
18  model.add(Dense(10, activation = 'softmax'))
19
20  ... 동일 ...
```

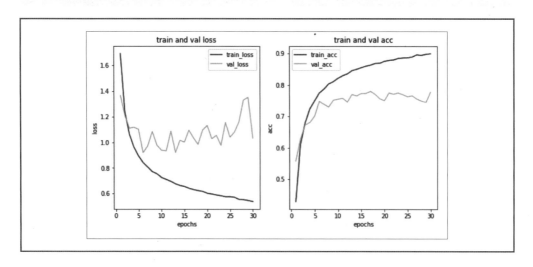

규제화 함수를 사용하지 않은 모델에 비해 비교적 그래프가 안정적으로 그려지는 것을 볼 수 있습니다.

드롭아웃

드롭아웃Dropout은 과대적합을 피하기 위해 사용되는 대표적인 방법 중 하나입니다. 영어 의미에서 볼 수 있듯이 무언가를 드롭하는 방법이며, **학습이 진행되는 동안 신경망의 일부 유닛을 제외(드롭)합니다**. 신경망 모델은 드롭아웃으로 제외한 유닛 대신 제외하지 않은 유닛을 집중적으로 학습하게 되면서 과대적합 문제를 방지함과 동시에 더 나은 성능을 기대할 수 있습니다. 선택과 집중이라고 표현하면 좋겠군요.

테스트 시에는 드롭아웃이 작동하지 않으며, 모든 유닛이 활성화되어 출력하게 됩니다. 대신, 출력 값을 드롭아웃 비율만큼 줄여주게 됩니다. 드롭아웃 비율Dropout Rate은 일반적으로 0.2~0.5를 사용합니다.

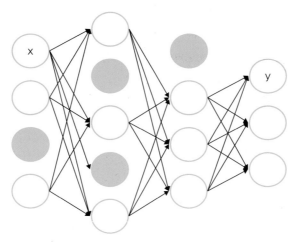

[그림 5-15] 드롭아웃

드롭아웃을 모델에 추가하여 사용해보고 결과를 확인합니다.

[함께 해봐요] **CIFAR-10 드롭아웃 사용해보기**   *drop_the_overfitting_dropout.ipynb*

```
01  from tensorflow.keras.models import Sequential
02  from tensorflow.keras.layers import Conv2D, MaxPool2D, Dense, Flatten, Dropout
03  from tensorflow.keras.optimizers import Adam
04
05  model = Sequential()
```

```
06  model.add(Conv2D(filters = 32, kernel_size = 3, padding = 'same',
            activation = 'relu', input_shape = (32, 32, 3)))
07  model.add(Conv2D(filters = 32, kernel_size = 3, padding = 'same',
            activation = 'relu'))
08  model.add(MaxPool2D(pool_size = (2, 2), strides = 2, padding = 'same'))
09  model.add(Dropout(0.2))   # 드롭아웃을 추가합니다.
10  model.add(Conv2D(filters = 64, kernel_size = 3, padding = 'same',
            activation = 'relu'))
11  model.add(Conv2D(filters = 64, kernel_size = 3, padding = 'same',
            activation = 'relu'))
12  model.add(MaxPool2D(pool_size = (2, 2), strides = 2, padding = 'same'))
13  model.add(Dropout(0.2))   # 드롭아웃을 추가합니다.
14  model.add(Conv2D(filters = 128, kernel_size = 3, padding = 'same',
            activation = 'relu'))
15  model.add(Conv2D(filters = 128, kernel_size = 3, padding = 'same',
            activation = 'relu'))
16  model.add(MaxPool2D(pool_size = (2, 2), strides = 2, padding = 'same'))
17  model.add(Dropout(0.2))   # 드롭아웃을 추가합니다.
18  model.add(Flatten())
19  model.add(Dense(256, activation = 'relu'))
20  model.add(Dense(10, activation = 'softmax'))
21
22  ... 동일 ...
```

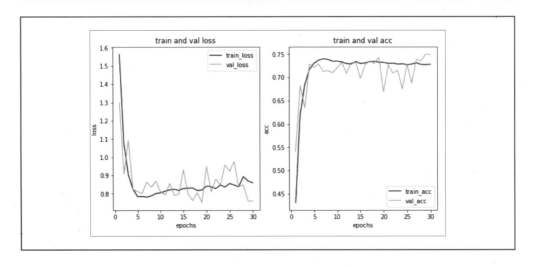

그래프가 다소 불안정해 보이지만 문제가 되지 않습니다. 중요한 건 두 그래프의 선이 벌어지지 않고 있다는 점입니다! 과대적합을 해결할 방법을 사용하지 않은 모델, 규제화 함수를 사용한 모델과 비교했을 때 과대적합을 방지하기에 드롭아웃 방법은 매우 강력해 보입니다. 하지만 드롭아웃은 학습 속도를 느리게 하는 단점이 존재합니다.

배치 정규화

다음으로 살펴볼 것은 사실 근본적으로 과대적합을 피하기 위한 방법은 아닙니다(위에서 2+1이라고 표현한 이유입니다). 일반적으로 방법은 다르지만, 드롭아웃과 비교하여 설명되기 때문에 한 번 사용해보겠습니다.

배치 정규화BatchNormalization는 논문[8]에 따르면 내부 공선성(Internal Covariance Shift)을 해결하기 위해 고안되었다고 서술되어 있습니다. 이를 쉽게 설명해보겠습니다. 신경망층의 출력값은 다양한 입력 데이터에 따라 쉽게 변할 수 있는데, 매우 큰 범위의 출력값은 신경망을 불안정하게 하여 성능 저하를 일으킬 수 있습니다. 배치 정규화는 신경망층의 출력값이 가질 수 있는 범위, 즉 출력값 분포의 범위를 줄여주어 불확실성을 어느 정도 감소시키는 방법입니다. 배치 정규화의 장점은 다음과 같습니다.

- 기존 신경망은 높은 학습률을 사용하는 경우, 그래디언트 손실/폭발의 문제점이 존재합니다. 하지만 배치 정규화를 사용하면, 이러한 문제를 방지할 수 있어 높은 학습률을 사용하여 빠른 속도로 학습을 진행할 수 있게 합니다.
- 배치 정규화는 자체적인 규제 효과가 있기 때문에, 과대적합 문제를 피할 수 있게 합니다. 다만, 이같은 장점은 도움이 될 뿐 보장하지는 않습니다. "이를 사용하면 별도의 규제화 함수나 드롭아웃을 사용하지 않아도 된다"라는 의견이 다수입니다.

배치 정규화를 사용할 경우, 일반적으로 다음과 같은 순서를 사용하여 모델을 구성합니다.

- Dense층 또는 Conv2D층 → `BatchNormalization()` → `Activation()`

그럼 배치 정규화를 사용하여 모델을 구성해보고 결과를 확인하겠습니다.

[함께 해봐요] **CIFAR-10 배치 정규화 사용해보기**   drop_the_overfitting_BN.ipynb

```
01  from tensorflow.keras.models import Sequential
02  from tensorflow.keras.layers import Conv2D, MaxPool2D, Dense, Flatten,
                                        Activation, BatchNormalization
03  from tensorflow.keras.optimizers import Adam
04
05  model = Sequential()
06  model.add(Conv2D(filters = 32, kernel_size = 3,
              padding = 'same', input_shape = (32, 32, 3)))
```

---

8 Ioffe, S., & Szegedy, C. (2015). Batch normalization: Accelerating deep network training by reducing internal covariate shift. arXiv preprint arXiv:1502.03167.

```
07  model.add(BatchNormalization())
08  model.add(Activation('relu'))
09  model.add(Conv2D(filters = 32, kernel_size = 3, padding = 'same'))
10  model.add(BatchNormalization())
11  model.add(Activation('relu'))
12  model.add(MaxPool2D(pool_size = (2, 2), strides = 2, padding = 'same'))
13  model.add(Conv2D(filters = 64, kernel_size = 3, padding = 'same'))
14  model.add(BatchNormalization())
15  model.add(Activation('relu'))
16  model.add(Conv2D(filters = 64, kernel_size = 3, padding = 'same'))
17  model.add(BatchNormalization())
18  model.add(Activation('relu'))
19  model.add(MaxPool2D(pool_size = (2, 2), strides = 2, padding = 'same'))
20  model.add(Conv2D(filters = 128, kernel_size = 3, padding = 'same'))
21  model.add(BatchNormalization())
22  model.add(Activation('relu'))
23  model.add(Conv2D(filters = 128, kernel_size = 3, padding = 'same'))
24  model.add(BatchNormalization())
25  model.add(Activation('relu'))
26  model.add(MaxPool2D(pool_size = (2, 2), strides = 2, padding = 'same'))
27  model.add(Flatten())
28  model.add(Dense(256))
29  model.add(BatchNormalization())
30  model.add(Activation('relu'))
31  model.add(Dense(10, activation = 'softmax'))
32
33  ... 동일 ...
```

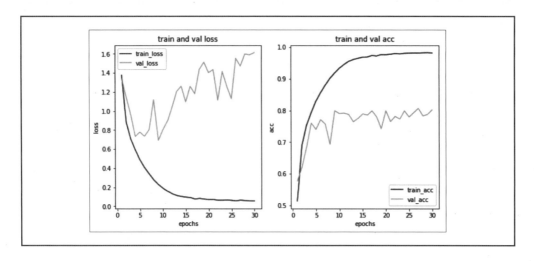

대략 10 에폭 이후로 과대적합이 발생하고 있지만, 가장 높은 성능을 달성했다는 점에서 이를 보완할 수 있습니다. 배치 정규화는 다수의 모델에서 사용되고 있기 때문에 자주 접하고 활용하게 될 것입니다.

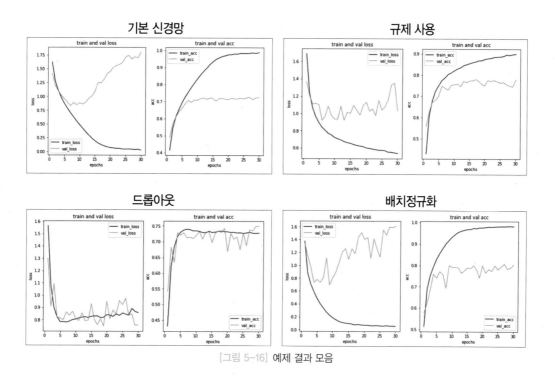

[그림 5-16] 예제 결과 모음

여기까지 과대적합을 방지하는 방법에 대해서 알아보았습니다. 물론 가장 좋은 방법은 과대적합을 피하기 위한 방법을 사용하기 전에 데이터를 충분히 모아두고, 파악하는 것입니다.

5.3.5 데이터 증식 사용하기

CIFAR-10 데이터셋에서 배치 정규화를 사용한 모델을 통해 대략 80%의 정확도를 달성했습니다. 다음으로 데이터 증식Data Augmentation을 사용하여 성능을 좀 더 높여보겠습니다. 데이터 증식은 기존 데이터에 적절한 변형을 추가하여 새로운 데이터를 만들어내는 방법입니다. 이 방법은 딥러닝의 고질적인 문제인 일반화Generalization 문제의 대응책으로 이야기되기도 하지만, 근본적으로는 문제를 해결하지 못합니다.

데이터 증식의 장점은 다음과 같습니다.

1. 다양한 데이터를 입력시킴으로써 모델을 더욱 견고하게 만들어주기 때문에 테스트 시에 더 높은 성능을 기대할 수 있습니다.
2. 수집된 데이터가 적은 경우에 강력한 힘을 발휘합니다.

데이터가 적은 경우 모델을 일반화시키기 어렵기 때문에, 테스트 시에 성능이 저하될 우려가 높으며, 과대적합이 발생할 확률이 매우 높습니다. 모델을 학습시키기에 충분한 데이터가 수집되었다면 사용하지 않아도 좋지만, 실제 환경에서는 그렇지 않은 경우가 많아 데이터 증식을 자주 사용합니다. 또한, 데이터 증식은 모델 성능에 큰 영향을 끼치기 때문에 많은 관련 연구가 활발하게 수행되고 있습니다.[9]

이미지 데이터에서의 데이터 증식은 다양한 이미지 변환 방식을 데이터에 적용하여 모델에 입력하게 되는데, 케라스는 이를 위한 이미지 제네레이터ImageGenerator를 제공합니다. 이미지 제네레이터가 제공하는 변환 방식은 다음과 같습니다.

- width_shift_range: 임의의 크기만큼 너비 방향으로 이동시킵니다.
  → 0.2이고 이미지의 너비가 100이라면, −20~+20의 범위에서 너비 방향으로 이동시킵니다.
- height_shift_range: 임의의 크기만큼 높이 방향으로 이동시킵니다.
  → 0.2이고 이미지의 높이가 100이라면, −20~+20의 범위에서 높이 방향으로 이동시킵니다.
- brightness_range: 이미지의 밝기 정도를 조정합니다.
  → (0.5, 1.5)이면 원본 대비 최대 50%의 비율로 어둡거나 밝게 조절합니다.
- shear_range: 시계 반대 방향으로 밀림 강도를 조절합니다.
  → 0.5이면, 최대 50%의 비율로 시계 반대 방향으로 기울어지게 됩니다.
- zoom_range: 임의의 비율만큼 이미지를 확대/축소시킵니다.
  → 0.5이면, 0.5~1.5배의 범위에서 이미지의 크기를 조절합니다.
- rotation_range: 이미지를 임의로 회전시킵니다.
  → 180이라면, 0~180의 범위에서 임의로 이미지를 회전시킵니다.
- rescale: 이미지 픽셀값의 크기를 조절합니다.
  → 1/255이면, 각 픽셀값에 해당 값이 곱해집니다.
- fill_mode: 이미지 변환 시에 새로 생기는 픽셀을 채울 방법을 결정합니다.
  → [“nearest”, “constant”, “reflect or wrap”]
- horizontal_flip: True일 경우, 임의로 이미지를 수평 방향으로 뒤집습니다.

---

9 데이터 증식을 자동으로 해주는 방법도 연구되고 있습니다. 'auto augmentation'을 검색하세요.

- vertical_flip: True일 경우, 임의로 이미지를 수직 방향으로 뒤집습니다.

- preprocessing_function: 사용자 정의 전처리 함수 또는 전처리 함수를 적용합니다.

그럼 이미지 제네레이터를 사용하여 몇 개의 이미지를 그려보겠습니다.

[함께 해봐요] 이미지 제네레이터를 사용하여 이미지 그려보기 basic_image_generator.ipynb

```
01  from tensorflow.keras.preprocessing.image import load_img, img_to_array,
                                                    ImageDataGenerator
02  import matplotlib.pyplot as plt
03  import numpy as np
04
05  train_datagen = ImageDataGenerator(horizontal_flip = True,
06                                     vertical_flip = True,
07                                     shear_range = 0.5,
08                                     brightness_range = [0.5, 1.5],
09                                     zoom_range = 0.2,
10                                     width_shift_range = 0.1,
11                                     height_shift_range = 0.1,
12                                     rotation_range = 30,
13                                     fill_mode = 'nearest')
14
15  hamburger = img_to_array(load_img('./data/hamburger.png')).astype(np.uint8)
16  plt.figure()
17  plt.imshow(hamburger)
18
19  hamburger = hamburger.reshape((1, ) + hamburger.shape)
20  train_generator = train_datagen.flow(hamburger, batch_size = 1)
21
22  plt.figure(figsize = (5, 5))
23  for i in range(9):
24      data = next(train_generator)
25      image = data[0]
26      plt.subplot(3, 3, i+1)
27      plt.xticks([])
28      plt.yticks([])
29      plt.imshow(np.array(image, dtype = np.uint8), cmap = 'gray')
30  plt.show()
```

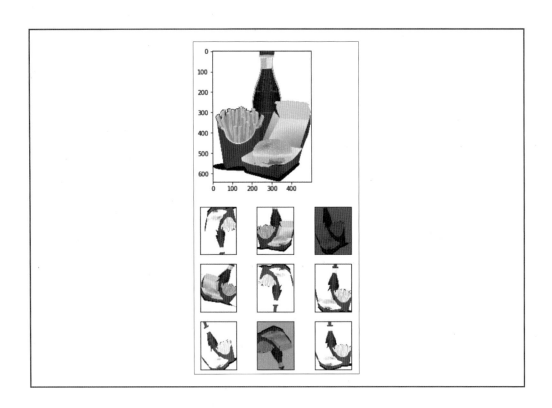

데이터 증식 방법을 사용하여 모델을 학습시켜보고 결과를 확인합니다.

```
01  from tensorflow.keras.preprocessing.image import ImageDataGenerator
02
03  train_datagen = ImageDataGenerator(horizontal_flip = True,
04                                      zoom_range = 0.2,
05                                      width_shift_range = 0.1,
06                                      height_shift_range = 0.1,
07                                      rotation_range = 30,
08                                      fill_mode = 'nearest')
09
10  val_datagen = ImageDataGenerator()
11
12  batch_size = 32
13
14  train_generator = train_datagen.flow(x_train, y_train,
15                                      batch_size = batch_size)
16  val_generator = val_datagen.flow(x_val, y_val,
17                                      batch_size = batch_size)
```

```
18
19  ... 동일 ...
20
21  def get_step(train_len, batch_size):
22      if(train_len % batch_size > 0):
23          return train_len // batch_size + 1
24      else:
25          return train_len // batch_size
26
27  history = model.fit(train_generator,
28                      epochs = 100,
29                      steps_per_epoch = get_step(len(x_train), batch_size),
30                      validation_data = val_generator,
31                      validation_steps = get_step(len(x_val), batch_size))
```

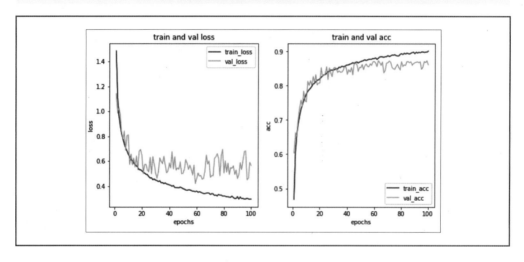

데이터 증식 방법을 사용하여 과대적합 문제를 줄이고, 향상된 성능을 얻을 수 있었습니다. model. fit()에서 steps_per_epoch 인자의 사용을 볼 수 있습니다. steps_per_epoch은 1 에폭에 배치 크기만큼의 데이터를 몇 번 전달해줄지 결정하는 인자입니다. 여기서는 '학습 데이터의 개수/배치 크기'인 1,094번(35000/32)의 스텝을 통해 전체 데이터를 사용하게 됩니다. 코드에서는 미리 정의한 get_steps() 함수를 통해 해당 인자의 값을 전달하고 있습니다. 만약 1,094보다 작은 수를 전달할 경우, 전체 데이터를 사용하지 않으므로 주의해야 합니다. validation_steps 인자도 이와 동일합니다.

5.4 빙산인가? 선박인가? – 2

다음 절로 넘어가기 전에, 이 장에서 배운 컨볼루션 신경망을 활용하여 캐글 대회에 참여하세요.

이 책은 대회의 존재 여부만 알리고, 코드와 데이터에 대한 어떠한 내용도 제공하지 않습니다. 캐글 대회 관련 내용은 권장사항일 뿐, 의무사항이 아닙니다. 대신 캐글 노트북에는 문제를 해결하기 위한 다양한 방법이 존재합니다. 이를 참고하세요.

5.5 전이 학습

해결하려는 문제에서 빠른 속도로 일정 수준의 베이스라인 성능을 얻고 싶을 때, 어떻게 보면 가장 쉽고 빠른 방법인 **전이 학습**transfer learning을 알아보겠습니다. 전이 학습의 핵심은 사전 학습pre-trained된 네트워크의 가중치를 사용하는 것입니다. 전이 학습은 크게 세 가지로 분류할 수 있습니다.

- 모델을 변형하지 않고 사용하는 방법
- 모델의 분류기를 재학습하는 방법(기본적으로 가장 많이 사용됩니다.)
- 모델의 일부를 동결 해제하여 재학습하는 방법

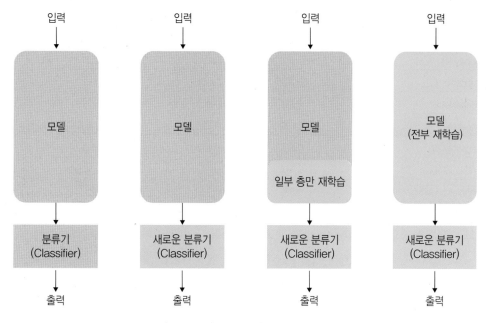

[그림 5-17] 전이 학습을 사용하는 경우

전이 학습은 주로 ImageNet 데이터를 학습시킨 가중치를 사용하거나 본인만의 데이터셋을 사용하여 재학습을 진행하는데, 이를 **미세 조정**fine-tuning이라고 합니다. 케라스는 사전 학습된 모델을 다양하게 제공하고 있습니다.[10]

---

10 https://keras.io/applications를 검색하세요.

모델	용량	Top-1 정확도	Top-5 정확도	파라미터 수	깊이
Xception	88MB	0.790	0.945	22,910,480	126
VGG16	528MB	0.713	0.901	138,357,544	23
VGG19	549MB	0.713	0.900	143,667,240	26
ResNet50	98MB	0.749	0.921	25,636,712	−
ResNet101	171MB	0.764	0.928	44,707,176	−
ResNet152	232MB	0.766	0.931	60,419,944	−
ResNet50V2	98MB	0.760	0.930	25,613,800	−
ResNet101V2	171MB	0.772	0.938	44,675,560	−
ResNet152V2	232MB	0.780	0.942	60,380,648	−
InceptionV3	92MB	0.779	0.937	23,851,784	159
InceptionResNetV2	215MB	0.803	0.953	55,873,736	572
MobileNet	16MB	0.704	0.895	4,253,864	88
MobileNetV2	14MB	0.713	0.901	3,538,984	88
DenseNet121	33MB	0.750	0.923	8,062,504	121
DenseNet169	57MB	0.762	0.932	14,307,880	169
DenseNet201	80MB	0.773	0.936	20,242,984	201
NASNetMobile	23MB	0.744	0.919	5,326,716	−
NASNetLarge	343MB	0.825	0.960	88,949,818	−

위 표는 모델의 용량, 성능(Top-1 정확도, Top-5 정확도), 파라미터 수, 깊이를 보여주고 있습니다. 우리가 사용할 데이터셋에서 어떤 구조의 모델이 최고 성능을 낼지 모르기 때문에, 다양한 모델을 사용하여 학습시켜보고 결과를 비교해보는 것도 중요합니다. 데이터셋에 적합한 크기의 모델을 결정하려고 할 때, 케라스가 제공하고 있는 모델을 우선 사용하여 기준을 마련해두고 크기를 결정하기도 합니다. 그렇다면 ImageNet[11] 데이터로 사전 학습된 가중치를 사용한 VGG16 모델을 사용해보겠습니다.

[함께 해봐요] **전이 학습 사용해보기**   basic_transfer_learning.ipynb

```
01  from tensorflow.keras.models import Sequential
02  from tensorflow.keras.layers import Conv2D, MaxPool2D, Dense, Flatten,
                                BatchNormalization, Activation
03  from tensorflow.keras.optimizers import Adam
04
```

---

11 http://www.image-net.org를 검색하세요.

```
05    from tensorflow.keras.applications import VGG16
06
07    # ImageNet 데이터를 학습한 모델을 불러옵니다.
08    vgg16 = VGG16(weights = 'imagenet',
                    input_shape = (32, 32, 3), include_top = False)
09
10    model = Sequential()
11    model.add(vgg16)
12    # 분류기를 직접 정의합니다.
13    model.add(Flatten())
14    model.add(Dense(256))
15    model.add(BatchNormalization())
16    model.add(Activation('relu'))
17    model.add(Dense(10, activation = 'softmax'))
18
19    model.summary()   # 모델의 구조를 확인하세요!
```

VGG16 모델뿐만 아니라 다음과 같이 다양한 모델을 사용할 수 있습니다.

예시: 케라스가 제공하는 다양한 모델

```
01    from tensorflow.keras.applications import *
02
03    mobilenet = MobileNet(weights = None, input_shape = None,
                            include_top = True)
04    resnet50 = ResNet50(weights = None, input_shape = None, include_top = True)
05    xception = Xception(weights = None, input_shape = None, include_top = True)
```

케라스가 제공하는 사전 학습된 모델을 사용하는 경우, 주로 세 가지 인자를 사용합니다.

- weights: ImageNet 데이터를 학습시킨 가중치의 사용 여부를 결정합니다. 기본값은 None 이며, 가중치를 사용하고 싶다면 'imagenet'을 전달해야 합니다.
- input_shape: 입력 데이터의 형태를 전달합니다.
- include_top: 모델의 분류기층을 포함해서 구성할지를 결정합니다. False를 전달할 경우, 위 의 코드처럼 데이터셋에 적합한 분류기를 직접 정의해주어야 합니다.

VGG16 모델은 전이 학습의 예로 사용되는 가장 기본적인 모델입니다. 이는 단순하게 컨볼루션층과 최대 풀링층의 반복으로 구성되어 있어 모델을 쉽게 이해할 수 있기 때문입니다. ImageNet 데이터를 학습한 모델은 엄청난 수의 이미지 데이터를 학습했기 때문에 직접 모델을 구성하여 처음부터 학습하는 것보다 더 좋은 결과를 기대할 수 있습니다. **하지만 사용하는 데이터셋의 특성이 고유하다면, 모델의 일부분만 동결을 해제시키고 학습시켜볼 필요가 있습니다.** 동결 해제는 다음과 같습니다.

[함께 해봐요] **모델 동결 해제하기**

```
01  # 끝의 네 개 층만 동결을 해제합니다.
02  for layer in vgg16.layers[:-4]:
03      layer.trainable = False
```

위의 예제 코드를 수행하면 학습 과정에서 VGG16 모델의 끝에 구성된 네 개의 층은 학습을 통해 가중치가 재조정되며, 그 외의 층은 학습하지 않습니다. 모델의 끝에 구성된 층을 동결 해제하는 이유는 **모델의 상위층(출력과 가까운 층)에서 데이터의 구체적인 특성을 학습하고, 하위층(입력과 가까운 층)에서는 단순한 특징을 학습하기 때문입니다.** 얼굴을 예로 들면, 모델의 상위층은 입의 모양, 눈의 모양, 코의 모양과 같이 좀 더 구체적인 특징을 학습하고, 모델의 하위층은 얼굴의 모양을 학습합니다. 많은 사람을 구분하기 위해서는 얼굴 모양이 아닌 입의 모양, 눈의 모양과 같은 그보다 더 구체적인 특징을 학습해야 할 것입니다. 다음 예제 코드를 통해 동결 해제된 모델을 학습시켜 보세요.

[함께 해봐요] **전이 학습을 통해 학습하기**   `basic_transfer_learning.ipynb`

```
01  ... 동일 ...
02
03  model = Sequential()
04  model.add(vgg16)
05  # 분류기를 직접 정의합니다.
06  model.add(Flatten())
07  model.add(Dense(256))
08  model.add(BatchNormalization())
09  model.add(Activation('relu'))
10  model.add(Dense(10, activation = 'softmax'))
11
12  # model.summary()  # 모델의 구조를 확인하세요!
13
```

```
14  model.compile(optimizer = Adam(1e-4),
15              loss = 'sparse_categorical_crossentropy',
16              metrics = ['acc'])
17
18  def get_step(train_len, batch_size):
19      if(train_len % batch_size > 0):
20          return train_len // batch_size + 1
21      else:
22          return train_len // batch_size
23
24  history = model.fit(train_generator,
25                      epochs = 100,
26                      steps_per_epoch = get_step(len(x_train), batch_size),
27                      validation_data = val_generator,
28                      validation_steps = get_step(len(x_val), batch_size))
```

5.5.1 TensorFlow Hub

전이 학습은 사전 학습된 가중치를 사용하는 것이라고 하였습니다. 또, 좋은 성능을 얻기 위해 사전 학습된 가중치를 우리가 가진 데이터셋에 어떻게 전이시킬까에 대한 고민도 매우 중요합니다. 하지만 사전 학습된 가중치가 존재해야 이러한 고민을 시작할 수 있습니다. 사전 학습된 가중치의 조건은 다음과 같이 생각해볼 수 있습니다. ❶ 우리가 해결하려는 문제와 특성이 동일해야 하고, ❷ 양과 질이 보장된 데이터셋을 사용해야하고, ❸ 학습에 사용된 데이터가 문제를 어느 정도 일반화할 수 있어야 합니다.

우리는 이미 위의 조건에 해당하는 사전 학습된 가중치를 VGG16 모델에 불러와 사용해보았습니다. 사전 학습된 가중치는 ImageNet 데이터를 학습해서 만들어졌습니다. 그렇다면 ImageNet 데이터를 사용하여 우리가 직접 사전 학습된 가중치를 만들 수 있을까요? 아마 불가능할 것입니다. 엄청나게 많은 GPU가 필요할지도 모르겠습니다. 어디서 찾아야 할까요? 깃허브 저장소 또는 기타 공간에서 찾아볼 수 있습니다. 하지만 이 방법도 매우 어렵고, 안전하지 않으며, **우리가 원하는 문제에 적합하지 않을 수 있습니다.**

텐서플로우 2.x는 이러한 고민을 해결하기 위해 텐서플로우 허브_{TensorFlow Hub}[12]를 제공하고 있습니다. 텐서플로우 허브의 목적은 매우 간단합니다. 우리가 원하는 사전 학습된 모델을 쉽게 찾을 수 있도록 도와주는 것입니다.

---

12 https://tfhub.dev를 참고하세요.

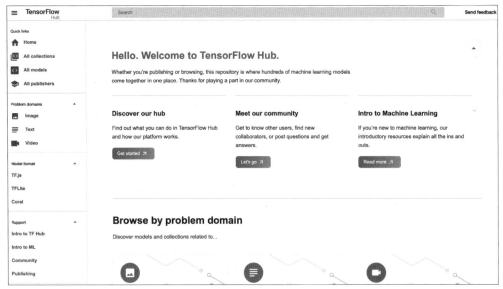

[그림 5-18] 텐서플로우 허브

왼쪽 목록에서 우리가 해결하려는 문제를 선택하고, 원하는 모델을 선택해서 사용할 수 있습니다. 텐서플로우에서 제공하는 사전 학습된 모델은 안전하며, 이미 검증되었고, 최신 버전과 사용 방법까지 제공합니다.

[그림 5-19] 텐서플로우 허브가 제공하는 모델 목록

문제를 선택하고 나면, 다시 왼쪽 목록에서 세부 항목을 필터링하여 더욱 빠르게 모델을 찾을 수 있고, 모바일 애플리케이션을 위한 모델뿐만 아니라 TensorFlow.js에서 사용 가능한 모델도 제공하고 있습니다.

자, 그럼 이제 문제를 해결하기 위한 모델을 찾기 위해 이곳저곳을 방황하지 않고 텐서플로우 허브를 사용해보는 것은 어떨까요?

● 이 장에서 우리가 얻은 것

이 장에서는 이미지 데이터에 특화된 컨볼루션 신경망에 관해 알아보았습니다. 컨볼루션 신경망은 대표적으로 컨볼루션층과 풀링층으로 구성되어 있습니다. 각 층의 장단점과 보유하고 있는 인자의 개념(스트라이드, 필터, 패딩)을 알아보았습니다. 컨볼루션 신경망을 이용하여 CIFAR-10 데이터셋을 학습시켜 보았고, 과대적합 문제를 방지할 수 있는 2+1 방법(규제화 함수, 드롭아웃, 배치 정규화)을 직접 사용해보았습니다. 마지막으로 데이터를 변형하는 데이터 증식 방법을 사용해보았고, 향상된 성능을 얻을 수 있는 핵심 방법인 전이학습에 대해 알아보았습니다.

● 이것만은 알고 갑시다

1. 컨볼루션 신경망은 이미지 데이터에 특화되어 있지만, 음성 인식이나 비디오, 6장에서 다뤄볼 텍스트 데이터에도 사용됩니다.

2. 완전연결층은 공간 정보를 손실하는 반면, 컨볼루션층은 공간 정보를 유지합니다.

3. 컨볼루션층은 컨볼루션 필터를 통해 이미지의 특징을 인식할 수 있게 됩니다. 또한, 컨볼루션 필터가 가지는 파라미터는 이미지 필터와 다르게 직접 정의해주지 않고, 학습을 통해 조정됩니다.

4. 컨볼루션층에서는 주요한 인자로서 컨볼루션 필터 개수, 스트라이드 크기, 패딩 여부를 사용하고, 풀링층에서는 주요한 인자로서 커널 크기, 스트라이드 크기를 사용합니다.

5. 컨볼루션층은 1×1 스트라이드 크기를 사용하여 최대한 공간 정보를 손실하지 않도록 하며, 다운샘플링이 필요할 경우 최대 풀링층을 사용합니다.

6. model.summary(), plot_model() 함수는 모델 구조를 확인하기에 유용합니다.

7. 규제화 함수, 드롭아웃, 배치 정규화는 과대적합을 방지할 뿐, 100% 해결해주지 않습니다.

8. 데이터 증식 방법은 다양한 데이터를 모델에 입력해 더욱 견고한 모델을 얻을 수 있도록 도와줍니다. 케라스에는 이를 위한 이미지 제네레이터가 준비되어 있습니다.

9. 전이 학습은 사전 학습된 가중치를 사용하여 더욱 빠르게 향상된 성능을 얻을 수 있도록 도와줍니다. 케라스는 수많은 이미지 데이터로 구성된 ImageNet 데이터를 학습한 다양한 모델을 제공하고 있습니다.

10. 모델의 상위층은 데이터의 구체적인 특징을 학습하며, 모델의 하위층은 단순한 특징을 학습합니다.

11. 텐서플로우 허브는 우리가 원하는 모델을 쉽게 찾을 수 있도록 도와줍니다.

● 나의 이해도를 측정하자

1. tensorflow.keras.datasets에는 CIFAR-10 데이터셋뿐만 아니라 100개의 클래스를 보유하고 있는 CIFAR-100 데이터셋도 제공하고 있습니다. 아직 딥러닝 입문 단계에 있다면, 매우 오래 걸리는 학습을 경험해보지 못했을 것입니다. CIFAR-100 데이터셋은 이러한 경험을 충분히 채워줄 수 있을 만한 크기의 데이터셋입니다. 이번 문제는 매우 쉽습니다. 기존의 CIFAR-10 데이터셋을 사용하던 코드를 CIFAR-100 데이터셋으로 변경하여 학습시켜보세요. 물론 모델의 구조를 좀 더 깊게 구성하거나, 얕게 구성하는 등의 시도를 해도 좋습니다. 적어도 10 에폭 이상을 학습시켜 보기를 바랍니다.

2. 이번에는 직접 구성한 모델이 아닌 케라스가 제공하는 사전 훈련된 모델(ResNet, Xception 등)을 통해 CIFAR-100 데이터셋을 사용해보세요. 학습 과정을 그려보고 1번 문제의 모델과 수렴 속도, 성능, 학습 속도 등을 비교해보세요. 이 또한 적어도 10 에폭 이상을 학습시켜 보기를 바랍니다. 구글 코랩 사용을 추천합니다.

프로그램을 만들기 위해서는 다음과 같은 지식이 필요해요(1, 2번 문제 공통)

- CIFAR-100 데이터셋
- Dense층을 통한 모델의 분류기 직접 구성
- 전이 학습
- 구글 코랩 사용법

힌트!

- 데이터셋은 tensorflow.keras.datasets에 존재합니다.
- 모델의 마지막 층의 출력값 개수는 클래스의 개수와 동일해야 합니다. CIFAR-100 데이터셋의 전체 클래스 개수는 100개입니다.

3. 캐글을 통해 능력 향상시키기 이진 분류 문제, 빙산과 선박을 구별하는 캐글 대회 참여하기

- 이 책은 코드와 데이터에 대한 어떠한 내용도 제공하지 않습니다.
- 캐글에 'Statoil/C-CORE Iceberg Classifier Challenge'를 검색하세요!
- 이 장에서는 컨볼루션층만 사용하여 결과를 제출하세요.

6장

순환 신경망

순환 신경망RNN; Recurrent Neural Network은 컨볼루션 신경망과 함께 딥러닝의 양대 산맥을 이루는 신경망으로, 대표적으로 음성을 인식하거나 네이버 파파고와 구글 번역기처럼 문장을 번역하는 데 사용할 수 있으며, 주식, 온도, 매출과 같이 시간이 지남에 따라 변화하는 데이터를 활용하여 미래 주식 종가, 날씨, 상점 매출을 예측할 수 있습니다.

이 장에서는 케라스가 제공하는 대표적인 4개의 층(Embedding, SimpleRNN, LSTM, Conv1D)에 관해 알아보고, 영화 사이트 리뷰를 긍정과 부정으로 분류하는 IMDB 데이터셋, 11,258개의 뉴스 기사를 46개 카테고리로 분류하는 reuters 데이터셋, 주기를 포함하고 있는 시계열 데이터셋에 적용하여 사용해보겠습니다. 끝에서는 다양한 분야에서 엄청난 성능을 보여주고 있는 사전 학습이 가능한 모델 BERT에 대해서 가볍게 알아봅니다.

6.1 Embedding

Embedding층은 수많은 단어(또는 데이터)를 벡터 형태로 표현할 수 있기 때문에 텍스트 분류를 위해 사용하는 가장 기본에 해당하는 층입니다. 또한, 컨볼루션층이 사전 학습된 가중치를 사용하는 것과 같이 Embedding층도 사전 학습된 가중치를 불러와 사용할 수 있습니다.

6.1.1 원리 이해하기

텍스트 데이터를 분류하기 위해서 자주 접할 수 있는 용어 중 하나는 토큰Token입니다. 토큰은 문법적으로 더 이상 나눌 수 없는 언어 요소를 의미하며, 이를 수행하는 작업을 토큰화Tokenizer라고 합니다. 텍스트 데이터를 신경망에 입력하기 위해서 일반적으로 토큰화 작업을 수행하고 정의된 토큰에 고유 인덱스를 부여한 뒤, 인코딩을 통해 적절한 형태로 바꿔주는 전처리 작업 과정을 거치게 됩니다. 인코딩 방법은 대표적으로 원-핫 인코딩, 이진 인코딩이 있으며, 텍스트 데이터를 사용하는 경우엔 기본적으로 Embedding층을 사용합니다. 이를 워드 임베딩Word Embedding이라고 표현합니다.

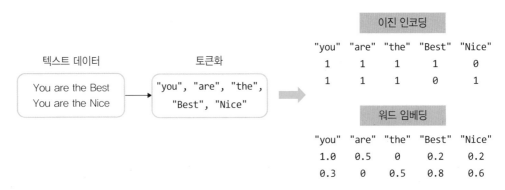

[그림 6-1] 텍스트 데이터에서의 일반적인 전처리 방법

코드를 통해 토큰화 작업을 수행하겠습니다. tensorflow.keras.preprocessing.text에는 텍스트 데이터를 위한 여러 가지 전처리 함수가 포함되어 있습니다.

```python
01  from tensorflow.keras.preprocessing.text import Tokenizer
02  from tensorflow.keras.utils import to_categorical
03
04  texts = ['You are the Best',
05           'You are the Nice']
06
07  tokenizer = Tokenizer(num_words = 10, oov_token = '<OOV>')
08  tokenizer.fit_on_texts(texts)
09
10  # 텍스트 데이터를 정수 인덱스 형태로 변환합니다.
11  sequences = tokenizer.texts_to_sequences(texts)
12
13  # 이진 형태로 인코딩합니다.
14  binary_results = tokenizer.sequences_to_matrix(sequences, mode = 'binary')
15
16  print(tokenizer.word_index)
17  print('--------------------')
18
19  print(f'sequences: {sequences}\n')
20  print(f'binary_vectors:\n {binary_results}\n')
21  # 원-핫 형태로 인코딩합니다.
22  # print(to_categorical(sequences))
23
24  test_text = ['You are the One']
25  test_seq = tokenizer.texts_to_sequences(test_text)
26
27  print(f'test sequences: {test_seq}')
```

```
{'<OOV>': 1, 'you': 2, 'are': 3, 'the': 4, 'best': 5, 'nice': 6}
--------------------
sequences: [[2, 3, 4, 5], [2, 3, 4, 6]]

binary_vectors:
 [[0. 0. 1. 1. 1. 1. 0. 0. 0. 0.]
 [0. 0. 1. 1. 1. 0. 1. 0. 0. 0.]]

test sequences: [[2, 3, 4, 1]]
```

먼저 Tokenizer() 함수를 통해 최대 단어 개수를 지정합니다. 만약 테스트에서 주어진 문장에 포함되지 않은 단어가 존재할 경우, oov_token 인자에 전달된 〈OOV Out Of Vocabulary〉 단어로 대체합니다. 마지막 테스트용 문장 'You are the One'을 입력했을 때, 기존 문장에 존재하지 않는 단어 One을 〈OOV〉로 대체하고 숫자 1로 변환한 것을 볼 수 있습니다. texts_to_sequences() 함수는 토큰화를 통해 각 토큰에 부여된 인덱스를 활용하여 주어진 문장에 존재하는 단어를 인덱스로 변환합니다. 공통 문장인 "You are the"는 [2, 3, 4], "Best"와 "Nice"는 각각 5와 6으로 변환되었습니다. 이렇게 변환된 상태에서 sequences_to_matrix() 함수를 사용하면 이진 형태로 인코딩된 결과를 얻을 수 있으며, to_categorical() 함수를 사용하면 원-핫 형태로 인코딩된 결과를 얻게 됩니다. 이러한 방법에서 얻을 수 있는 벡터를 **희소행렬**Sparse Matrix이라고 표현합니다. 반대로 다음에 알아볼 Embedding층은 **밀집행렬**Dense Matrix로 표현합니다.

- **희소행렬**: 존재하는 단어의 인덱스를 제외하고 전부 0으로 표현합니다. 희소행렬은 고차원에 해당하며, 단어의 유사성similarity을 표현할 수 없습니다. 학습에 부정적인 영향을 끼치는 행렬의 고차원은 불필요한 계산이 추가되며, 차원의 저주Curse of dimensionality[1]를 야기합니다.

- **밀집행렬**: 각 단어의 관계를 실수로 표현하며, 저차원에 해당합니다. 행렬에 속해있는 각 실숫값은 0과 1로 직접 지정해주는 희소행렬과 다르게 데이터를 기반으로 조정됩니다. 학습이 적절하게 진행되었다면, 유사한 의미를 가지는 단어는 비슷한 공간에 표현될 것입니다.

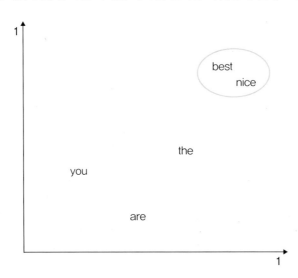

[그림 6-2] 가까운 공간에 표현되는 유사 표현

---

1 이는 머신러닝과 데이터 분석 분야에서 자주 나오는 용어입니다. 고차원으로 나아갈수록 학습 데이터가 희소해지는 현상을 말합니다. '차원의 저주'를 검색하세요!

6.1.2 데이터 살펴보기

앞서 텍스트 데이터를 다룰 때 접할 수 있는 기본 용어를 살펴보았습니다. 이제 IMDB 데이터셋에 Embedding층을 사용해보겠습니다. 다행히도 전처리 과정이 전부 수행된 상태로 제공됩니다. 먼저, 데이터셋을 다운받겠습니다.

[함께 해봐요] **데이터셋 다운받기**   use_embedding_layer.ipynb

```
01  from tensorflow.keras.datasets import imdb
02
03  num_words = 10000
04  (X_train, y_train), (X_test, y_test) = imdb.load_data(num_words=num_words)
```

num_words는 데이터셋에서 가장 빈번하게 사용되는 단어의 개수를 나타냅니다. 여기서는 10,000 개의 단어만 사용하겠습니다. 학습 데이터와 테스트 데이터는 다음 예제 코드에서 출력되는 형태에서 볼 수 있듯이 5:5 비율로 나뉘어 반환됩니다.

[함께 해봐요] **데이터 형태 확인하기**   use_embedding_layer.ipynb

```
01  print(X_train.shape, y_train.shape)
02  print(X_test.shape, y_test.shape)
```

```
(25000,) (25000,)
(25000,) (25000,)
```

전처리 과정이 수행된 첫 번째 데이터와 레이블을 확인해보겠습니다. X_train[0]에서 볼 수 있는 숫자는 빈번하게 사용되는 정도를 나타냅니다. 1은 데이터셋에서 가장 빈번하게 사용되는 단어, 10은 10번째로 빈번하게 사용되는 단어를 의미합니다. 또한, 첫 번째 레이블(y_train[0])은 긍정적인 리뷰임을 확인할 수 있습니다. 1은 긍정, 0은 부정적인 리뷰를 나타냅니다.

[함께 해봐요] **첫 번째 데이터 확인하기**   use_embedding_layer.ipynb

```
01  print(X_train[0])
02  print('-------')
03  print(y_train[0])
```

```
[1, 14, 22, 16, 43, 530, 973, 1622, 1385, 65, 458, 4468, 66, 3941, 4, 173, 36,
256, 5, 25, 100, 43, 838, 112, 50, 670, 2, 9, 35, 480, 284, 5, 150, 4, 172,
... 생략 ...
-------
1
```

IMDB 데이터셋에서 가장 빈번하게 사용되는 세 개의 단어를 출력해보겠습니다.

[함께 해봐요] **IMDB 데이터셋에서 가장 빈번하게 사용되는 세 개의 단어**

```
01  imdb_get_word_index = {}
02
03  for key, value in imdb.get_word_index().items():
04      imdb_get_word_index[value] = key
05
06  for i in range(1, 4):
07      print('{} 번째로 가장 많이 쓰인 단어 = {}'.format(i, imdb_get_word_index[i]))
```

```
1 번째로 가장 많이 쓰인 단어 = the
2 번째로 가장 많이 쓰인 단어 = and
3 번째로 가장 많이 쓰인 단어 = a
```

Embedding층을 사용하기 위해서는 시퀀스 데이터(여기서는 문장을 나타냅니다)의 길이가 전부 동일해야 합니다. 이를 위해 pad_sequences() 함수를 사용합니다. 이 함수는 해당 데이터가 지정 해준 길이보다 짧은 경우 0으로 채워 넣으며, 긴 경우는 잘라냅니다.

[함께 해봐요] **데이터를 동일한 길이로 맞추기**   use_embedding_layer.ipynb

```
01  from tensorflow.keras.preprocessing.sequence import pad_sequences
02
03  max_len = 500
04
05  print('Before pad_sequences: ', len(X_train[0]))
06
07  pad_X_train = pad_sequences(X_train, maxlen=max_len, padding = 'pre')
08  pad_X_test = pad_sequences(X_test, maxlen=max_len, padding = 'pre')
09
10  print('After pad_sequences: ', len(pad_X_train[0]))
```

```
Before pad_sequences:  218
After pad_sequences:  500
```

pad_X_train[0]을 출력해보면 원래 단어의 앞에 '지정해준 단어의 길이 - 원래 단어의 길이'(500
-218)만큼 0이 추가된 것을 볼 수 있습니다. 단어의 뒤에 패딩을 추가하고 싶다면, padding 인자를
post로 지정합니다.

6.1.3 모델 구성하기

Embedding층은 모델의 첫 번째 층으로만 사용할 수 있으며, 주로 순환 신경망과 연결하여 사
용합니다. (batch_size, sequence_length) 형태를 입력으로 받으며, (batch_size, sequence_
length, output_dim) 형태를 출력합니다.

[함께 해봐요] **Embedding층을 사용하여 모델 구성하기**   use_embedding_layer.ipynb

```
01  from tensorflow.keras.models import Sequential
02  from tensorflow.keras.layers import Dense, Embedding, Flatten
03
04  model = Sequential()
05  # 이 층은 모델의 제일 첫 번째 층으로만 사용할 수 있습니다.
06  # Flatten층을 사용하기 위해 input_length를 전달합니다.
07  model.add(Embedding(input_dim = num_words, output_dim = 32,
                        input_length = max_len))
08  model.add(Flatten())
09  model.add(Dense(1, activation = 'sigmoid'))
10
11  model.compile(optimizer='adam',
12               loss = 'binary_crossentropy',
13               metrics = ['acc'])
```

이번 예제에서는 Embedding층 이후에 Dense층을 연결했습니다. 이를 위해 input_length 인자를
사용하여 출력 크기를 지정해주고, Dense층과의 연결을 위해 Flatten층을 사용하도록 합니다. 여
기서는 직접 지정한 데이터의 최대 길이인 500(max_len)을 사용합니다. 또한, input_length 인자
는 Embedding층과 연결된 층이 순환 신경망일 경우엔 사용하지 않습니다. input_dim 인자는 학
습 데이터셋에서 사용한 단어의 개수(10,000), output_dim 인자는 임베딩 벡터의 크기(32)를 나타
냅니다. 이와 같이 인자를 설정하고 나면 Embedding층은 (None, 500, 32) 형태의 출력을 가지게
됩니다. 500은 입력값의 길이를 지정했던 max_len의 길이와 같으며, 32는 임베딩 벡터의 크기와
같습니다. model.summary() 함수를 통해 꼭 모델 구조와 형태를 살펴보세요!

6.1.4 모델 학습하고 평가하기

[함께 해봐요] **모델 학습시키기**　　　　　　　　　　　　use_embedding_layer.ipynb

```
01  history = model.fit(pad_X_train, y_train, batch_size = 32, epochs = 30,
                        validation_split = 0.2)
```

```
... 생략 ...
Epoch 28/30
20000/20000 [==============================] - 6s 284us/sample -
loss: 2.2360e-06 - acc: 1.0000 - val_loss: 0.7794 - val_acc: 0.8722
Epoch 29/30
20000/20000 [==============================] - 6s 290us/sample -
loss: 1.6274e-06 - acc: 1.0000 - val_loss: 0.7917 - val_acc: 0.8738
Epoch 30/30
20000/20000 [==============================] - 6s 304us/sample -
loss: 1.2037e-06 - acc: 1.0000 - val_loss: 0.8103 - val_acc: 0.8732
```

model.fit()에서 새로운 인자인 validation_split을 사용했습니다. validation_split 인자는 학습 데이터의 끝에서 해당 비율만큼 떼어내어 검증 데이터셋으로 활용합니다. 여기서는 0.2로 학습 데이터의 20% 비율만큼을 검증 데이터로 활용합니다. 데이터에서 무작위로 20%의 비율만큼 뽑아오지 않고, 단순하게 학습 데이터의 끝에서 떼어낸다는 점에 주의하세요.[2] 모델을 평가해보겠습니다.

[함께 해봐요] **모델 평가하기**　　　　　　　　　　　　use_embedding_layer.ipynb

```
01  model.evaluate(pad_X_test, y_test)
```

```
[0.8114458246806264, 0.87172]
```

스탠포드 대학교Stanford Univ.에서 저술한 논문[3]에서 IMDB 데이터셋을 사용했고, 현재와 동일한 비율(학습 데이터 50 : 테스트 데이터 50)을 사용하여 88.98%의 정확도를 얻었다고 설명하고 있습니다. 모델 평가를 통해 얻은 정확도는 87%로 매우 가까운 값을 얻었습니다. 마지막으로 학습 과정을 그래프로 그려보겠습니다.

2　데이터를 섞지 않으면 모델의 성능이 저하될 수 있습니다.

3　http://ai.stanford.edu/~amaas/papers/wvSent_acl2011.pdf의 Table2를 참고하세요!

```python
01  import matplotlib.pyplot as plt
02
03  his_dict = history.history
04  loss = his_dict['loss']
05  val_loss = his_dict['val_loss']
06
07  epochs = range(1, len(loss) + 1)
08  fig = plt.figure(figsize = (10, 5))
09
10  # 학습 및 검증 손실 그리기
11  ax1 = fig.add_subplot(1, 2, 1)
12  ax1.plot(epochs, loss, color = 'blue', label = 'train_loss')
13  ax1.plot(epochs, val_loss, color = 'orange', label = 'val_loss')
14  ax1.set_title('train and val loss')
15  ax1.set_xlabel('epochs')
16  ax1.set_ylabel('loss')
17  ax1.legend()
18
19  acc = his_dict['acc']
20  val_acc = his_dict['val_acc']
21
22  # 학습 및 검증 정확도 그리기
23  ax2 = fig.add_subplot(1, 2, 2)
24  ax2.plot(epochs, acc, color = 'blue', label = 'train_acc')
25  ax2.plot(epochs, val_acc, color = 'orange', label = 'val_acc')
26  ax2.set_title('train and val acc')
27  ax2.set_xlabel('epochs')
28  ax2.set_ylabel('acc')
29  ax2.legend()
30
31  plt.show()
```

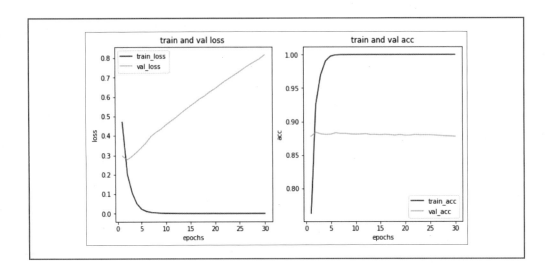

6.2 RNN

Embedding층은 단순하게 데이터의 표현을 학습하여 데이터 사전을 구축하는 것으로 이해하면 쉽습니다. 하지만 유사한 의미의 단어를 비슷한 공간에 매핑할 수 있지만, 시퀀스 데이터의 중요한 특성인 순서와 맥락까지 고려한 것은 아닙니다. 순환 신경망은 이 문제를 해결하기 위해 고안된 층입니다. 비슷한 맥락으로 5장의 이미지 처리에서 Dense층 대신 컨볼루션층을 사용하는 이유를 떠올려보세요.

6.2.1 원리 이해하기

순환 신경망RNN; Recurrent Neural Network은 완전연결층, 컨볼루션 신경망의 반대되는 개념으로 설명할 수 있습니다. 완전연결층과 컨볼루션 신경망은 **피드 포워드 네트워크**feed-forward network라고 표현합니다. 피드 포워드 네트워크는 신경망이 가지는 모든 출력값이 마지막층인 출력층을 향합니다. **하지만 순환 신경망은 각 층의 결괏값이 출력층을 향하면서도 동시에 현재 층의 다음 계산에 사용됩니다.**

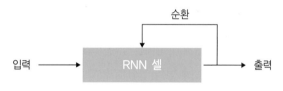

[그림 6-3] 순환 신경망의 구조-1

순환 신경망은 노드가 출력값을 반환하는 동시에 이전 상태state를 기억하는 메모리 역할을 수행하며, 이를 RNN 셀이라고 표현합니다. 또한, RNN 셀의 상태를 은닉 상태hidden state라고 합니다. 순환 신경망을 좀 더 구체적으로 그려보면 다음과 같습니다.

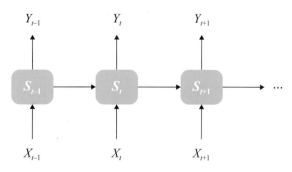

[그림 6-4] 순환 신경망의 구조-2

위 그림에서 x는 입력, y는 출력을 나타내고, t는 현재 시점을 의미합니다. 현재 시점 t에서의 은닉 상태는 이전 시점 t−1의 은닉 상태를 활용하여 업데이트됩니다. 이를 표현한 의사코드_{pseudocode}는 아래를 참고하세요.

예시: 순환 신경망을 표현한 의사코드

```
01  state_t = 0   # 초기 상태
02
03  # 각 시점에 해당하는 입력을 반복합니다.
04  for input_t in input_sequence:
05      # 입력과 은닉상태를 활성화 함수에 통과시킵니다.
06      output_t = activation_func(input_t, state_t)
07      # 출력값은 다음 시점을 위한 은닉 상태가 됩니다.
08      state_t = output_t
```

순환 신경망은 이전 상태를 사용한다는 점에서 약간 추상적일 수 있습니다. 다음의 햄버거를 사용한 예는 순환 신경망의 개념을 일반화할 수는 없지만, 이를 통해서 해당 개념을 이해하는 데 조금이라도 도움이 되었으면 좋겠습니다.

다시 한번 강조하면, 순환 신경망은 이전 시점의 은닉 상태를 참고하여 현재 시점의 상태를 만들게 됩니다. 즉, 과거의 정보를 이용하여 현재의 상태를 업데이트한다는 의미죠. 햄버거 가게로 가보겠습니다. 햄버거 가게는 신년을 맞아 총 세 번의 실험을 통해 최종 신메뉴를 출시하려고 합니다. 이에 매장 관리자는 고객 설문조사를 통해 햄버거의 재료를 적절히 변경하려고 하며, 설문조사는 두 번만 할 수 있습니다. 이번 메뉴의 핵심은 햄버거 패티에 들어갈 소스입니다.

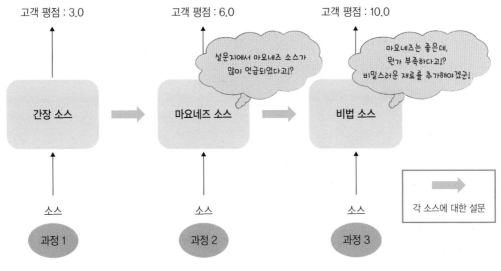

[그림 6-5] 순환 신경망의 예

194

첫 번째 제품 실험으로 간장 소스를 사용해보았습니다. 고객 평점을 확인해보니 10점 만점 중 3점을 얻었습니다. 아무래도 첫 번째 소스는 실패한 것 같네요. 이에 좌절하지 않고, 매장 관리자는 계획한 대로 설문조사를 진행합니다. 그림에서 굵은 화살표는 소스에 대한 설문조사를 의미합니다. 설문조사 진행 후, 결과를 분석해보니 고객들의 의견에서 마요네즈 소스가 다수 언급되었습니다. 이를 다음 소스로 채택하고, 평점을 확인했더니 6점으로 올랐네요. 절반보다 조금 넘는 수의 고객을 만족시킨 것 같습니다. 하지만 이대로는 매장을 유지할 수가 없습니다. 단 한 번의 기회가 남았네요. 또다시 설문조사를 진행합니다. 두 번째 설문조사의 결과를 분석해보니 무언가 부족하다는 의견이 지배적이군요. 이에 매장 관리자는 매장만의 비밀스러운 재료를 넣은 비법 소스를 개발하여 마지막으로 고객들에게 제공해보았습니다. 고객 평점을 보니 이 비법 소스는 매우 성공적이었군요! 모든 것은 이전에 진행했던 두 번의 설문조사 때문인 것 같습니다. 다행히도 이번 연도의 신메뉴는 성공적으로 출시하게 되었습니다.

이번 햄버거 예에서의 핵심은 t 시점의 햄버거 소스의 선택이 $t-1$ 시점의 고객 설문조사 결과를 참고했다는 것입니다.

6.2.2 데이터 살펴보기

순환 신경망을 설명할 때, 수학에서 자주 접하는 sin 함수와 cos 함수를 사용하곤 합니다. 주기를 가진 함수의 형태가 시계열 데이터의 형태와 비슷한 모양을 보여주기 때문입니다. 우리도 cos 함수를 사용하여 예제를 만들어보고, 순환 신경망을 사용해보겠습니다. 아주 직관적인 결과를 얻을 수 있을 것입니다.

[함께 해봐요] cos 함수를 이용하여 데이터 만들기   use_SimpleRNN_layer.ipynb

```
01  import numpy as np
02  import matplotlib.pyplot as plt
03
04  np.random.seed(2020)
05
06  time = np.arange(30 * 12 + 1)
07  month_time = (time % 30) / 30
08  time_series = 20 * np.where(month_time < 0.5,
09                              np.cos(2 * np.pi * month_time),
10                              np.cos(2 * np.pi * month_time) + np.random.random(361))
11
12
```

```
13  plt.figure(figsize = (10, 5))
14  plt.xlabel('Time')
15  plt.ylabel('Value')
16  # 학습용 데이터
17  plt.plot(np.arange(0, 30 * 11 + 1),
18                   time_series[:30 * 11 + 1],
19                   color = 'black', alpha = 0.7)
20  # 테스트용 데이터
21  plt.plot(np.arange(30 * 11, 30 * 12 + 1),
22                   time_series[30 * 11:],
23                   color = 'orange')
```

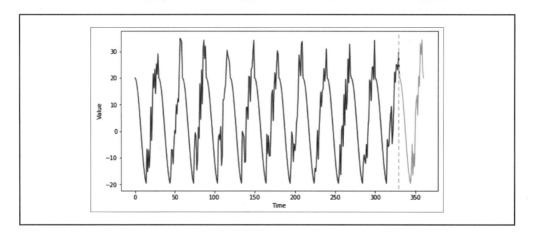

위 코드의 결과 그림은 학습 데이터(검은색, 점선 왼쪽)와 테스트 데이터(회색, 점선 오른쪽)를 보여주고 있습니다. 이제 모델의 입력으로 사용하기 위해 적절한 전처리 과정을 수행하겠습니다.

[함께 해봐요] **전처리 과정 수행하기**   use_SimpleRNN_layer.ipynb

```
01  def make_sequence(time_series, n):
02      x_train, y_train = list(), list()
03
04      for i in range(len(time_series)):
05          x = time_series[i:(i + n)]
06          if (i + n) < len(time_series):
07              x_train.append(x)
08              y_train.append(time_series[i + n])
```

```
09          else:
10              break
11
12      return np.array(x_train), np.array(y_train)
13
14  n = 10
15  x_train, y_train = make_sequence(time_series, n)
16
17  x_train = x_train.reshape(-1, n, 1)
18  y_train = y_train.reshape(-1, 1)
19
20  from sklearn.model_selection import train_test_split
21
22  patial_x_train = x_train[:30 * 11]
23  patial_y_train = y_train[:30 * 11]
24  x_test = x_train[30 * 11:]
25  y_test = y_train[30 * 11:]
26
27  print('train:', patial_x_train.shape, patial_y_train.shape)
28  print('test:',x_test.shape, y_test.shape)
```

```
train: (330, 10, 1) (330, 1)
test: (21, 10, 1) (21, 1)
```

시간적 순서가 존재하는 데이터를 만들기 위해 make_sequence 함수를 정의했습니다. 이 함수를 사용하면 다음과 같은 형태의 데이터를 얻을 수 있습니다.

[함께 해봐요] 데이터 형태 확인하기   use_SimpleRNN_layer.ipynb

```
01  test_arr = np.arange(100)
02  a, b = make_sequence(test_arr, 10)
03
04  for i in range(1, 4):
05      print(a[i],'|', b[i])
```

```
[ 1  2  3  4  5  6  7  8  9 10] | 11
[ 2  3  4  5  6  7  8  9 10 11] | 12
[ 3  4  5  6  7  8  9 10 11 12] | 13
```

6.2.3 모델 구성하기

케라스는 순환 신경망의 사용을 위해 SimpleRNN층을 제공하고 있습니다. SimpleRNN층은 (batch_size, timesteps, input_dim) 형태를 입력으로 받으며, (batch_size, units) 형태를 출력합니다. timesteps는 하나의 샘플에 포함된 정보의 개수를 의미합니다. 위의 예에서는 10으로 지정한 n이 timesteps의 역할을 하고 있습니다. 입력 형태는 Embedding층[4]의 출력 형태와 같은 것을 볼 수 있고, 출력 형태에서 units는 출력값의 차원을 의미합니다.

[함께 해봐요] **SimpleRNN을 사용하여 모델 구성하기**   use_SimpleRNN_layer.ipynb

```
01  from tensorflow.keras.layers import SimpleRNN, Flatten, Dense
02  from tensorflow.keras.models import Sequential
03
04  model = Sequential()
05  # SimpleRNN층을 첫 번째 층으로 사용하는 경우,
06  # 반드시 input_shape를 명시해주어야 합니다.
07  model.add(SimpleRNN(units = 32, activation = 'tanh', input_shape = (n, 1)))
08  model.add(Dense(1, activation = 'linear'))
09
10  model.compile(optimizer = 'adam', loss = 'mse')
11  model.summary()
```

```
Layer (type)                 Output Shape              Param #
=================================================================
simple_rnn_1 (SimpleRNN)     (None, 32)                1088

dense_1 (Dense)              (None, 1)                 33
=================================================================
Total params: 1,121
Trainable params: 1,121
Non-trainable params: 0
```

SimpleRNN층을 첫 번째 층으로 사용하려면, input_shape를 명시해주어야 합니다. 여기서는 (n=10, 1)을 사용했습니다. 10은 timesteps를 의미하며, 1은 데이터 특성의 개수입니다. units는 32의 사용으로 Output Shape에서 (None, 32) 형태의 출력을 확인할 수 있습니다. 또한, 순환 신경

---

4 여기서 사용하는 예제는 단순 시계열 데이터이기 때문에 Embedding층을 사용하지 않습니다. 뒤의 IMDB 데이터셋을 사용하는 예에서 사용하는 것을 볼 수 있습니다.

망에서는 주로 tanh 활성화 함수를 사용하거나 relu 활성화 함수를 사용합니다. 기본값은 tanh 활성화 함수로 설정되어 있으니, 변경하지 않고 사용하겠습니다.

6.2.4 모델 학습하고 평가하기

[함께 해봐요] **모델 학습시키기**　　　　　　　　　　　　　use_SimpleRNN_layer.ipynb

```
01  model.fit(x_train, y_train, epochs = 100, batch_size = 12)
```

학습은 매우 빠르게 진행될 것이므로 과정은 생략하겠습니다. 바로 예측값을 그려서 결과를 확인해보도록 하죠.

[함께 해봐요] **예측 결과 그려보기**　　　　　　　　　　　　use_SimpleRNN_layer.ipynb

```
01  pred = model.predict(x_test)
02
03  pred_range = np.arange(len(y_train), len(y_train) + len(pred))
04
05  plt.figure(figsize=(15,5))
06  plt.xlabel('Time')
07  plt.ylabel('Value')
08  plt.plot(pred_range, y_test.reshape(-1,), color='orange', label='ground-truth')
09  plt.plot(pred_range, pred.reshape(-1,), color='blue', label='prediction')
10  plt.legend()
11  plt.show()
```

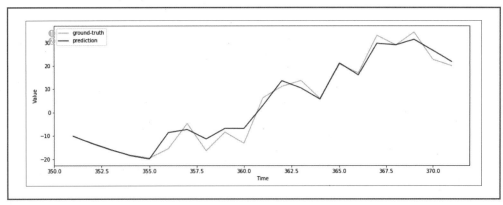

❶번이 실제 관측값ground-truth이고, ❷번이 예측된 값prediction입니다. 일부 맞추지 못한 결과도 확인할 수 있지만, 납득할만한 수준입니다. 다음으로 IMDB 데이터셋에 적용해보겠습니다. 데이터를 전처리하는 과정은 동일합니다. '6.1.2 데이터 살펴보기'를 참고하세요. 모델은 기존 구성을 따르며, Embedding층을 추가하겠습니다. 다음은 학습까지의 전체 코드입니다.

```
01  from tensorflow.keras.datasets import imdb
02
03  num_words = 10000
04  (X_train, y_train), (X_test, y_test) = imdb.load_data(num_words=num_words)
05
06  from tensorflow.keras.preprocessing.sequence import pad_sequences
07
08  max_len = 500
09
10  pad_X_train = pad_sequences(X_train, maxlen=max_len)
11  pad_X_test = pad_sequences(X_test, maxlen=max_len)
12
13  from tensorflow.keras.models import Sequential
14  from tensorflow.keras.layers import SimpleRNN, Dense, Embedding
15
16  model = Sequential()
17  model.add(Embedding(input_dim = num_words, output_dim = 32))
18  # 새로운 인자 세 개가 사용되었습니다.
19  model.add(SimpleRNN(32, return_sequences = True, dropout = 0.15,
                        recurrent_dropout = 0.15))
20  model.add(SimpleRNN(32))
21  model.add(Dense(1, activation = 'sigmoid'))
22
23  model.compile(optimizer='adam',
24              loss = 'binary_crossentropy',
25              metrics = ['acc'])
26
27  # model.summary()
28
29  history = model.fit(pad_X_train, y_train,
30                      batch_size = 32, epochs = 15,
31                      validation_split = 0.2)
```

이전 예제 코드와 다르게 SimpleRNN층을 여러 개 쌓아보았습니다(빠른 학습 속도를 위해서 층을 두 개만 쌓아두었습니다). SimpleRNN층을 여러 개 사용하기 위해서는 recurrent_sequence 인자를 사용해야 합니다. 이는 이전 상태의 연결을 위해 전체 상태 시퀀스를 반환하는 것입니다. 다음 코드의 주석을 바꿔 풀어가면서 모델의 출력 형태가 어떻게 변하는지 확인해보세요!

[함께 해봐요] SimpleRNN층의 출력값 변화 확인하기   use_SimpleRNN_layer.ipynb

```
01  from tensorflow.keras.models import Sequential
02  from tensorflow.keras.layers import SimpleRNN, Embedding
03
04  model = Sequential()
05  model.add(Embedding(input_dim = 10000, output_dim = 32))
06  # 전체 상태 시퀀스를 반환하거나,
07  # 마지막 시점의 상태 시퀀스만 반환합니다.
08  model.add(SimpleRNN(32, return_sequences = True))
09  # model.add(SimpleRNN(32, return_sequences = False))
10  model.summary()
```

또한, 케라스가 제공하는 모든 순환 층에는 드롭아웃 사용을 위한 dropout과 recurrent_dropout 인자가 존재합니다. 이를 사용하면 컨볼루션 신경망에서 사용한 것과 같이 별도의 Dropout층을 추가하지 않아도, 드롭아웃 방식을 적용할 수 있습니다. 여기까지 추가로 순환 신경망의 세 가지 인자 recurrent_sequence, dropout, recurrent_dropout을 살펴보았다는 점을 기억하세요. 학습 과정을 그려보겠습니다.[5]

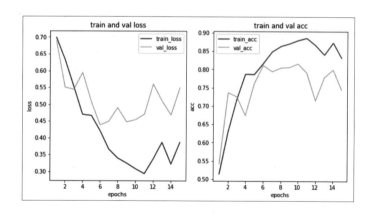

---

5   이후 절에서는 학습 과정을 그리는 코드를 생략하겠습니다. 이전에 사용하던 코드와 동일하니, 이전 절을 참고하거나 제공되는 주피터 노트북 소스 코드를 확인하세요.

결과는 Embedding층만 사용하여 구성한 모델보다 낮은 것을 볼 수 있습니다. 사실 SimpleRNN 층은 영화 리뷰와 같이 긴 문장의 데이터를 처리하기에는 문제가 존재합니다. 앞부분에 존재하는 몇 개의 시점은 기억할 수 있겠지만, 시점이 흐를수록 지속해서 기억하지 못하기 때문입니다.[6] 이 때문에 대부분의 실제 환경에서 SimpleRNN층의 사용을 선호하지 않습니다.

---

6 이를 장기 의존성(Long-Term Dependencies)라고 표현합니다.

6.3 LSTM

이전에 사용했던 SimpleRNN층은 Dense층과 같이 기능적으로 매우 단순하게 구성되어 있기 때문에, 깊이 쌓을수록 학습에 큰 문제가 존재합니다. 위에서 언급했던 "시점이 흐를수록 지속해서 기억하지 못한다"라는 문장은 SimpleRNN층에 그래디언트 손실 문제[7]가 존재한다는 것을 의미합니다. 이를 해결하기 위해 고안된 것이 바로 LSTMLong Short-Term Memory 방법입니다. 이 방법은 1997년 호흐라이터Hochreiter와 슈미트후버Schmidhuber에 의해 만들어졌습니다.[8] 대략 20년이 흐른 지금도 다양한 방법으로 자주 활용되고 있으며, 이를 변형한 방법도 존재합니다.[9] 여기서 다루는 LSTM은 가장 기본적인 형태입니다.

6.3.1 원리 이해하기

LSTM의 핵심은 정보를 여러 시점에 걸쳐 나르는 장치가 추가되었다는 점입니다. 이로 인해 그래디언트를 보존할 수 있어 그래디언트 손실 문제가 발생하지 않도록 도와줍니다. 다음 그림은 LSTM을 간단하게 표현한 것입니다. LSTM은 SimpleRNN에 약간의 변형을 추가한 것이니 이해하기 어렵지 않을 것입니다.[10]

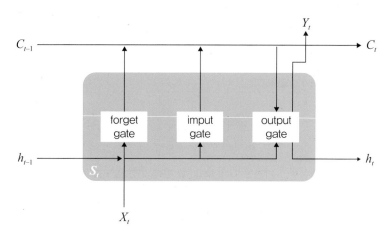

[그림 6-6] LSTM의 구조

---

7 이전의 여러 장에서 이미 여러 번 언급하였습니다. 신경망의 필수 개념입니다.

8 Hochreiter, S., & Schmidhuber, J. (1997). Long short-term memory. Neural computation, 9(8), 1735-1780.

9 대표적으로 GRU(the Gated Recurrent Unit)이 있습니다. Cho, K., Van Merriënboer, B., Gulcehre, C., Bahdanau, D., Bougares, F., Schwenk, H., & Bengio, Y. (2014). Learning phrase representations using RNN encoder-decoder for statistical machine translation. arXiv preprint arXiv:1406.1078.

10 'LSTM의 이해'를 검색하면, 이를 설명한 많은 훌륭한 글들을 볼 수 있습니다.

LSTM에는 그림에서 'C'로 표현되어 있으며 정보를 여러 시점에 걸쳐 나르는 'Cell state'가 있습니다. 'h'는 SimpleRNN층에서 언급했던 은닉 상태를 의미합니다. 또한, 정보를 나르는 작업을 도와줄 세 개의 게이트(gate)[11]가 존재하는데, 그것이 바로 'forget gate', 'input gate', 'output gate'입니다.

게이트		내용[12]
forget_gate	수식	$f_t = sigmoid(dot(x_t, Wf) + dot(h_{t-1}, Uf) + bf)$[13]
	설명	'Cell state'가 나르는 정보 중, 관련 없는 정보를 시그모드 함수를 사용하여 제거합니다(f_t). 'Cell state'는 여기서 생성된 값과 원소별 곱을 통해 정보를 제거하게 됩니다. 곱은 아래 'input_gate'의 수식에서 볼 수 있습니다($f_t * C_{t-1}$).
input_gate	수식	$i_t = sigmoid(dot(x_t, Wi) + dot(h_{t-1}, Ui) + bi)$ $C_t = f_t * C_{t-1} + i_t * tanh(dot(x_t, Wc) + dot(h_{t-1}, Uc) + bc)$
	설명	input_gate는 두 가지 작업을 수행합니다. 첫 번째, 현재 시점의 정보(x_t)와 이전 시점의 상태(h_{t-1})에 시그모이드 함수를 활용하여 어떤 정보를 업데이트할지 결정합니다. 두 번째, 현재 시점의 정보와 이전 시점의 상태에 tanh 함수를 활용하여 새로운 정보를 만듭니다. 이 둘을 곱한 뒤, 'forget gate'를 통해 걸러진 정보와 더해져 현재 시점의 'Cell state'를 만들게 됩니다(C_t).
output_gate	수식	$o_t = sigmoid(dot(x_t, Wo) + dot(h_{t-1}, Uo) + bo)$ $h_t = o_t * tanh(C_t)$
	설명	'output gate'는 출력값과 현재 시점의 상태 h_t를 만듭니다. h_t는 현재 시점의 정보와 이전 시점의 상태에 시그모이드 함수를 통과시켜 얻은 값과 tanh 함수를 통과한 'Cell state' 값을 곱해 만들어집니다. 또, h_t는 그림의 h_t와 동일하며, 결괏값을 만들기 위해 활성화 함수를 통과한 h_t는 그림의 y_t와 동일합니다.

위의 표는 LSTM 내부에 존재하는 각 게이트의 작업을 설명하고 있습니다. 사실 위의 수식을 전부 기억할 필요는 없습니다. 다만 모든 연산이 'Cell state'를 중심으로 수행된다는 것을 기억하고 사용하면 됩니다. LSTM의 핵심적인 기능은 'Cell state'를 통해 이전 정보를 계속해서 사용하여 그래디언트 손실 문제를 방지하는 것입니다.

---

11 여기서 게이트는 'Cell State'가 정보를 전달하는 과정에 있어서 정보를 제거하거나 제공하는 역할을 합니다.

12 https://en.wikipedia.org/wiki/Long_short-term_memory#LSTM_with_a_forget_gate를 참고하세요.

13 U와 W는 가중치를 나타냅니다.

6.3.2 데이터 살펴보기

여기에서는 IMDB 데이터셋이 아닌 reuters 데이터셋을 사용하겠습니다. IMDB 데이터셋과 같이 일련의 문장 모음으로 구성되어 있지만, 46개 카테고리로 이루어져 있는 다중 분류 문제입니다. 사용 방법은 IMDB 데이터셋과 비슷합니다. 먼저 데이터셋을 다운받고, 형태를 확인합니다.

[함께 해봐요] **reuters 데이터셋 다뤄보기**　　　　　　　　　　use_LSTM_layer.ipynb

```
01  from tensorflow.keras.datasets import reuters
02
03  num_words = 10000
04  (X_train, y_train), (X_test, y_test) = reuters.load_data(num_words=num_words)
05
06  print(X_train.shape, y_train.shape)
07  print(X_test.shape, y_test.shape)
```

```
(8982,) (8982,)
(2246,) (2246,)
```

다음으로 모든 문장의 길이를 500으로 고정합니다.

[함께 해봐요] **데이터셋 전처리 과정**

```
01  from tensorflow.keras.preprocessing.sequence import pad_sequences
02
03  max_len = 500
04
05  pad_X_train = pad_sequences(X_train, maxlen=max_len)
06  pad_X_test = pad_sequences(X_test, maxlen=max_len)
07
08  print(len(pad_X_train[0]))
```

```
500
```

이제 학습을 위한 준비가 끝났습니다. 바로 모델을 구성하고 학습시켜보죠.

6.3.3 모델 구성하기

LSTM에서 설정할 수 있는 여러 가지 인자가 있지만, 특별한 상황이 아니라면 케라스가 제공하는 기본값 그대로 사용해도 무방합니다. 이번에도 LSTM을 여러 개 쌓아보겠습니다. SimpleRNN층과 같이 return_sequences 인자를 True로 전달해야 합니다.

[함께 해봐요] **LSTM 층을 사용하여 모델 구성하기**　　　　　　use_LSTM_layer.ipynb

```
01  from tensorflow.keras.models import Sequential
02  from tensorflow.keras.layers import LSTM, Dense, Embedding
03
04  model = Sequential()
05  model.add(Embedding(input_dim = num_words, output_dim = 64))
06  model.add(LSTM(64, return_sequences = True))
07  model.add(LSTM(32))
08  model.add(Dense(46, activation = 'softmax'))
09
10  model.compile(optimizer='adam',
11              loss = 'sparse_categorical_crossentropy',
12              metrics = ['acc'])
```

6.3.4 모델 학습하고 평가하기

LSTM층은 기본적으로 SimpleRNN층보다 뛰어난 성능을 보여줍니다. 번외로 IMDB 데이터셋에 먼저 적용해보고 이를 직접 느껴보겠습니다. 과정은 생략하며, 모델 구성만 바꿔서 학습을 진행했습니다.

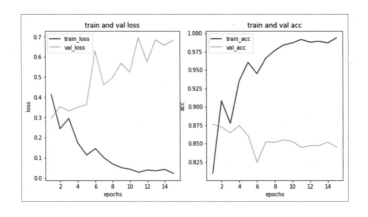

그래프만 보면 문제가 있어 보이지만, 동일한 검증 데이터셋에서 더 높은 정확도를 달성했습니다. 다시 reuters 데이터셋으로 돌아가 동일한 모델을 사용하여 학습하고, 과정을 그려봅니다.

```
01  history = model.fit(pad_X_train, y_train,
02                      batch_size = 32, epochs = 20,
03                      validation_split = 0.2)
```

```
... 생략 ...
Epoch 18/20
7185/7185 [==============================] - 14s 2ms/sample - loss: 0.7702 -
acc: 0.8031 - val_loss: 1.4514 - val_acc: 0.6778
Epoch 19/20
7185/7185 [==============================] - 14s 2ms/sample - loss: 0.7163 -
acc: 0.8170 - val_loss: 1.5086 - val_acc: 0.6533
Epoch 20/20
7185/7185 [==============================] - 14s 2ms/sample - loss: 0.6770 -
acc: 0.8277 - val_loss: 1.4821 - val_acc: 0.6717
```

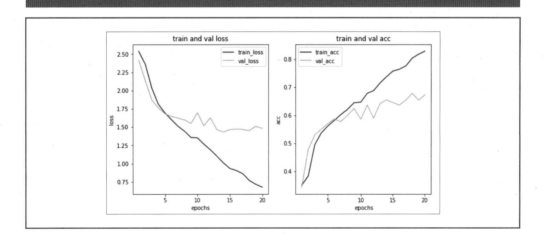

여기까지 LSTM을 다뤄보았습니다. 추가로 과거의 정보뿐만 아니라 미래의 정보까지 학습에 사용하는 Bidirectional RNN과 위에서 언급한 GRU는 자주 사용되는 방법입니다. 또한, 이들은 SimpleRNN층의 성능보다 훨씬 좋고, 적용 범위 또한 넓습니다. 순환 신경망에 대해 어느 정도 이해가 되었다면, 사용해보지 않은 두 가지 방법에 대한 개념을 이해하고 IMDB 또는 reuters 데이터셋에 직접 사용해보는 것을 추천해 드립니다. LSTM을 포함하여 이들은 가장 기본이 되는 RNN을 조금씩 변형한 방법이니 이해가 어렵지 않을 것입니다.

6.4 Conv1D

이 절에서는 5장에서 이미 많이 다루었던 컨볼루션층을 다시 다뤄보겠습니다. 5장에서 다뤘던 컨볼루션층은 2차원 형태의 컨볼루션 필터를 가진 2D 컨볼루션층이었습니다. 많은 데이터셋을 통해 확인해보았듯이, 컨볼루션 방법은 이미지 데이터의 특징을 추출하는 데 굉장히 성공적인 방법이었습니다. 시퀀스 데이터의 특징을 추출하기 위한 방법도 존재합니다. 바로 1차원 형태의 컨볼루션 필터를 가지는 **1D 컨볼루션층**입니다. 이 방법은 최근 순환 신경망과 같이 사용되면서 좋은 성능을 보여주고 있습니다.[14] 케라스는 이를 사용하기 위해 Conv1D층을 제공하고 있습니다. 이 절에서는 Conv1D층을 사용해보고, LSTM과 혼합한 모델을 구성해보겠습니다.

6.4.1 원리 이해하기

Conv2D는 2D 형태를 가진 컨볼루션 필터로 컨볼루션 연산을 수행하여 이미지의 특징을 추출했다면 Conv1D는 1D 형태를 가진 컨볼루션 필터로 컨볼루션 연산을 수행하여 시퀀스 데이터의 특징을 추출합니다. 매우 간단합니다. 다음 그림이 두 가지 방법의 차이를 보여줍니다.

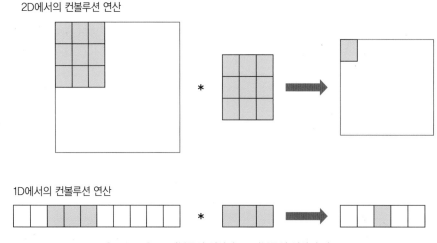

2D에서의 컨볼루션 연산

1D에서의 컨볼루션 연산

[그림 6-7] 2D 컨볼루션 연산과 1D 컨볼루션 연산의 비교

컨볼루션 신경망이 지역적 패턴을 인식할 수 있다고 설명했듯이, Conv1D층도 동일한 특징이 있습니다. 예를 들어, "나는 좋다"라는 문맥을 문장의 앞부분에서 인식할 수 있었다면 문장의 뒷부분에서도 이러한 문맥을 인식할 수 있게 됩니다. 이미지 데이터에서의 컨볼루션층은 햄버거 패티가 어느 위치에 있어도 인식할 수 있는 장점이 있다고 언급한 적이 있습니다(이동 불변성).[15] 동일한

---

14 CNN-LSTM 모델을 검색하면 좀 더 자세히 알아볼 수 있습니다.

15 '5.2 컨볼루션층과 풀링층'을 참고하세요!

개념입니다. 또한, 여기서도 컨볼루션층의 단짝을 빼놓을 수가 없습니다. 바로 다운샘플링의 효과를 볼 수 있는 최대 또는 평균 풀링층입니다. 단지, 2차원 형태에서 1차원 형태로 바뀌었을 뿐입니다(MaxPooling1D층).

6.4.2 모델 구성 및 학습

IMDB 데이터셋과 cos 함수를 통해 만들어진 데이터를 사용하겠습니다. 전처리 과정은 동일합니다.

Conv1D 사용하기

Conv1D층은 (batch_size, timesteps, channels) 형태를 입력으로 받으며, (batch_size, timesteps, filters) 형태를 출력합니다. 다음 예제 코드에서는 Embedding층의 출력값을 입력으로 받습니다. model.summary() 함수를 통해 꼭 모델 구조를 확인해보세요.

[함께 해봐요] **Conv1D 층을 사용하여 모델 구성하기**   use_Conv1D_layer.ipynb

```
01  from tensorflow.keras.models import Sequential
02  from tensorflow.keras.layers import Dense, Embedding, Conv1D, MaxPooling1D,
                                        GlobalMaxPooling1D
03
04  model = Sequential()
05  # 이 층은 모델의 제일 첫 번째 층으로만 사용할 수 있습니다.
06  # Flatten층을 사용하기 위해 input_length를 전달합니다.
07  model.add(Embedding(input_dim = num_words, output_dim = 32,
                        input_length = max_len))
08  model.add(Conv1D(32, 7, activation = 'relu'))
09  model.add(MaxPooling1D(7))
10  model.add(Conv1D(32, 5, activation = 'relu'))
11  model.add(MaxPooling1D(5))
12  model.add(GlobalMaxPooling1D())
13  model.add(Dense(1, activation = 'sigmoid'))
14
15  model.compile(optimizer='adam',
16                loss = 'binary_crossentropy',
17                metrics = ['acc'])
```

다른 모델 구조와 별 차이를 느끼지 못할지도 모릅니다. 하지만 이 모델에서는 크게 두 가지의 차이점이 존재합니다.

첫 번째, 5장에서 우리는 주로 3×3 크기의 필터를 사용했지만, 여기서는 이와 다르게 큰 필터 크기 (5와 7)를 사용했습니다. 예를 들면, 긴 길이의 문장이 앞에 놓여 있습니다. 쉬운 이해를 위해 다음 설명에서 단어를 특징으로 표현하겠습니다. 문장의 맥락을 파악하기 위해 적은 개수의 단어만 보고도 문장이 의미하는 바를 알아내기 쉬울까요? 아마 더 많은 개수의 단어를 보면 문장의 맥락을 파악하기가 더 쉬울 수도 있습니다. 물론 적은 개수의 단어를 보았을 때, 문장의 맥락을 파악하기가 매우 어렵다는 의미는 아닙니다. 크기 3의 필터도 여전히 사용합니다. Conv1D층을 사용하는 상황이라면, [3, 5, 7] 또는 그 외의 크기를 사용하여 다양한 실험을 해보는 것을 추천합니다. **2D 컨볼루션층과 다르게 필터의 크기를 증가시킨다고 하여 모델의 크기가 급격히 증가하지 않기 때문입니다.** 또는 적절히 타협하여 크기 5를 사용하거나, 여러 크기를 사용한 후[16]에 Concatenate층[17]을 사용하여 결과를 전부 병합하는 방법도 존재합니다.

두 번째, 전역 최대 풀링층을 사용했습니다. 케라스는 이를 GlobalMaxPooling1D층으로 제공하고 있습니다. 이는 배치 차원을 제외하고 2차원 형태를 1차원 형태로 바꿔주어 Dense층과의 연결을 가능하게 합니다. GMP_{GlobalMaxPooling}층 대신 Flatten층을 사용할 수도 있습니다. 모델 구조를 출력하여 GMP층을 통과하고 난 후의 구조를 확인해보길 바랍니다.

학습을 진행하고, 과정을 그려보겠습니다.

[함께 해보요] **모델 학습시키기**　　　　　　　　　　　　　　`use_Conv1D_layer.ipynb`

```
01  history = model.fit(pad_X_train, y_train,
02                       batch_size = 32, epochs = 30,
03                       validation_split = 0.2)
```

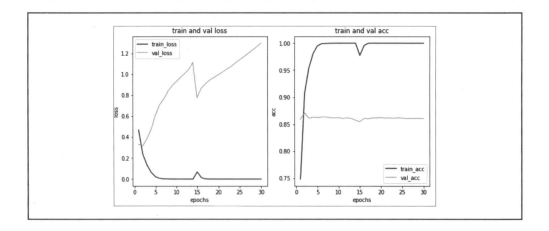

16　필터의 크기에 따라 어떤 특징을 잡아낼지 모르기 때문입니다. 물론 데이터의 품질이 매우 좋다면 크기를 여러 개 사용하지 않아도 될지 모르겠습니다.

17　np.concatenate() 함수처럼 작동하는 층입니다. 이후의 장에서 다룹니다.

Conv1D층과 LSTM층 혼합하여 사용하기

이번엔 LSTM층과 혼합하여 모델을 구성하겠습니다. 데이터는 cos 함수로 생성한 시계열 데이터를 활용합니다.

```python
01  import numpy as np
02  import matplotlib.pyplot as plt
03
04  np.random.seed(2020)
05
06  time = np.arange(30 * 12 + 1)
07  month_time = (time % 30) / 30
08  time_series = 20 * np.where(month_time < 0.5,
09                              np.cos(2 * np.pi * month_time),
10                              np.cos(2 * np.pi * month_time) + np.random.random(361))
11
12  def make_sequence(time_series, n):
13      x_train, y_train = list(), list()
14
15      for i in range(len(time_series)):
16          x = time_series[i:(i + n)]
17          if (i + n) < len(time_series):
18              x_train.append(x)
19              y_train.append(time_series[i + n])
20          else:
21              break
22
23      return np.array(x_train), np.array(y_train)
24
25  n = 10
26  x_train, y_train = make_sequence(time_series, n)
27
28  x_train = x_train.reshape(-1, n, 1)
29  y_train = y_train.reshape(-1, 1)
30
31  from sklearn.model_selection import train_test_split
32
33  patial_x_train = x_train[:30 * 11]
```

```
34  patial_y_train = y_train[:30 * 11]
35  x_test = x_train[30 * 11:]
36  y_test = y_train[30 * 11:]
37
38  print('train:', patial_x_train.shape, patial_y_train.shape)
39  print('test:',x_test.shape, y_test.shape)
```

학습을 진행하고, 결괏값을 그려보겠습니다.

```
01  from tensorflow.keras.models import Sequential
02  from tensorflow.keras.layers import Dense, Embedding, Conv1D, MaxPooling1D,
                                        GlobalMaxPooling1D
03  from tensorflow.keras.layers import LSTM
04
05  model = Sequential()
06  model.add(Conv1D(32, 3, activation = 'relu', input_shape = (10, 1)))
07  model.add(MaxPooling1D(2))
08  model.add(Conv1D(32, 3, activation = 'relu'))
09  # LSTM을 혼합하여 모델을 구성합니다.
10  model.add(LSTM(32, dropout = 0.2, recurrent_dropout = 0.2))
11  model.add(Dense(1))
12
13  model.compile(optimizer='adam',
14                loss = 'mse',
15                metrics = ['mse'])
16
17  # 학습을 진행합니다.
18  model.fit(x_train, y_train, epochs = 200, batch_size = 32)
19
20  pred = model.predict(x_test)
21  # 결괏값을 그립니다.
22  train_range = np.arange(len(x_train) + 1)
23  pred_range = np.arange(len(y_train), len(y_train) + len(pred))
24
25  plt.figure(figsize=(15,5))
26  plt.xlabel('Time')
27  plt.ylabel('Value')
```

```
28  plt.plot(train_range, np.append(y_train, y_test[0]), color = 'black')
29  plt.plot(pred_range, y_test, color='orange', label='ground-truth')
30  plt.plot(pred_range, pred, color='blue', label='prediction')
31  plt.legend()
32  plt.show()
```

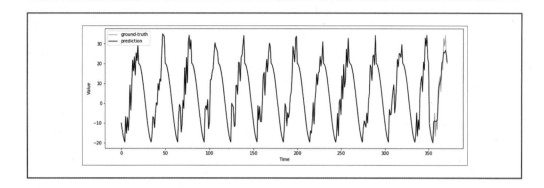

6.5 BERT 가볍게 알아보기

BERTBidirectional Encoder Representations from Transformers[18]는 자연어 처리 분야에서 최고의 성능을 보여
주었고, 활발하게 연구, 활용되고 있는 방법입니다. 이 책에서는 자연어 처리를 별도로 다루진 않
지만, 이 장에서 시퀀스 또는 텍스트 데이터로 구성된 데이터셋을 사용하여 여러 가지 신경망을 경
험해보았습니다. 여기까지 공부했다면, 우리는 충분히 현재 최고의 성능을 보여주고 있는 BERT
라는 용어에 대해 알 필요가 있습니다. 이 절에서는 수식은 물론 코드도 다루지 않고, 아주 짧은 내
용으로 구성되어 있으니 가볍게 읽어보면 좋겠습니다.[19]

먼저, BERT는 질문-대답에 대한 문제를 다루는 SQuADStanford Question Answering DataSet와
KorQuADThe Korean Question Answering DataSet[20]에 도전함과 동시에 상위권을 독식한 아주 뛰어난 방
법입니다. 이는 2018년 10월 구글에서 발표했으며, Transformer[21]의 형태를 이용합니다.

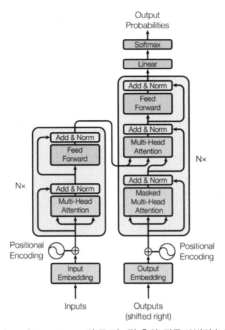

[그림 6-8] Transformer의 구조(그림 출처: 각주 19번의 논문)

---

18 Devlin, J., Chang, M. W., Lee, K., & Toutanova, K. (2018). Bert: Pre-training of deep bidirectional transformers for language understanding. arXiv preprint arXiv:1810.04805.

19 BERT뿐만 아니라, Attention Mechanism과 Transformer의 개념도 함께 공부하면 좋습니다. 특히, Attention은 컨볼루션 신경망과 함께 사용되어 이미지 데이터에서도 좋은 성능을 거둔 연구가 많습니다. 텐서플로우 공식 홈페이지에서는 이에 대한 내용을 코드와 함께 튜토리얼로 제공하고 있습니다.

20 https://rajpurkar.github.io/SQuAD-explorer/와 https://korquad.github.io/를 참고하세요.

21 Vaswani, A., Shazeer, N., Parmar, N., Uszkoreit, J., Jones, L., Gomez, A. N., ... & Polosukhin, I. (2017). Attention is all you need. In Advances in neural information processing systems (pp. 5998-6008).

BERT가 주로 사용되기 이전의 자연어 처리 분야에서는 사전 학습을 사용할 적당한 방법이 존재하지 않았습니다. 이 때문에 문제마다 모델 학습을 처음부터 진행해야 하는 매우 큰 단점이 있었습니다. 하지만 BERT는 사전 학습을 적용할 수 있습니다.

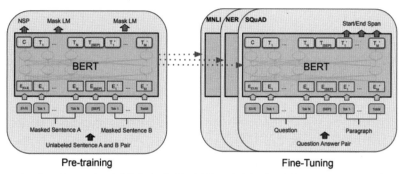

[그림 6-9] BERT는 사전 학습이 가능한 강력한 모델입니다.(그림 출처: 각주 16번의 논문)

위의 그림은 BERT가 사전 학습 방법을 사용할 수 있다는 것을 보여주고 있습니다. 사전 학습된 모델의 힘은 이미 5장에서 경험한 바 있습니다. 5장에서 사용한 모델 구조와 동일하게, 사전 학습된 BERT의 마지막 부분을 재정의하여 사용합니다.[22] 논문에 따르면, BERT는 사전 학습을 위해 25억 개의 Wikipedia 단어와 8억 개의 BooksCorpus 단어를 사용했다고 합니다. 기본을 알고 심화학습을 진행하는 것과 기본을 모르고 심화학습을 진행하는 것은 매우 다르다는 것을 여러분도 잘 알고 있습니다. 또한, BERT는 자연어 처리뿐만 아니라 다양한 분야에서도 높은 성능을 보여주면서 활용성의 범위가 매우 넓다는 것을 증명하였습니다. **한 분야에서 뛰어난 성능을 보여준 방법이 다른 분야에서도 뛰어난 성능을 보여줄 수 있다는 것은 딥러닝의 매우 강력한 장점입니다.**

이렇게 BERT를 아주 가볍게 알아보았습니다. 이러한 모델이 있다는 것을 알려주고 싶었습니다. 매우 강력하고, 다양한 분야에서 활용되고 있기 때문에 이에 관한 내용을 친절하고 자세하게 설명하는 많은 글들이 존재합니다. 특히 해결해야 할 문제가 자연어 처리라면 BERT의 사용을 고민해 보는 것이 어떨까요?

---

22 사전 학습된 가중치를 불러온 VGG16 모델의 마지막 부분에 Dense층을 새롭게 구성하여 분류기를 정의해주었습니다.

● 이 장에서 우리가 얻은 것

이 장에서는 시퀀스 또는 시계열 데이터에 특화된 순환 신경망에 대해 알아보았습니다. 케라스가 제공하는 Embedding, SimpleRNN, LSTM, Conv1D 층에 대해 알아보고, 이를 데이터셋에 적용해보았습니다. 마지막으로 자연어 처리뿐만 아니라 다양한 분야에서 활약하고 있는 BERT에 관해서 알아보았습니다.

● 이것만은 알고 갑시다

1. 순환 신경망은 시퀀스 또는 시계열 데이터 처리에 특화되어 있습니다.

2. Embedding층은 수많은 단어(또는 데이터)를 표현할 수 있습니다. 항상 모델의 첫 번째 층으로만 사용할 수 있습니다.

3. Embedding층은 (batch_size, sequence__length) 형태를 입력으로 받으며, (batch_size, sequence_length, output_dim) 형태를 출력합니다.

4. Embedding층은 단어의 관계와 맥락을 파악할 수 없습니다. 이를 해결하기 위해 사용되는 것이 SimpleRNN층입니다. SimpleRNN층은 순환 신경망의 가장 기본적인 형태를 나타내며, 출력값의 업데이트를 위해 이전 상태를 사용합니다.

5. SimpleRNN층은 (batch_size, timesteps, input_dim)의 형태를 입력으로 받으며, (batch_size, units)를 출력합니다.

6. SimpleRNN층은 그래디언트 손실 문제를 야기합니다. 이를 해결하기 위해 고안된 것이 LSTM입니다. LSTM은 과거의 정보를 나르는 'Cell state'를 가지고 있으며, 정보를 제거 또는 제공하기 위한 input_gate, forget_gate, output_gate를 보유하고 있습니다.

7. Conv2D층을 통해 이미지 데이터의 특징을 추출할 수 있었다면, Conv1D층을 통해 시퀀스 데이터의 특징을 추출할 수 있습니다.

8. Conv1D층은 (batch_size, timesteps, channels) 형태를 입력으로 받으며, (batch_size, timesteps, filters) 형태를 출력합니다.

9. BERT는 자연어 처리 분야에서 최고의 성능을 달성한 모델입니다. 자연어 처리뿐만 아니라 다양한 분야에서 뛰어난 성능을 보여주고 있기 때문에 충분히 관심을 가져볼 만한 방법입니다.

● 나의 이해도를 측정하자

1. 우리는 IMDB 데이터셋에 Embedding층을 사용해보았습니다. Embedding층은 사전 학습
된 가중치를 불러와 사용할 수 있습니다. 여러 차례 언급했듯이, 사전 학습된 가중치를 사
용한다는 것은 모델 성능에 큰 향상을 가져올지도 모릅니다. 사전 학습된 가중치를 불러온
Embedding층을 활용하여 문제를 해결해보기를 바랍니다. 밑의 힌트에서 언급한 Glove 또
는 Word2Vec 중 하나를 선택하여 진행하세요.

프로그램을 만들기 위해서는 다음과 같은 지식이 필요해요

• 사전 학습 모델

• Embedding층

힌트

• 대표적인 예로 많이 사용되는 워드 임베딩은 다음과 같습니다.

Glove http://nlp.stanford.edu/data/glove.6B.zip
Word2Vec https://drive.google.com/file/d/0B7XkCwpl5KDYNlNUTTlSS21pQmM

• 케라스 공식 문서에는 이를 사용하기 위한 예제가 준비되어 있습니다.

• 워드 임베딩을 사용하기 위해서는 임베딩 벡터를 직접 매핑해주어야 하는 코드가 필요합니다.

• 이 책의 깃허브 저장소에서 이를 위한 사용 방법을 제공하고 있습니다.

2. RNN과 LSTM을 설명하면서 GRU와 Bidirectional RNN을 언급했습니다. reuters 데이터
셋 문제에 이를 활용하여 문제를 해결해보기 바랍니다. 역시 우리의 케라스는 이러한 층을
제공하고 있으니 사용하기에 어렵진 않을 것입니다.

프로그램을 만들기 위해서는 다음과 같은 지식이 필요해요

• RNN과 LSTM

• 공식 문서 활용법(각 층은 케라스 또는 텐서플로우 공식 문서에서 찾아볼 수 있습니다.)

7장

초급을 향해서-1

이 장에서는 케라스가 제공하고 있는 기능을 중심으로 살펴봅니다. 케라스에는 모델 구성을 위한 대표적인 세 가지 방법이 존재합니다. 제공되는 세 가지 방법은 분류, 탐지, 자연어 처리 등과 같은 특정 문제에 적합한 모델을 구성하거나 모델의 성능을 향상시키기 위해 유동적으로 사용될 수 있습니다. 지금까지는 모델을 구성하기 위해서 매우 익숙한 Sequential() 방법을 사용했습니다. 이 장에서는 Sequential() 방법과 더불어 사용되는 서브클래싱Subclassing과 함수형 APIFunctional API 방법을 사용하여 모델을 구성해보겠습니다. 또한, 텐서플로우 2.x에서 권장하고 있는 함수형 API를 구체적으로 사용해봅니다.

이 장의 끝에서는 학습 과정을 더욱 유연하게 해주어 향상된 성능을 얻도록 도와주는 케라스 콜백Keras Callback을 사용해보겠습니다. 케라스는 다양한 콜백을 제공하고 있지만, 여기서 알아보는 콜백은 학습에서 향상된 성능을 얻기 위해 일반적으로 자주 사용되는 것을 다룹니다.

- 케라스에서 모델을 구성하는 세 가지 방법: Sequential(), 서브클래싱, 함수형 API
- 함수형 API 활용하기: 다중 입출력, 잔차 연결과 인셉션 모듈, 전이 학습
- 케라스 콜백 사용하기: ModelCheckpoint, EarlyStopping, ReduceLROnPlateau, TensorBoard

7.1 케라스의 모델 구성 방법

케라스에서 모델을 구성하는 방법에는 다음과 같이 세 가지가 존재합니다.

- Sequential()
- 서브클래싱Subclassing
- 함수형 API

지금까지 우리가 계속해서 사용해왔던 Sequential() 방법은 매우 간단히 사용할 수 있지만, 복잡한 모델을 구성할 수 없다는 단점이 존재합니다. 여기서 복잡한 모델이란, 다중 입력과 출력이 존재하는 모델을 의미합니다. 예를 들어, 특정 이미지 데이터와 이를 설명할 수 있는 정보를 동시에 입력하는 경우가 있습니다.

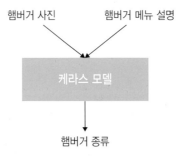

[그림 7-1] 다중 입력 모델 예시

앞으로 다뤄볼 방법들은 이를 가능케 하여 모델을 더욱 유연하게 구성할 수 있게 해줍니다. 이 중에서도 함수형 API는 가장 자주 사용되며, 권장 사항에 해당합니다. 이제 세 가지 방법을 사용하여 모델을 구성하고, 구조를 확인해보겠습니다.

7.1.1 Sequential()로 구성하기

Sequential() 방법은 이미 이전의 여러 장에서 사용했던 방법으로 매우 익숙할 것입니다. 이 방법은 단순하고 사용하기 쉬워 접근하기 편리합니다. 사용 방법은 여러 번 경험했던 것과 같이 층을 순서대로 쌓는 것입니다. 추가 설명이 필요할 것 같지 않습니다. 앞에서 잠시 언급했듯이 Sequential() 방법은 여러 개의 입력과 출력으로 구성할 수 없으며, 층의 구조를 유연하게 만들지 못합니다.

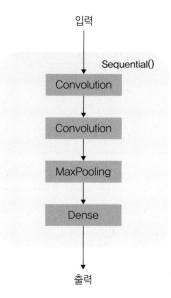

[그림 7-2] Sequential() 방법

간단히 컨볼루션층으로 이루어진 모델을 구성해보고, 형태를 확인해보겠습니다.

```
01  from tensorflow.keras.models import Sequential
02  from tensorflow.keras.layers import Conv2D, MaxPooling2D, Dense,
                                        GlobalAveragePooling2D
03  from tensorflow.keras.utils import plot_model
04
05  # Sequential()을 통한 모델 구성
06  model = Sequential()
07  model.add(Conv2D(32, (3, 3), activation = 'relu', input_shape = (28, 28, 1)))
08  model.add(Conv2D(32, (3, 3), activation = 'relu'))
09  model.add(MaxPooling2D(strides = 2))
10  model.add(GlobalAveragePooling2D())
11  model.add(Dense(1, activation = 'sigmoid'))
12
13  # model.summary()   # 모델 구조를 확인하는 습관은 좋은 습관입니다.
14  # 모델을 그려봅니다.
15  plot_model(model)
```

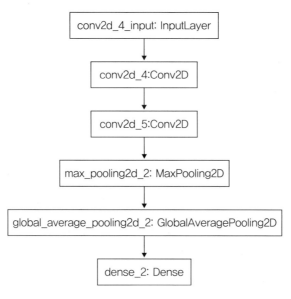

[그림 7-3] Sequential()을 통한 모델 구성

단순하게 층을 차례대로 쌓은 구조를 볼 수 있습니다. 이와 다르게 서브클래싱과 함수형 API 방법은 모델을 유연하게 구성할 수 있으며, 자신만의 모델 구조를 만들기에 적합한 방법입니다.

7.1.2 서브클래싱으로 구성하기

서브클래싱 방법은 모델 구성을 커스터마이징customizing하기에 최적화된 방법입니다. 텐서플로우는 객체 지향에 기반한 파이썬을 사용하므로, 케라스의 Model 클래스를 서브클래싱하여 모델을 구성할 수 있습니다. Model 클래스를 상속받는다는 의미입니다. Model 클래스를 서브 클래스로 사용하면 fit(), evaluate(), predict() 기능, model.layer을 통한 모델에 포함된 층의 목록 제공, 모델 저장(model.save())과 같은 Model 클래스가 보유하고 있는 기능을 그대로 사용할 수 있습니다. 하지만 자유롭게 층을 구성할 수 있는 커스터마이징이 장점인 만큼, 모델의 층을 일일이 구성해야 하므로 다른 방법에 비해 작업 시간이 오래 걸리는 것이 단점입니다. Sequential() 방법으로 구성해본 모델을 동일하게 만들어 보겠습니다.

[함께 해봐요] **서브클래싱 모델 구성**   make_model_three_ways.ipynb

```
01  from tensorflow.keras.models import Model
02  from tensorflow.keras.layers import Conv2D, MaxPooling2D, Dense,
                                       GlobalAveragePooling2D
03
04  class MyModel(Model):
```

```
05       # 사용할 층을 정의합니다.
06       def __init__(self):
07           super(MyModel, self).__init__()
08
09           self.first_conv = Conv2D(32, (3, 3), activation = 'relu')
10           self.second_conv = Conv2D(32, (3, 3), activation = 'relu')
11           self.maxpool = MaxPooling2D(strides = 2)
12
13           self.gap = GlobalAveragePooling2D()
14           self.dense = Dense(1, activation = 'sigmoid')
15
16       # 입력 -> 출력의 흐름을 구성합니다.
17       def call(self, inputs):
18           x = self.first_conv(inputs)
19           x = self.second_conv(x)
20           x = self.maxpool(x)
21
22           x = self.gap(x)
23           x = self.dense(x)
24
25           return x
26
27   # 모델 객체를 생성합니다.
28   model = MyModel()
29   model.compile(~)
30   model.fit(~)
```

먼저 __init__() 함수에서 사용할 층을 정의합니다. 이후 입력에서부터 출력까지의 흐름인 전파 forward-pass를 위해 call() 함수에서 모델을 구성합니다. 생성된 모델 객체는 Model 클래스에서 제 공하는 compile() 함수와 fit() 함수를 사용할 수 있습니다. call() 함수에서 층을 순서대로 구성 하는 것을 보아하니 Sequential() 방법에서 모델을 구성할 때와 다르지 않아 보입니다. 하지만 서 브클래싱 방법은 inputs 인자를 통해 다중 입력으로 구성하거나 call() 함수의 반환값을 다중 출 력으로 구성할 수 있습니다.

서브클래싱을 통한 모델 구성 방법은 자주 사용하지 않습니다. 우리는 더 쉽고, 사용하기 편리한 함수형 API를 사용할 수 있기 때문입니다. 하지만 우리가 특정 모델의 구현 코드를 참조할 때, 서 브클래싱 방법을 활용한 구현 코드를 자주 찾아볼 수 있습니다. 이를 빠르게 해석하기 위해 알아두 면 좋습니다.

7.1.3 함수형 API로 구성하기

위의 두 가지 방법을 설명할 때, 계속해서 함수형 API를 언급한 것을 느꼈나요? 케라스에서 모델을 구성하는 세 가지 방법 중 가장 권장하는 방법이기 때문입니다. 함수형 API는 모델을 복잡하고, 유연하게 구성할 수 있으며, 다중 입출력을 다룰 수 있습니다. 사용 방법도 매우 간단하고 쉽습니다. 역시 동일한 구조에서 함수형 API를 사용하도록 해보죠.

[함께 해봐요] **함수형 API 모델 구성하기**　　　　　　　make_model_three_ways.ipynb

```
01  from tensorflow.keras.models import Model
02  from tensorflow.keras.layers import Conv2D, MaxPooling2D,
                                       GlobalAveragePooling2D, Dense
03  from tensorflow.keras.layers import Input
04  from tensorflow.keras.utils import plot_model
05
06  # 함수형 API는 Input층을 통해 입력값의 형태를 정의해주어야 합니다.
07  inputs = Input(shape = (224, 224, 3))
08  x = Conv2D(32, (3, 3), activation = 'relu')(inputs)
09  x = Conv2D(32, (3, 3), activation = 'relu')(x)
10  x = MaxPooling2D(strides = 2)(x)
11  x = GlobalAveragePooling2D()(x)
12  x = Dense(1, activation = 'sigmoid')(x)
13
14  # 위에서 정의한 층을 포함하고 있는 모델을 생성합니다.
15  model = Model(inputs = inputs, outputs = x)
```

함수형 API는 Input 층을 통해 반드시 입력값의 형태를 명시해주어야 합니다. 위의 예제에서는 (224, 224, 3) 형태를 입력으로 명시해주었습니다. 이제 컨볼루션층을 추가해보겠습니다. Conv2D(32, ~)(inputs)와 같이 표현하여 이전 층의 출력값과 연결할 수 있습니다. 함수형 API의 표현은 해당 층이 어떤 층과 연결되어 구성되는지 알기 쉽게 도와줍니다. 함수형 API를 통해 모델 구성을 끝마쳤다면, Model 클래스를 활용하여 모델을 생성해주어야 합니다. 모델을 생성하기 위해 Model 클래스의 inputs와 outputs 인자에 각각 입력값과 출력값을 전달해야 합니다. 이제 다음 절에서 함수형 API를 사용하여 우리에게 매우 익숙한 MNIST 데이터셋을 학습시켜 보고, Sequential() 방법이 아닌 함수형 API 방법에 더욱 익숙해지도록 함수형 API를 중점적으로 다뤄보겠습니다.

7.2 함수형 API

MNIST 데이터셋에 함수형 API를 활용해보겠습니다. 더하여서, 함수형 API를 통해 다중 입출력 예제와 여러 가지 이야기들을 해보도록 하죠.

7.2.1 MNIST에 적용하기

MNIST 데이터셋을 사용한지 꽤 오랜 시간이 흘렀습니다. 다음 예제 코드를 보고 복습 차원에서 의미를 되새겨보는 것이 어떨까요? 먼저 데이터를 모델에 입력하기 위한 적절한 형태로 바꿉니다.

[함께 해봐요] MNIST 데이터셋 불러오기 및 전처리　　　functional_api_MNIST.ipynb

```
01  from tensorflow.keras.datasets import mnist
02
03  # 텐서플로우 저장소에서 데이터를 다운받습니다.
04  (x_train, y_train), (x_test, y_test) = mnist.load_data(path='mnist.npz')
05
06  from sklearn.model_selection import train_test_split
07
08  # 훈련/검증 데이터를 얻기 위해 0.7/0.3의 비율로 분리합니다.
09  x_train, x_val, y_train, y_val = train_test_split(x_train, y_train,
10                                                    test_size = 0.3,
11                                                    random_state = 777)
12
13  num_x_train = x_train.shape[0]
14  num_x_val = x_val.shape[0]
15  num_x_test = x_test.shape[0]
16
17  # 모델의 입력으로 사용하기 위한 전처리 과정입니다.
18  x_train = (x_train.reshape(-1, 28, 28, 1))/255
19  x_val = (x_val.reshape(-1, 28, 28, 1))/255
20  x_test = (x_test.reshape(-1, 28, 28, 1))/255
21
22  from tensorflow.keras.utils import to_categorical
23
24  # 각 데이터의 레이블을 범주형 형태로 변경합니다.
25  y_train = to_categorical(y_train)
26  y_val = to_categorical(y_val)
27  y_test = to_categorical(y_test)
```

함수형 API를 사용하여 모델을 구성하고, 학습을 진행합니다.

[함께 해봐요] **함수형 API를 활용한 모델 구성 및 학습**   functional_api_MNIST.ipynb

```
01  from tensorflow.keras.models import Model
02  from tensorflow.keras.layers import Conv2D, MaxPooling2D,
                                        GlobalAveragePooling2D, Dense
03  from tensorflow.keras.layers import Input
04
05  # 함수형 API는 Input()을 통해 입력값의 형태를 정의해주어야 합니다.
06  inputs = Input(shape = (28, 28, 1))
07  x = Conv2D(32, (3, 3), activation = 'relu')(inputs)
08  x = Conv2D(32, (3, 3), activation = 'relu')(x)
09  x = MaxPooling2D(strides = 2)(x)
10  x = GlobalAveragePooling2D()(x)
11  x = Dense(10, activation = 'softmax')(x)
12
13  # 위에서 정의한 층을 포함하고 있는 모델을 생성합니다.
14  model = Model(inputs = inputs, outputs = x)
15
16  model.compile(optimizer = 'adam',
17                loss = 'categorical_crossentropy',
18                metrics = ['acc'])
19  model.fit(x_train, y_train,
20            batch_size = 32,
21            validation_data = (x_val, y_val),
22            epochs = 10)
```

```
... 생략 ...
Epoch 8/10
42000/42000 [==============================] - 8s 190us/sample - loss: 0.4256 -
acc: 0.8752 - val_loss: 0.4023 - val_acc: 0.8825
Epoch 9/10
42000/42000 [==============================] - 8s 202us/sample - loss: 0.3918 -
acc: 0.8837 - val_loss: 0.3758 - val_acc: 0.8894
Epoch 10/10
42000/42000 [==============================] - 9s 219us/sample - loss: 0.3674 -
acc: 0.8893 - val_loss: 0.3714 - val_acc: 0.8886
```

모델 구조를 동일하게 사용하여 MNIST 데이터셋을 학습시켜보았습니다. **함수형 API를 사용하는 경우 Input층을 통해 입력값의 형태를 정의하고, Model 클래스를 통해 모델의 입력값과 출력값을 지정해 주어야 한다는 점을 기억하세요!** 또한, 계속해서 Flatten층이 아닌 GlobalAveragePooling2D층을 사용하고 있습니다.

7.2.2 다중 입출력 사용해보기

이제 Sequential() 방법을 사용한 모델 구성에서 다룰 수 없었던 다중 입출력 예제를 다뤄보겠습니다. 다중 입출력의 대표적인 예로 입력한 이미지(동영상)가 어떤 의미를 나타내는지 물어보는 질문과 이미지(동영상)에 대한 설명을 결과로 도출하는 문제가 있습니다. 이때는 모델에 대한 입력으로 이미지(동영상)와 질문을 사용해야 합니다. 여기서는 더 간단한 예제를 만들어 활용해보겠습니다.

지금까지 이 책의 예로 사용했던 햄버거를 사용해볼까요? 이번에 탐색해볼 매장에서는 메뉴 보완을 도와줄 자동화 기계를 새로 도입하려고 합니다. 매니저는 고객이 각 햄버거 종류에 대해 평가를 남기면(**입력**), 자동화 기계가 이를 분석하여 햄버거의 평점과 고객이 햄버거에 어떠한 재료가 추가되기를 원하는지에 대한 분석 결과 도출(**출력**)을 원하고 있습니다. 이를 수행하기 위해 일정 기간 동안 고객으로부터 여러 햄버거의 평점과 추가를 원하는 재료에 대한 정보를 수집해두었다고 가정하고 이를 레이블로 사용합니다. 물론 추가를 원하는 재료는 무조건 한 가지만 적을 것을 고객에게 당부했습니다.

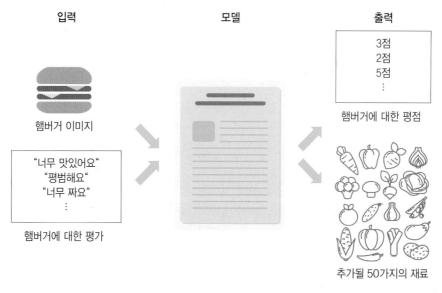

[그림 7-4] 다중 입출력 예시

모델은 이미지와 텍스트 형태로 된 평가를 입력으로 받으며, 평점과 추가를 원하는 50가지의 재료 중 한 가지를 출력하게 됩니다. 그럼 먼저 NumPy 라이브러리를 이용해 가상 데이터Dummy data를 만들어보겠습니다.

[함께 해봐요] **다중 입출력을 위한 데이터 생성하기**   functional_api_multi_io.ipynb

```
01  import numpy as np
02
03  # 햄버거 이미지
04  hamburger_img = np.random.random((1000, 28, 28, 1))
05  # 햄버거에 대한 평가
06  customer_form = np.random.randint(10000, size = (1000, 100))
07
08  # 햄버거에 대한 평점
09  hamburger_rate = np.round(np.random.random((1000,)) * 5, 1)
10  # 햄버거에 추가되어질 50가지의 재료
11  update_for_hamburger = np.random.randint(50, size = (1000,))
12
13  print(hamburger_img.shape, customer_form.shape)
14  print(hamburger_rate.shape, update_for_hamburger.shape)
```

```
(1000, 28, 28, 1) (1000, 100)
(1000,) (1000,)
```

1,000개 데이터를 생성하였으며, 햄버거 이미지는 MNIST 데이터셋 숫자 이미지와 동일한 형태를 사용했습니다. 햄버거에 대한 평가는 10,000개 단어를 사용하여 각각의 단어가 정수 형태로 변환된 상태입니다. 레이블 데이터의 평점의 범위는 [0~5]이며, 추가될 재료의 후보는 총 50가지입니다. 이제 이에 적합한 다중 입출력 모델을 구성해보겠습니다.

[함께 해봐요] **다중 입출력 모델 구성하기**   functional_api_multi_io.ipynb

```
01  from tensorflow.keras.models import Model
02  from tensorflow.keras.layers import Input, Conv2D, MaxPooling2D,
                                        GlobalAveragePooling2D
03  from tensorflow.keras.layers import Embedding, LSTM
04  from tensorflow.keras.layers import Dense, Concatenate
05
```

```
06  # 각 입력에 대한 형태를 명시합니다.
07  img_input = Input(shape = (28, 28, 1), name = 'hamburger_img')
08  form_input = Input(shape = (None, ), name = 'customer_form')
09
10  # 햄버거 이미지 입력
11  x_1 = Conv2D(32, (3, 3), activation = 'relu')(img_input)
12  x_1 = Conv2D(32, (3, 3), activation = 'relu')(x_1)
13  x_1 = MaxPooling2D(strides = 2)(x_1)
14  x_1 = GlobalAveragePooling2D()(x_1)
15
16  # 햄버거에 대한 평가 입력
17  x_2 = Embedding(10000, 64)(form_input)
18  x_2 = LSTM(128)(x_2)
19
20  # 출력을 만들기 위해 모든 입력을 하나의 텐서로 합칩니다.
21  x = Concatenate()([x_1, x_2])
22
23  # 햄버거 평점에 대한 출력값
24  rate_pred = Dense(1, name = 'hamburger_rate')(x)
25  # 보완될 50가지 재료에 대한 출력값
26  update_pred = Dense(50, activation = 'softmax',
                        name = 'update_for_hamburger')(x)
27
28  # 모델을 생성합니다.
29  model = Model(inputs = [img_input, form_input],
30               outputs = [rate_pred, update_pred])
```

모델이 다중 입력을 가질 경우, 해당 개수만큼 Input층을 정의해주어야 합니다. 모델의 구성에 쓰인 여러 층에 관해서는 설명할 것이 없어 보입니다. 지금까지 여러 번 사용해보았던 컨볼루션층과 LSTM층을 사용했습니다. 마지막으로 Model 클래스를 사용하여 모델을 구성할 때, 다중 입출력 모델은 inputs와 outputs 인자에 각각 입력과 출력을 리스트 형태로 전달해주어야 합니다. 이제 모델 구조를 그려보겠습니다.

[함께 해봐요] **모델 구조 그려보기**　　　　　functional_api_multi_io.ipynb

```
01  from tensorflow.keras.utils import plot_model
02  plot_model(model)
```

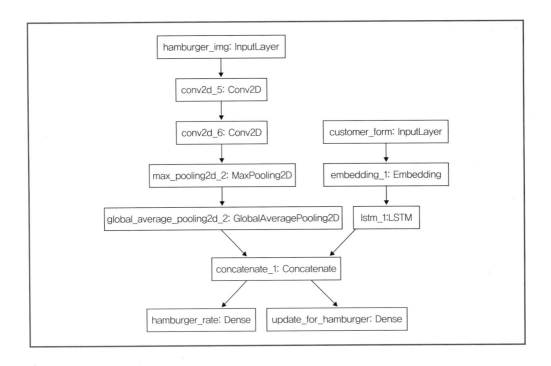

모델 구조를 그려보았습니다. 입력에 해당하는 두 개의 라인(hamburger_img, customer_form)이 병합되면서, 다시 두 개의 출력(hamburger_rate, update_for_hamburger)으로 나뉘는 것을 볼 수 있습니다. Concatenate층은 주로 텐서를 병합할 때 사용됩니다.

model.summary()를 통해 다시 한번 구조를 확인해보겠습니다.

```
01  model.summary()
```

```
Model: "model_2"

Layer (type)                    Output Shape            Param #    Connected to
==================================================================================
hamburger_img (InputLayer)      [(None, 28, 28, 1)]     0

conv2d_5 (Conv2D)               (None, 26, 26, 32)      320        hamburger_img[0][0]

conv2d_6 (Conv2D)               (None, 24, 24, 32)      9248       conv2d_5[0][0]
```

```
customer_form (InputLayer)          [(None, None)]        0

max_pooling2d_2 (MaxPooling2D)      (None, 12, 12, 32)    0          conv2d_6[0][0]

embedding_1 (Embedding)             (None, None, 64)      640000     customer_form[0][0]

global_average_pooling2d_2          (Glo (None, 32)       0          max_pooling2d_2[0][0]

lstm_1 (LSTM)                       (None, 128)           98816      embedding_1[0][0]

concatenate_1 (Concatenate)         (None, 160)           0          global_average_
                                                                     pooling2d_2[0][0]
                                                                     lstm_1[0][0]

hamburger_rate (Dense)              (None, 1)             161        concatenate_1[0][0]

update_for_hamburger (Dense)        (None, 50)            8050       concatenate_1[0][0]
=================================================================================
Total params: 756,595
Trainable params: 756,595
Non-trainable params: 0
```

plot_model()의 결과보다 보기가 힘들지만 주로 summary() 함수를 사용하니 익숙해질 필요가 있습니다. summary() 함수가 보여주는 출력 정보를 알아보겠습니다.

- Layer: 층의 이름을 나타냅니다. 예제 코드에서 케라스층을 구성할 때, name=hamburger_img와 같이 층의 이름을 입력층과 출력층에 지정해주었습니다. 입력층의 이름뿐만 아니라 출력층인 Dense층에 지정한 이름 hamburger_rate와 update_for_hamburger도 출력되는 것을 볼 수 있습니다. name 인자는 모든 케라스층이 보유하고 있으며, 층의 이름을 지정할 수 있습니다.
- Output_Shape: 층의 출력 형태를 나타냅니다.
- Param #: 사용되는 파라미터 수를 나타냅니다.
- Connected to: 층이 어떤 입력층과 연결되어있는지 보여줍니다.

그럼 이제 학습을 위해 설정을 진행하겠습니다.

```
01   # 손실 함수에 리스트 형태를 사용한 경우
02   model.compile(optimizer = 'adam',
03                 loss = ['mse', 'sparse_categorical_crossentropy'],
04                 metrics =
                   {'hamburger_rate':'mse', 'update_for_hamburger':'acc'})
05
06   # 또는
07
08   # 손실 함수에 딕셔너리 형태를 사용한 경우
09   model.compile(optimizer = 'adam',
10          loss = {'hamburger_rate':'mse',
11                  'update_for_hamburger':'sparse_categorical_crossentropy'},
12          metrics = {'hamburger_rate':'mse', 'update_for_hamburger':'acc'})
```

손실 함수는 리스트 형태를 사용하여 각 출력에 적합한 것을 사용하도록 설정했습니다. 손실 함수에서 첫 번째 출력은 평점이므로 평균 제곱 오차mean squared error를 사용합니다. 두 번째 출력은 50개의 카테고리 중 하나의 값을 가지며, 원-핫 인코딩이 수행되지 않았기 때문에 sparse_categorical_crossentropy를 사용했습니다.

평가지표는 딕셔너리 형태를 사용하여 각 출력에 적합한 것을 사용하도록 설정했습니다. 딕셔너리 형태를 사용하지 않고, 리스트 형태로 전달하게 되면 모든 출력에 해당 평가지표를 적용하기 때문에 원하지 않는 계산이 발생할 수 있음을 주의하세요. 또한, 딕셔너리 형태({key: value})를 사용할 때는 {'층의 이름': '손실 함수'}와 같이 키의 이름과 층의 이름이 동일해야 합니다. 여기서 딕셔너리의 키로 사용한 hamburger_rate, update_for_hamburger는 해당 층의 name 인자에 전달한 이름과 동일한 것을 볼 수 있습니다.

이제 학습을 진행해보겠습니다.

```python
01   # 모델 학습에 리스트 형태를 사용한 경우
02   model.fit([hamburger_img, customer_form],
03          [hamburger_rate, update_for_hamburger],
04          epochs = 2, batch_size = 32)
05
06   # 또는
07
08   # 모델 학습에 딕셔너리 형태를 사용한 경우
09   model.fit({'hamburger_img':hamburger_img, 'customer_form':customer_form},
10          {'hamburger_rate':hamburger_rate,
               'update_for_hamburger':update_for_hamburger},
11          epochs = 2, batch_size = 32)
```

```
Train on 1000 samples
Epoch 1/2
1000/1000 [==============================] - 6s 6ms/sample - loss: 7.7885 -
hamburger_rate_loss: 3.8020 - update_for_hamburger_loss: 3.9235 -
hamburger_rate_mse: 3.8681 - update_for_hamburger_acc: 0.0240
Epoch 2/2
1000/1000 [==============================] - 4s 4ms/sample - loss: 5.7940 -
hamburger_rate_loss: 1.9087 - update_for_hamburger_loss: 3.9014 -
hamburger_rate_mse: 1.8936 - update_for_hamburger_acc: 0.0240
```

출력 결과에서 성능보다 학습 과정을 유심히 살펴보길 바랍니다. 각 출력값에 대한 손실 비용과 평가지표를 나타내고 있습니다.

7.2.3 잔차 연결과 인셉션 모듈

함수형 API는 모델 구조를 유연하게 구성할 수 있는 만큼 다양한 모델 구조를 구현하기에 매우 편리합니다. 이번에는 많은 모델에서 성능 향상을 위해 사용되고 있는 두 가지 방법을 알아보겠습니다. 두 가지 방법의 가장 기본적인 형태만 알고 있으면, 향후 변형된 형태를 이해하기 어렵지 않을 것입니다.

잔차 연결

잔차 연결Residual block은 기존 네트워크에 short-cut 방법을 추가한 것입니다. 이 방법은 마이크로 소프트 팀에서 개발한 **ResNet**에서 처음 사용되었는데, 논문[1]의 인용 수가 약 3만 회인 만큼 큰 성능 향상을 보여주어 엄청난 인기를 끌고 있습니다. 또한, 2015년 ImageNet 대회에서 이를 활용하여 152개의 층을 쌓아 1등을 차지했습니다.

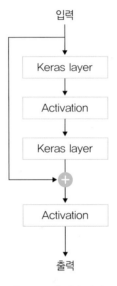

[그림 7-5] 잔차 연결

초기 신경망 모델은 높은 성능을 얻기 위해 층을 깊이 쌓는 방법을 선택했습니다. 하지만 층을 깊이 쌓을수록 학습 오류Training Error가 증가하는 문제가 발생했는데, 바로 그래디언트 소실/폭발 문제 때문입니다. 잔차 연결은 이를 해결하기 위해 고안되었습니다. 잔차 연결을 사용하지 않은 모델에서는 층을 깊이 쌓은 경우, 성능이 감소하는 경향을 보여주었지만, 사용한 모델은 성능이 향상하는 것을 해당 논문에서 실험으로 보여주었습니다.

잔차 연결은 [그림 7-5]와 같이 몇 개의 케라스층을 거친 입력과 본래의 입력을 연결하여 더해주는 형태를 띠고 있으며, 출력층 이전에 활성화 함수를 거치는 구조입니다. 다음 예제 코드는 잔차 연결을 사용한 모델 구성을 보여줍니다.

---

1 He, K., Zhang, X., Ren, S., & Sun, J. (2016). Deep residual learning for image recognition. In Proceedings of the IEEE conference on computer vision and pattern recognition (pp. 770-778). 이 책에서는 간단히 내용만 언급합니다. 더 자세히 알고 싶다면 논문을 살펴보거나 'ResNet 설명'을 검색하세요!

```
01  from tensorflow.keras.layers import Conv2D, MaxPooling2D, Activation, Add
02  from tensorflow.keras.layers import Input, GlobalAveragePooling2D, Dense
03  from tensorflow.keras.models import Model
04
05  # 잔차 연결을 포함한 네트워크를 구현합니다.
06  def residual_block(inputs, num_channels, use_transform = False):
07      x = Conv2D(num_channels, (3, 3), activation = 'relu',
                   padding = 'same')(inputs)
08      x = Conv2D(num_channels, (3, 3), padding = 'same')(x)
09
10      # 입력값의 형태가 변환되는 경우,
11      # 1x1 컨볼루션을 통해 형태를 조절해줍니다.
12      if use_transform:
13          x = MaxPooling2D(strides = 2)(x)
14          inputs = Conv2D(num_channels, (1, 1), strides = 2,
                            padding = 'same')(inputs)
15
16      # 입력값과 변환된 입력값을 더해줍니다.
17      add_x = Add()([inputs, x])
18
19      return Activation('relu')(add_x)
20
21  # 쉬운 이해를 위해 MNIST와 동일한 형태로 사용했습니다.
22  inputs = Input(shape = (28, 28, 1))
23  # use_transform은 MaxPooling을 통해,
24  # 입력값의 크기에 변환을 주겠다는 인자입니다.
25  x = residual_block(inputs, 32, use_transform=True)
26  x = residual_block(x, 32)
27  x = residual_block(x, 32, use_transform=True)
28
29  # 분류기 부분입니다.
30  x = GlobalAveragePooling2D()(x)
31  x = Dense(10, activation = 'softmax')(x)
32
33  # 모델을 구성합니다.
34  model = Model(inputs = inputs, outputs = x)
```

Conv2D층과 MaxPooling2D층으로 이루어진 기본적인 구성은 같습니다.[2] 단, Add층을 통해 입력값과 변환된 입력값을 더해주는 연산이 추가되었습니다. 또한, 1×1 컨볼루션을 사용하여 입력값의 형태와 몇 개의 케라스층을 거친 형태를 동일하게 하여 연산이 가능하도록 합니다. 우리는 지금 함수형 API의 장점인 유연함을 경험하고 있습니다.

예를 들어, 입력값 형태 (28, 28, 1)와 최대 풀링층을 거친 후의 형태 (14, 14, 32)는 동일하지 않아 Add층이 작동하지 않습니다. 이때 스트라이드 2를 가진 1×1 컨볼루션을 사용하여 입력값 형태를 (28, 28, 1) → (14, 14, 32)로 조절하면 Add층의 연산을 가능하게 할 수 있습니다. 꼭 `model.summary()`를 통해 해당 층의 형태가 어떻게 변화되는지 주의 깊게 살펴보세요! 1×1 컨볼루션은 다음 내용인 인셉션 모듈에서도 등장합니다.

인셉션 모듈

인셉션 모듈Inception Module은 22개의 층으로 구성된 GoogLeNet(인셉션 V1)[3]에서 처음으로 사용된 방법입니다.

인셉션 모듈의 구조는 다음과 같습니다. 인셉션 모듈은 여러 가지 필터 크기를 사용하여 데이터의 다양한 특징을 담아낼 수 있습니다. 이와 동시에 1×1 컨볼루션을 사용하여 차원 감소와 효과적인 다운샘플링을 통해 전체적인 자원 감소의 목적이 있습니다. 인셉션 모듈의 구조는 다음과 같습니다.

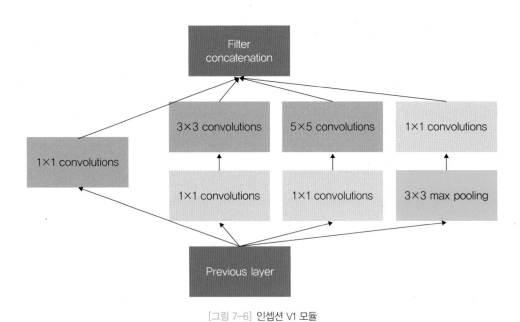

[그림 7-6] 인셉션 V1 모듈

---

2 ResNet에서 실제로는 최대 풀링층을 사용하지 않지만, 쉬운 이해를 위해 도입하였습니다. 각 층의 출력값 형태를 줄이고 싶은 경우, 최대 풀링층이 아닌 각 residual_block의 첫 번째 컨볼루션층에서 스트라이드 2를 사용하면 됩니다.

3 Szegedy, C., Liu, W., Jia, Y., Sermanet, P., Reed, S., Anguelov, D., ... & Rabinovich, A. (2015). Going deeper with convolutions. In Proceedings of the IEEE conference on computer vision and pattern recognition (pp. 1-9).

입력층Previous Layer에서 다양한 필터 크기의 컨볼루션층으로 구성된 여러 개의 가지branch를 거치고, 각 가지의 출력을 병합한 출력Filter Concatenation으로 만들어내는 것을 볼 수 있습니다. 우리가 구현할 인셉션 모듈은 네 개의 가지로 구성되어 있습니다. 다음 목록에서 x_num은 위 그림의 왼쪽부터 시작하는 케라스층을 나타냅니다.

- x_1: 1×1 컨볼루션
- x_2: 1×1 컨볼루션 + 3×3 컨볼루션
- x_3: 1×1 컨볼루션 + 5×5 컨볼루션
- x_4: 3×3 최대 풀링 + 1×1 컨볼루션

잔차 연결에서 경험했듯이, 함수형 API를 사용하면 이같은 형태를 매우 쉽게 구현할 수 있습니다. 다음 예제 코드를 통해 인셉션 모듈을 구현해보겠습니다.

[함께 해봐요] **인셉션 모듈을 사용하여 모델 구성하기** residual_and_inception_module.ipynb

```
01  from tensorflow.keras.layers import Conv2D, MaxPooling2D, Activation, Concatenate
02  from tensorflow.keras.layers import Input, GlobalAveragePooling2D, Dense
03  from tensorflow.keras.models import Model
04
05  def inception_module(x):
06      x_1 = Conv2D(32, (1, 1), activation = 'relu')(x)
07
08      x_2 = Conv2D(48, (1, 1), activation = 'relu')(x)
09      x_2 = Conv2D(64, (3, 3), activation = 'relu', padding = 'same')(x_2)
10
11      x_3 = Conv2D(16, (1, 1), activation = 'relu')(x)
12      x_3 = Conv2D(16, (5, 5), activation = 'relu', padding = 'same')(x_3)
13
14      x_4 = MaxPooling2D(pool_size = (3, 3), strides = 1, padding = 'same')(x)
15      x_4 = Conv2D(32, (1, 1), activation = 'relu')(x_4)
16
17      output = Concatenate()([x_1, x_2, x_3, x_4])
18
19      return output
20
```

```
21  inputs = Input(shape = (224, 224, 3))
22  x = inception_module(inputs)
23
24  model = Model(inputs = inputs, outputs = x)
25
26  from tensorflow.keras.utils import plot_model
27  plot_model(model)
```

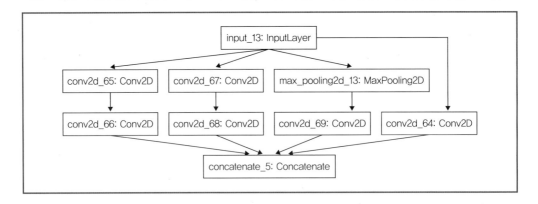

직접 모델을 그려보니 인셉션 모듈과 동일한 형태를 얻었습니다. 잔차 연결과 다르게 이번 구조에서는 Concatenate층을 사용했습니다. 많은 모델 구조에서 1×1 컨볼루션으로 다양한 연산을 진행한 뒤, Concatenate층을 사용하여 채널 단위로 합쳐주는 방법을 자주 볼 수 있을 것입니다. 인셉션계열은 구글 팀의 성능 및 자원 사용에 관한 다양한 고민이 담겨있습니다. 향후 단계별로 각 버전에 어떠한 방법이 사용되었는지 살펴본다면 아주 흥미로울 것입니다.

7.2.4 전이 학습 사용하기

잔차 연결이 사용된 ResNet과 인셉션 모듈이 포함된 인셉션 계열의 모델을 전부 구현할 필요는 없습니다. **하지만 어떠한 모델이든 해당 모델에서 사용된 핵심 구조는 직접 구현해보는 것을 강력하게 추천합니다.** 이전의 '5.4 전이 학습'에서 케라스는 ImageNet 데이터셋으로 학습된 여러 가지 모델을 제공하고 있다는 것을 언급했습니다. 위에서 살펴본 잔차 연결과 인셉션 모듈이 포함된 ResNet과 Inception 모델이 tensorflow.keras.applications를 통해 제공되고 있습니다. 아마도 직접 구현한 모델을 처음부터 학습시키는 방법보다 전이 학습을 더 자주 사용하게 될지도 모릅니다. 이 때문에 한 번 더 살펴보겠습니다.

```python
01  from tensorflow.keras.applications import ResNet50, InceptionV3
02  from tensorflow.keras.layers import GlobalAveragePooling2D, Dense
03  from tensorflow.keras.models import Model
04
05  def get_model(num_classes):
06      # ImageNet으로 학습된 모델을 불러옵니다.
07      # 각 인자에 대한 설명은 '5.4 전이 학습'을 참고하세요.
08      # inception_v3 = InceptionV3(weights = 'imagenet', include_top = False,
                          input_shape = (32, 32, 3))
09      resnet = ResNet50(weights = 'imagenet', include_top = False,
                input_shape = (32, 32, 3))
10
11      # 불러온 모델의 마지막 출력층과 연결합니다.
12      x = GlobalAveragePooling2D()(resnet.output)
13      x = Dense(num_classes, activation = 'softmax')(x)
14
15      # 모델을 생성합니다.
16      model = Model(inputs = resnet.input, outputs = x)
17
18      return model
19
20  model = get_model(num_classes=10)
21  model.compile(optimizer = 'adam', loss = 'sparse_categorical_crossentropy',
22              metrics = ['acc'])
23
24  # 모델 구조를 확인해보세요!
25  # 또는 plot_model()로 그려보아도 좋습니다.
26  # model.summary()
```

resnet.input과 resnet.output은 ResNet 모델의 입력층과 출력층을 반환합니다. 이를 활용하여 분류기에 해당하는 Dense층과 연결하고, Model 클래스를 사용하여 전체 모델을 구성했습니다.

7.2.5 텐서플로우 허브 사용하기

5장에서 텐서플로우 허브를 소개한 바 있습니다. 이 절에서는 텐서플로우 허브를 직접 사용해 보겠습니다. 먼저, 텐서플로우 허브에 접속해서 적절한 모델을 찾아봅니다. 여기서 만나볼 예제 는 Image Classification 목록에 포함되어 있는 EfficientNet B0 모델을 사용합니다. 이 모델은 '나의 이해도를 측정하자' 2번 문제 문제와 연관이 있습니다.

텐서플로우 허브가 설치되어있지 않다면 다음 명령어를 통해 설치하도록 합니다.

[함께 해봐요] **텐서플로우 허브 설치하기**

```
01   pip install tensorflow_hub
```

텐서플로우 허브를 통해 불러올 EfficientNet B0 모델은 ImageNet 데이터셋으로 사전 학습되어 있습니다. 우리는 사전 학습된 모델의 가중치를 사용하고, 분류기 부분만 CIFAR-10 데이터셋으로 미세 조정을 수행할 것입니다. CIFAR-10 데이터셋을 불러옵니다.

[함께 해봐요] **CIFAR-10 데이터셋 불러오기**   use_tensorflow_hub.ipynb

```
01   from tensorflow.keras.datasets import cifar10
02   import numpy as np
03
04   (x_train, y_train), (x_test, y_test) = cifar10.load_data()
05
06   # 평균과 표준편차는 채널별로 구해줍니다.
07   x_mean = np.mean(x_train, axis = (0, 1, 2))
08   x_std = np.std(x_train, axis = (0, 1, 2))
09
10   x_train = (x_train - x_mean) / x_std
11   x_test = (x_test - x_mean) / x_std
12
13   from sklearn.model_selection import train_test_split
14
15   x_train, x_val, y_train, y_val = train_test_split(x_train, y_train,
                                                     test_size = 0.3)
16
17   print(x_train.shape, len(y_train))
18   print(x_val.shape, len(y_val))
19
20   img_shape = x_train.shape[1:]
```

```
(35000, 32, 32, 3) 35000
(15000, 32, 32, 3) 15000
```

url을 통해 텐서플로우 허브에서 제공하는 모델을 불러올 수 있습니다. 모델별 url은 텐서플로우 허브에 존재하는 해당 모델의 페이지에서 확인할 수 있습니다. Efficient B0(Image Classification) 모델 페이지에서 url을 확인하고, 이를 사용하겠습니다.[4]

```
01  import tensorflow as tf
02  import tensorflow_hub as hub
03
04  # 참조: https://tfhub.dev/google/efficientnet/b0/classification/1
05  model_url = "https://tfhub.dev/google/efficientnet/b0/classification/1"
06  hub_layer = hub.KerasLayer(model_url, trainable=False)
```

KerasLayer 클래스가 url을 통해 사전 학습된 가중치와 함께 모델을 불러오고, trainable 인자를 통해 학습 여부를 지정할 수 있습니다. 우리는 분류기 부분만을 학습할 것이기 때문에 False 값을 전달합니다. 텐서플로우 허브를 통해 불러온 모델을 사용하여 전체 모델을 구성해보겠습니다.

[함께 해봐요] **전체 모델 구성하기**　　　　　　　　　　　use_tensorflow_hub.ipynb

```
01  from tensorflow.keras.models import Sequential
02  from tensorflow.keras.layers import GlobalAveragePooling2D, Dense
03
04  model = Sequential([hub_layer,
05                      Dense(10, activation = 'softmax')])
06
07  model.compile(loss = 'sparse_categorical_crossentropy',
08                metrics = ['acc'],
09                optimizer = 'adam')
10
11  model.build((None, ) + img_shape)
12  # model.summary()
```

이전과 다른 점은 build() 함수를 통해 배치 크기(None) 및 입력 이미지 크기(img_shape)를 수동으로 지정해주어 모델을 구성하는 점입니다. 이제 학습을 진행하는 과정만이 남았습니다.

---

4 https://tfhub.dev/google/efficientnet/b0/classification/1을 참고하세요.

```
01  model.fit(x_train, y_train,
02          epochs = 1,
03          batch_size = 32,
04          validation_data = (x_val, y_val))
```

우리가 지금까지 계속해서 다루었던 케라스 개발 과정에서 텐서플로우 허브를 통해 모델을 불러오는 몇 개의 코드만 추가되었을 뿐입니다. 더욱 다양한 문제를 다루는 예제를 보고싶다면, 텐서플로우 허브 깃허브 저장소[5]를 참고하세요.

---

5 https://github.com/tensorflow/hub를 참고하세요.

7.3 빙산인가? 선박인가? - 3

7.3.1

실제 환경에서 다뤄지는 많은 문제는 다중 입출력 구조를 요구하는 경우가 많습니다. 이 책에서는 가상 데이터를 활용하여 다중 입출력 문제를 경험해보았습니다. 하지만 구조만 고려하고, 성능은 고려하지 않았기 때문에 캐글을 통해 두 가지 전부를 고려해보았으면 좋겠습니다. 빙산과 선박의 마지막 문제입니다. 다음 절로 넘어가기 전에 꼭 캐글 대회를 통해 다중 입출력 구조를 다시 한번 경험해보세요! 우리가 배운 다중 입출력 구조를 통해 더욱 향상된 성능을 얻을 수 있을 것입니다.

이 책은 대회의 존재 여부만 알리고, 코드와 데이터에 대한 어떠한 내용도 제공하지 않습니다. 캐글 대회 관련 내용은 권장 사항일 뿐, 의무 사항이 아닙니다. 대신 캐글 Notebooks에는 문제를 해결하기 위한 다양한 방법이 존재합니다. 이를 참고하세요.

7.4 무슨 옷과 무슨 색? – 2

우리는 4장에서 옷과 색을 구분하는 다중 레이블 분류 문제를 다뤘습니다. 모델을 학습시키기 위해 이미지 데이터만 입력했습니다. 그렇다면, 모델에 옷의 색 데이터를 미리 알려주면 어떻게 될까요? 모델의 성능이 향상되지는 않을까요? 아쉽지만, 필자가 직접 실험해본 결과 눈에 띄는 향상이 이루어지지는 않습니다. 이번 절은 다행히도 성능이 목적이 아닙니다. **다중 입력 모델과 커스텀 제네레이터를 사용해보는 것이 목적입니다.** 이번 절은 7.3절에서 다중 입력 모델을 구성하여 캐글 대회를 참여해보았다면, 쉽고 빠르게 넘어갈 수 있을 것입니다.

먼저, 다음 그림을 통해 4장에서 다룬 문제를 리마인드하고 이번 절에서 구성해야 할 모델 구조를 확인하기를 바랍니다.

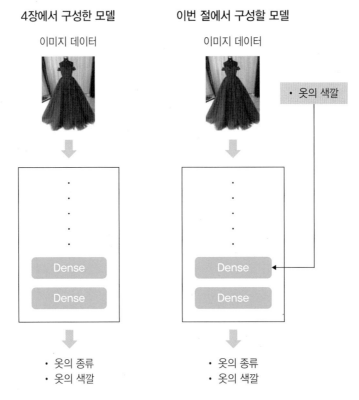

[그림 7-7] 모델 구조 확인하기

그림에서 볼 수 있듯이, 옷의 색 데이터를 추가로 입력해야 합니다. 이를 위해 색 데이터가 추가된 csv 파일을 사용하겠습니다. 파일이 존재하는 경로는 '/clothes_classification/csv_data/colorinfo' 입니다. 데이터프레임Dataframe을 활용해서 모델에 데이터를 입력해야 할 때, 제네레이터를 구성하는 방법은 flow_from_dataframe() 함수를 사용하는 것입니다(이미 4장에서 사용했었습니다).

이번에 사용해 볼 제네레이터는 이미지와 색 데이터를 동시에 입력할 수 있어야 하기 때문에, 별도로 직접 구성해서 사용해보겠습니다.[6] 바로 코드를 살펴보죠.

```
05   class DataGenerator(tf.keras.utils.Sequence):
06       def __init__(self, df, batch_size = 32, target_size = (112, 112),
                       shuffle = True):
07           self.len_df = len(df)
08           self.batch_size = batch_size
09           self.target_size = target_size
10           self.shuffle = shuffle
11           self.class_col = ['black', 'blue', 'brown', 'green', 'red', 'white',
12                 'dress', 'shirt', 'pants', 'shorts', 'shoes']
13
14           # 제네레이터를 통해 이미지를 불러옵니다.
15           self.generator = ImageDataGenerator(rescale = 1./255)
16           self.df_generator = self.generator.flow_from_dataframe(dataframe=df,
17                                                   directory='',
18                                                   x_col = 'image',
19                                                   y_col = self.class_col,
20                                                   target_size = self.target_size,
21                                                   color_mode='rgb',
22                                                   class_mode='other',
23                                                   batch_size=self.batch_size,
24                                                   seed=42)
25           self.colors_df = df['color']
26           self.on_epoch_end()
27
28       def __len__(self):
29           return int(np.floor(self.len_df) / self.batch_size)
30
31       # 데이터를 섞습니다.
32       def on_epoch_end(self):
33           self.indexes = np.arange(self.len_df)
34           if self.shuffle:
35               np.random.shuffle(self.indexes)
36
```

---

6 그 외에 커스터마이제이션은 8장에서 다룹니다.

```
37        # ([이미지 데이터, 색 정보], 레이블)을 반환합니다.
38        # 이미지는 미리 정의한 제네레이터를 통해,
39        # 색 정보는 __data_generation 메서드를 활용합니다.
40        def __getitem__(self, index):
41            indexes =
              self.indexes[index * self.batch_size : (index + 1) * self.batch_size]
42            colors = self.__data_generation(indexes)
43            images, labels = self.df_generator.__getitem__(index)
44
45            # return multi-input and output
46            return [images, colors], labels
47
48        # 데이터를 생성합니다.
49        def __data_generation(self, indexes):
50            colors = np.array([self.colors_df[k] for k in indexes])
51
52            return colors
```

제네레이터의 기본 기능을 사용할 수 있도록 Sequence 클래스를 상속받습니다. 다음으로 __init__() 함수에서 이미지 제네레이터를 정의하고, flow_from_dataframe() 함수를 사용하여 이미지 데이터와 레이블을 불러올 준비를 합니다. Sequence 클래스를 상속받은 제네레이터는 기본적으로 __data_generation() 함수를 통해 데이터를 생성하고, __getitem__() 함수에서 데이터를 반환합니다.

__data_generation() 함수에서 색 데이터(colors)를 생성하고, __getitem__() 함수에서 이미지, 색 그리고 레이블([images, colors], labels)을 반환하고 있습니다. 배치 크기와 기타 인자는 미리 정의해두었으니 데이터프레임을 전달해서 제대로 구성되었는지 확인하면 됩니다.

[함께 해봐요]   clothes_classification/clothes3.csv

```
01  train_datagen = DataGenerator(train_df)
02  val_datagen = DataGenerator(val_df)
```

```
Found 5578 validated image filenames.
Found 2391 validated image filenames.
```

이제 다중 입력 모델을 구성해보겠습니다. 코드에서 Concatenate층을 통해 색 데이터를 병합하고 있는 것을 확인할 수 있습니다. 학습 과정은 동일하니 생략합니다.

[함께 해봐요]   clothes_classification/clothes3.csv

```
03  def get_model():
04      # 다중 입력 모델을 구성합니다.
05      img_input = Input(shape = (112, 112, 3))
06      color_input = Input(shape = [1])
07
08      x = Conv2D(32, (3, 3), padding = 'same', activation = 'relu')(img_input)
09      x = MaxPooling2D((3, 3), strides = 2)(x)
10      x = Conv2D(64, (3, 3), padding = 'same', activation = 'relu')(x)
11      x = MaxPooling2D((3, 3), strides = 2)(x)
12      x = Conv2D(64, (3, 3), padding = 'same', activation = 'relu')(x)
13      x = MaxPooling2D((3, 3), strides = 2)(x)
14      x = GlobalAveragePooling2D()(x)
15
16      # 색 데이터를 병합합니다.
17      color_concat = Concatenate()([x, color_input])
18
19      x = Dense(64, activation = 'relu')(color_concat)
20      x = Dense(11, activation = 'sigmoid')(x)
21
22      # 다중 입력이기 때문에,
23      # inputs 인자에 리스트 형태로 입력 데이터를 전달합니다.
24      model = Model(inputs = [img_input, color_input], outputs = x)
25
26      model.compile(optimizer = 'adam',
27                    loss = 'binary_crossentropy',
28                    metrics = ['acc'])
29
30      return model
31
32  model = get_model()
33  print('model ready~')
```

7.5 케라스 콜백

케라스 콜백은 모델의 학습 방향, 저장 시점, 학습 정지 시점 등에 관한 상황을 모니터링하기 위해 주로 사용됩니다. 지금까지 우리는 모델의 fit() 함수를 통해 반환되는 History 객체를 활용해서 학습 과정을 그렸습니다. 이를 사용할 수 있었던 이유는 케라스 콜백 중 하나인 History 콜백이 모든 케라스 모델에 자동으로 적용되어 있기 때문입니다. 이번 절에서는 대표적으로 사용되는 다음 네 가지 콜백과 해당 콜백에서 주로 사용되는 인자를 살펴보겠습니다.[7]

- ModelCheckpoint
- EarlyStopping
- ReduceLROnPlateau
- TensorBoard

7.5.1 ModelCheckpoint

ModelCheckpoint 콜백은 지정한 평가지표를 기준으로 가장 뛰어난 성능을 보여주는 모델을 저장할 때 사용합니다. 주로 사용하는 인자는 다음과 같습니다.

```
ModelCheckpoint(filepath, monitor='val_loss', verbose=0, save_best_only=False,
                save_weights_only=False, mode='auto')
```

- filepath: 모델의 저장 경로를 지정합니다.
- monitor: 모니터링할 평가지표를 설정합니다. 모델이 포함하고 있는 모든 지표를 사용할 수 있습니다.
- verbose: 콜백의 수행 과정 노출 여부를 지정합니다. 0(아무런 표시도 하지 않습니다), 1(프로그레스 바progress bar로 나타냅니다), 2(매 에폭마다 수행 과정을 설명합니다)로 지정합니다.
- save_best_only: True인 경우, 가장 성능이 뛰어난 모델만 저장하며, 그보다 좋지 않은 모델의 경우에는 덮어쓰지 않습니다.
- save_weights_only: 모델의 가중치만 저장합니다.
- mode: {'auto', 'min', 'max'} 중 하나를 사용합니다. monitor에서 지정한 평가지표를 기준으로 작동합니다. 예를 들면, 평가지표가 val_acc인 경우 max를 선택해야 하며, val_loss인 경우 min을 선택해야 할 것입니다. auto인 경우 평가지표의 이름을 통해 자동으로 유추하여 결정합니다.

---

7 사용자마다 결과가 다를 수 있습니다. 이 책과 결과가 다르더라도 당황하지 마시고, 해당 콜백의 기능을 확인하는 것에 초점을 맞춰서 진행하세요.

MNIST 데이터셋을 통해 직접 사용해보겠습니다. 다음은 데이터부터 모델 구성까지의 코드입니다.

```
01  from tensorflow.keras.datasets import mnist
02
03  # 텐서플로우 저장소에서 데이터를 다운받습니다.
04  (x_train, y_train), (x_test, y_test) = mnist.load_data(path='mnist.npz')
05
06  from sklearn.model_selection import train_test_split
07
08  # 학습/검증 데이터를 얻기 위해 0.7/0.3의 비율로 분리합니다.
09  x_train, x_val, y_train, y_val = train_test_split(x_train, y_train,
10                                                    test_size = 0.3,
11                                                    random_state = 777)
12
13  num_x_train = x_train.shape[0]
14  num_x_val = x_val.shape[0]
15  num_x_test = x_test.shape[0]
16
17  # 모델의 입력으로 사용하기 위한 전처리 과정입니다.
18  x_train = (x_train.reshape(-1, 28, 28, 1)) / 255
19  x_val = (x_val.reshape(-1, 28, 28, 1)) / 255
20  x_test = (x_test.reshape(-1, 28, 28, 1)) / 255
21
22  from tensorflow.keras.utils import to_categorical
23
24  # 각 데이터의 레이블을 범주형 형태로 변경합니다.
25  y_train = to_categorical(y_train)
26  y_val = to_categorical(y_val)
27  y_test = to_categorical(y_test)
28
29  from tensorflow.keras.models import Model
30  from tensorflow.keras.layers import Conv2D, MaxPooling2D,
                                        GlobalAveragePooling2D, Dense
31  from tensorflow.keras.layers import Input
32
33  # 함수형 API는 Input()을 통해 입력값의 형태를 정의해주어야 합니다.
34  inputs = Input(shape = (28, 28, 1))
35  x = Conv2D(32, (3, 3), activation = 'relu')(inputs)
36  x = Conv2D(32, (3, 3), activation = 'relu')(x)
37  x = MaxPooling2D(strides = 2)(x)
```

```
38   x = GlobalAveragePooling2D()(x)
39   x = Dense(10, activation = 'softmax')(x)
40
41   # 위에서 정의한 층을 포함하고 있는 모델을 생성합니다.
42   model = Model(inputs = inputs, outputs = x)
43
44   model.compile(optimizer = 'adam',
45               loss = 'categorical_crossentropy',
46               metrics = ['acc'])
```

학습을 진행하여 콜백의 작동 방식을 살펴봅니다.

[함께 해봐요] ModelCheckpoint 콜백 사용하기   use_keras_callbacks.ipynb

```
01   from tensorflow.keras.callbacks import ModelCheckpoint
02
03   filepath = './best_model.hdf5'
04
05   # 콜백을 정의합니다.
06   callbacks = [ModelCheckpoint(filepath = filepath, monitor = 'val_loss',
                   verbose = 1, save_best_only = True)]
07
08   # callbacks 인자를 통해 정의한 콜백을 전달합니다.
09   model.fit(x_train, y_train,
10           batch_size = 32,
11           validation_data = (x_val, y_val),
12           epochs = 10,
13           callbacks = callbacks)
```

```
Epoch 9/10
41696/42000 [============================>.] - ETA: 0s - loss: 0.4091 -
acc: 0.8772
Epoch 00009: val_loss improved from 0.41602 to 0.38909, saving model to .
/best_model.hdf5
42000/42000 [==============================] - 8s 201us/sample - loss: 0.4088 -
acc: 0.8772 - val_loss: 0.3891 - val_acc: 0.8840
Epoch 10/10
41760/42000 [============================>.] - ETA: 0s - loss: 0.3805 -
acc: 0.8849
Epoch 00010: val_loss improved from 0.38909 to 0.38189, saving model to .
/best_model.hdf5
42000/42000 [==============================] - 9s 207us/sample - loss: 0.3808 -
acc: 0.8850 - val_loss: 0.3819 - val_acc: 0.8855
```

출력 과정에서 'saving model~' 문장과 같이 `val_loss`가 가장 낮은 모델을 저장하고 있음을 확인할 수 있습니다. 모델 저장 경로인 `filepath`에서 저장된 모델을 확인할 수 있습니다.

7.5.2 EarlyStopping

EarlyStopping 콜백을 직역하면 '이른 멈춤'입니다. 즉, 모델 학습 시에 지정된 기간 동안 모니터링하는 평가지표에서 성능 향상이 일어나지 않은 경우 학습을 중단합니다. 주로 사용하는 콜백의 인자는 다음과 같습니다.

```
EarlyStopping(monitor='val_loss', patience=0, verbose=0, mode='auto')
```

- patience: 지정한 수만큼의 기간에서 평가지표의 향상이 일어나지 않을 경우 학습을 중단합니다. 예를 들어 patience=5일 때, 5에폭 동안 성능 향상이 일어나지 않으면 학습을 중단합니다.

직접 사용해보겠습니다. 데이터를 구성하는 과정은 `ModelCheckpoint`를 참고하기 바랍니다.

[함께 해봐요] **EarlyStopping 콜백 사용하기**   use_keras_callbacks.ipynb

```
01  from tensorflow.keras.callbacks import EarlyStopping
02
03  # 콜백을 정의합니다.
04  callbacks = [EarlyStopping(monitor = 'val_loss', patience = 3, verbose = 1)]
05
06  # callbacks 인자를 통해 정의한 콜백을 전달합니다.
07  model.fit(x_train, y_train,
08            batch_size = 32,
09            validation_data = (x_val, y_val),
10            epochs = 30,
11            callbacks = callbacks)
```

```
Epoch 25/30
42000/42000 [==============================] - 8s 191us/sample - loss: 0.2565 -
acc: 0.9230 - val_loss: 0.2600 - val_acc: 0.9216
Epoch 00025: early stopping
```

EarlyStopping 콜백을 사용하기 위해 총 30번의 에폭을 진행했습니다. 25번째의 에폭에서 세 번의 기간 동안 성능 향상이 일어나지 않아 30회 전체를 반복하지 않고 학습이 중단된 것을 확인할 수 있습니다. 실제 학습에서 EarlyStopping 콜백은 어느 정도 학습을 진행해 본 뒤에 사용해보는 것을 추천해 드립니다. 30번, 50번 또는 그 이상의 에폭이 진행된 후에 모델의 성능이 향상될 수 있기 때문입니다. 따라서 여러 횟수의 에폭으로 학습을 진행해보고, 학습의 동향을 파악한 뒤 적절한 patience 인자의 값을 결정하여 사용해보세요.

7.5.3 ReduceLROnPlateau

ReduceLROnPlateau 콜백은 EarlyStopping 콜백과 같이 patience 인자를 지정하여, 지정된 기간 동안 평가지표에서 성능 향상이 일어나지 않으면 학습률을 조정하는 콜백입니다.

```
ReduceLROnPlateau(monitor='val_loss', factor=0.1, patience=10, verbose=0,
                  min_lr=0)
```

- factor: 학습률 조정에 사용되는 값입니다(새로운 학습률 = factor * 기존 학습률).
- patience: 지정한 수만큼의 기간에서 성능 향상이 일어나지 않을 경우, 학습률을 조정합니다.
- min_lr: 학습률의 하한을 지정합니다. 1e−5로 지정할 경우, 이보다 낮은 학습률로 조정되지 않습니다.

총 50번의 에폭을 통해 콜백의 작동 방식을 살펴봅니다.

[함께 해봐요] ReduceLROnPlateau 콜백 사용하기   use_keras_callbacks.ipynb

```
01  from tensorflow.keras.callbacks import ReduceLROnPlateau
02
03  # 콜백을 정의합니다.
04  callbacks = [ReduceLROnPlateau(monitor = 'val_loss', patience = 3, factor = 0.2,
05                                 verbose = 1, min_lr = 1e-5)]
06
07  # callbacks 인자를 통해 정의한 콜백을 전달합니다.
08  model.fit(x_train, y_train,
09            batch_size = 32,
10            validation_data = (x_val, y_val),
11            epochs = 50,
12            callbacks = callbacks)
```

```
... 생략 ...
Epoch 00039: ReduceLROnPlateau reducing learning rate to 0.00020000000949949026.
42000/42000 [==============================] - 8s 190us/sample - loss: 0.2139 -
acc: 0.9359 - val_loss: 0.2439 - val_acc: 0.9244
... 생략 ...
Epoch 00049: ReduceLROnPlateau reducing learning rate to 4.0000001899898055e-05.
42000/42000 [==============================] - 8s 189us/sample - loss: 0.1854 -
acc: 0.9443 - val_loss: 0.2004 - val_acc: 0.9404
```

50번의 에폭 중에서 총 두 번의 학습률 감소가 일어난 것을 볼 수 있습니다. 일반적으로 factor는
0.1이나 0.2, min_lr은 1e-6 또는 1e-7을 사용하여 학습의 동향을 살펴봅니다.

7.5.4 TensorBoard

텐서보드TensorBoard는 학습 과정을 편리하게 모니터링할 수 있도록 텐서플로우에서 제공하고 있는
도구입니다. 이는 여러 가지 지표를 그래프로 시각화해주어 모델을 쉽게 분석할 수 있도록 도와줍
니다.

```
TensorBoard(log_dir='./logs', histogram_freq=0, batch_size=32,
            write_graph=True, write_images=True)
```

- log_dir: 텐서보드를 사용할 로그 파일의 저장 경로입니다.
- histogram_freq: 활성화 및 가중치를 히스토그램으로 얼마나 자주 나타낼지를 결정합니다.
  0인 경우 히스토그램을 생성하지 않습니다. 또한, 이를 행하기 위해서는 학습 시에 검증 데
  이터가 전달되어야 합니다.
- batch_size: 히스토그램을 계산하기 위한 배치 크기입니다.
- write_graph: 텐서보드에서 그래프 시각화에 대한 여부를 나타냅니다.
- write_images: 텐서보드에서 이미지로 시각화하기 위한 가중치의 기록 여부를 나타냅니다.

텐서보드를 사용하기 위해 logs 폴더를 만들고, 학습을 진행하여 텐서보드의 로그파일을 생성합니
다. 물론 로그파일은 텐서보드 콜백을 통해 자동으로 생성됩니다.

```
01   from tensorflow.keras.callbacks import TensorBoard
02
03   logdir = './logs'
04
05   # 콜백을 정의합니다.
06   callbacks = [TensorBoard(log_dir = logdir, histogram_freq = 1,
07                             write_graph = True, write_images = True)]
08
09   # callbacks 인자를 통해 정의한 콜백을 전달합니다.
10   model.fit(x_train, y_train,
11             batch_size = 32,
12             validation_data = (x_val, y_val),
13             epochs = 30,
14             callbacks = callbacks)
```

학습을 끝마쳤다면, 텐서보드 서버를 실행시키기 위해 명령 프롬프트에 다음의 명령어를 실행합니다.

```
01   tensorboard --logdir ./logs
```

명령어가 성공적으로 실행되었다면, 다음과 같이 서버에 접근할 수 있는 상태가 됩니다.

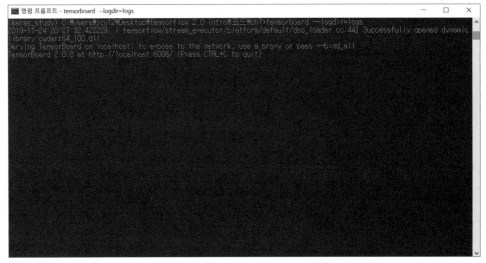

[그림 7-8] 텐서보드 서버 실행

254

다음으로 명령 프롬프트의 마지막 줄에 나와있는 'http://localhost:6006' 주소로 접속하면 다음과 같은 페이지를 만날 수 있습니다.

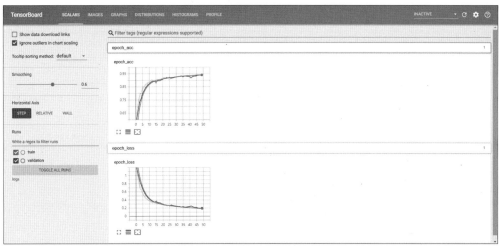

[그림 7-9] 텐서보드 첫 페이지

첫 페이지에서는 학습 및 검증 데이터의 평가지표 및 손실을 볼 수 있습니다. IMAGES와 [HISTOGRAMS] 탭에서는 각각 모델이 포함하고 있는 활성화층에 대한 이미지 형태와 히스토그램 형태의 그래프를 보여줍니다.

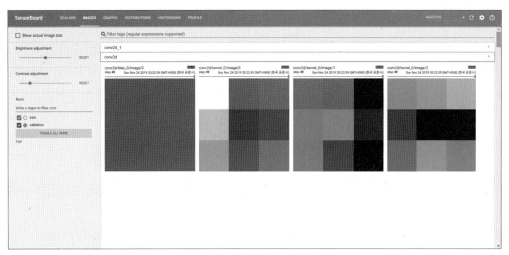

[그림 7-10] 활성화층의 이미지 형태

예를 들어, conv2d, conv2d_1은 모델에서 구성한 두 개의 컨볼루션층에 해당합니다. 실제로 실험 도중 활성화층과 가중치 분포를 직접 그리려면, 상당한 시간을 투자해야 합니다. 하지만 텐서보드를 사용하면 이러한 시간적 투자를 줄여주고, 정확한 분석을 수행할 수 있습니다.

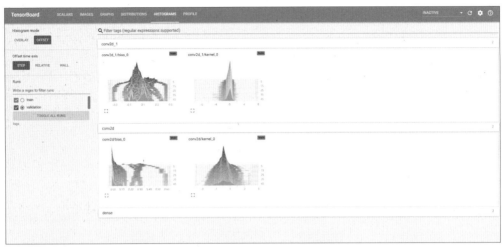

[그림 7-11] 활성화층의 히스토그램 형태

아마 본인의 멋진 실험 결과를 공유하고 싶을지도 모르겠습니다. 하지만 일일이 스크린샷으로 이미지 파일을 만들고, 이를 보여주기 위한 과정은 너무 번거롭습니다. 스크린샷보다 텐서보드를 직접 보여주는 것이 훨씬 효과적일 것입니다. 이를 위해 TensorBoard Dev.가 준비되어 있습니다.

```
01  tensorboard dev upload --logdir ./logs/ --name "My test" -
    -description "This is my first tensorboard"
```

명령어를 입력하면 인증을 위한 링크를 출력합니다. 해당 링크를 통해 인증키를 받고, 명령 프롬프트에 붙여넣습니다. 다시 출력된 링크에 들어가보면 공유를 위한 텐서보드를 볼 수 있습니다. 이제 스크린샷 작업을 하지 않아도 됩니다. 오른쪽 상단의 공유 버튼을 통해 링크를 얻고, 본인만의 멋진 결과를 공유해보세요.

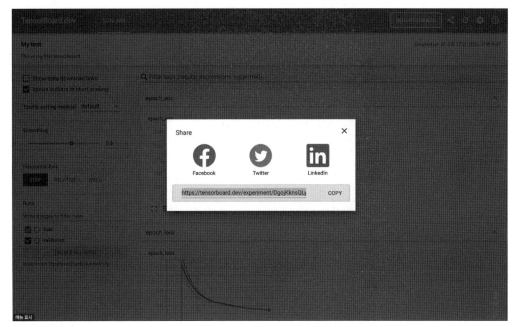

[그림 7-12] TensorBoard Dev.를 통한 실험 결과 공유

여기까지 대표적으로 사용되는 네 가지 케라스 콜백을 알아보았습니다. 이 외에도 케라스는 다양한 콜백을 제공하고 있습니다. 더 많은 케라스 콜백은 공식 홈페이지를 참고하세요!

정리해봅시다

정답은 백견불여일타 카페에서 제공됩니다.

● 이 장에서 우리가 얻은 것

이 장에서는 케라스에서 모델을 구성하는 방법인 Sequential(), 서브클래싱, 함수형 API 방법에 대해 알아보았습니다. 이 중에서도 권장 방법인 함수형 API는 쉽고, 편리하며, 높은 유연성의 장점이 있습니다. 이를 활용하여 가상의 데이터를 통해 다중 입출력 모델을 사용해보았으며, 잔차 연결과 인셉션 모듈을 직접 구현해보고 모델을 구성해보았습니다. 딥러닝의 강력한 힘인 전이 학습을 다시 한번 살펴보았으며, 마지막으로 성능 향상에 큰 도움을 주는 케라스 콜백을 살펴보았습니다.

● 이것만은 알고 갑시다

1. 케라스 모델 구성 방법은 Sequential(), 서브클래싱, 함수형 API가 있습니다. 권장 방법은 함수형 API입니다.

2. 함수형 API를 활용하면 다중 입출력 모델 구조를 쉽게 구성할 수 있습니다.

3. 잔차 연결과 인셉션 모듈의 구조는 많은 모델에서 사용되고 있습니다. 가장 기본적인 형태를 알아두면, 조금 변형된 형태를 이해하기에 더욱 수월할 것입니다.

4. 전이 학습의 사용을 위해 케라스는 ImageNet을 학습한 다양한 모델을 제공하고 있습니다. tensorflow.keras.applications에서 확인할 수 있습니다.

5. 커스텀 제네레이터와 다중 입력 모델 구조를 활용하여 다중 레이블 문제를 다시 해결해보았습니다.

6. 네 가지 케라스 콜백을 사용해보았습니다.

   - ModelCheckpoint
   - EarlyStopping
   - ReduceLROnPlateau
   - TensorBoard

● 나의 이해도를 측정하자

1. `캐글을 통해 능력 향상시키기` 이진 분류 문제, 빙산과 선박을 구별하는 캐글 대회 참여하기

- 이 책은 코드와 데이터에 대한 어떠한 내용도 제공하지 않습니다.
- 캐글에 'Statoil/C-CORE Iceberg Classifier Challenge'를 검색하세요!
- 이 장에서는 다중 입력 모델을 구성하여 결과를 제출하세요!

2. (번외) EfficientNet은 발표 시점을 기준으로 ImageNet 데이터셋에서 이전에 사용되고 있던 모델의 성능을 모두 뛰어넘었습니다. 동시에 '효율성'이라는 장점을 잃지 않아 많은 관심을 받은 모델입니다. 이에 대해 알아보고, 구현을 시도해보세요. 큰 도움이 될 것입니다.

- Efficientnet: Rethinking model scaling for convolutional neural networks
- Tan, M., & Le, Q. V. (2019). Efficientnet: Rethinking model scaling for convolutional neural networks. arXiv preprint arXiv:1905.11946.

8장

초급을 향해서 - 2

이전까지의 모든 내용을 종합해보면, 기본적인 전처리, 모델 구성, 평가지표를 사용하여 우리가 가지고 있는 데이터셋에서 가장 기초가 되는 수준의 결과를 얻을 수 있을 것입니다. 더 나아가서, 이 장에서는 입문 다음 단계를 위해 알아두면 좋을법한 내용으로 구성해보았습니다. 지금부터 배울 내용은 당장 필요한 것은 아닐지라도, 모델의 성능을 향상시키기 위해 반드시 한 번쯤은 찾아볼 내용입니다.

- 커스터마이제이션: 케라스 층, 활성화 함수, 손실 함수, 평가지표, 케라스 콜백
- 1×1 컨볼루션
- 초급 단계를 위해 한걸음 더

> 해당 절은 필자의 주관적인 생각이 포함되어 있습니다. 이 점을 참고하여 읽어주세요.

여기서 다루는 내용이 당장 이해되지 않아도 실망하지 마세요. 이 장의 내용은 필요한 만큼 사용해보고, 그때마다 찾아서 공부하면 좋습니다. 그런데도 다루는 이유는 이와 같은 내용은 텐서플로우 공식 튜토리얼을 포함하여 많은 글에서 다루고 있지만, 입문자의 입장에서 내용에 접근하기 수월하지 않기 때문입니다. 이 책을 보고 다른 글들을 참고한다면 더 수월하게 이해할 수 있겠죠?

8.1 커스터마이제이션

우리가 가진 데이터셋의 초기 베이스라인baseline 결과를 도출하기 위해서 첫 번째로 수행하는 것은 바로 간단명료한 프로토타입 모델을 만드는 것입니다. 프로토타입 모델을 활용하여 정의된 평가지표에서 우리의 모델이 어느 정도의 출발선상에 있는지를 파악하고, 이를 참고하여 다음 단계의 방향을 결정하게 될 것입니다. 성능 향상을 위한 여러 가지 방법을 구현하다 보면 자신만의 함수가 필요할 수 있습니다. 이때, 모델에게 올바른 학습 방향을 제공하기 위해 특정 손실 함수나 케라스층을 구현해야 한다면 커스터마이제이션은 필수적으로 사용될 것입니다. 이 절에서는 이를 위한 일종의 연습으로 다음과 같은 항목에서 커스터마이제이션[1]을 시도해보겠습니다.

- 케라스층Keras layer
- 활성화 함수Activation function
- 손실 함수Loss function
- 평가지표Metrics
- 케라스 콜백Keras Callbacks

8.1.1 케라스층

케라스층을 커스터마이제이션하는 방법에는 두 가지가 존재합니다.

- 가중치를 학습하지 않는 경우: Lambda층
- 가중치를 학습하는 경우: Layer 클래스를 상속한 커스텀 케라스층

텐서플로우 공식 문서에서는 상황에 적절한 층의 사용을 추천하고 있습니다. Lambda층도 가중치를 독립적으로 관리할 수 있지만, 단순하게 모델 층의 출력값에 대해 특정 함수(또는 연산)를 적용하거나 경우나 이때 추가되는 특정 파라미터가 학습에 사용되지 않을 경우는 Lambda층을 사용하는 것이 좋습니다. Lambda층은 우리가 정의한 함수를 Layer 객체로 변환해주어 모델을 구성하는 층의 일부로 사용할 수 있게 도와줍니다. 다음은 Lambda층의 간단한 사용 예제입니다.

---

1 사용자가 사용하고 있는 특정 기능에 대해서 자신이 원하는 방식으로 변환하는 방법입니다.

```python
01  from tensorflow.keras.layers import Lambda, Input, Dense
02  from tensorflow.keras.models import Model
03  from tensorflow.keras import backend as K
04
05  # 나만의 함수를 정의합니다.
06  def custom_f(x):
07      x_mean = K.mean(x)
08      x_std = K.std(x)
09
10      return (x - x_mean) / x_std
11
12  inputs = Input(shape = (5, ))
13  # Lambda층을 통해 Layer으로 변환하여 연결합니다.
14  x = Lambda(custom_f)(inputs)
15  # 기존에 사용하던 층과 연결하여 사용할 수 있습니다.
16  # x = Dense(32, activation = 'relu')(x)
17
18  # 모델을 구성합니다.
19  model = Model(inputs = inputs, outputs = x)
20
21  # 간단한 예제
22  import tensorflow as tf
23
24  test_list = tf.Variable([[1., 2., 3., 4., 5.]])
25  test_mean = K.mean(test_list); test_std = K.std(test_list)
26  result_check = (test_list - test_mean) / test_std
27
28  print('모델의 출력값: ' + str(model(test_list)))
29  print('결과 확인: ' + str(result_check))
```

```
모델의 출력값: tf.Tensor([[-1.4142135  -0.70710677  0.          0.70710677
1.4142135 ]], shape=(1, 5), dtype=float32)
결과 확인: tf.Tensor([[-1.4142135  -0.70710677  0.          0.70710677
1.4142135 ]], shape=(1, 5), dtype=float32)
```

데이터의 평균, 표준편차를 빼고 나누는 연산을 수행하는 커스텀 함수 custom_f()를 정의했습니다. 이를 Lambda층으로 감싸주고, 케라스층과 연결한 후 모델을 구성하면 별다른 오류 없이 모델이 만들어지는 것을 알 수 있습니다. 간단한 테스트 리스트를 선언하고 이를 모델에 입력해 도출된 결괏값과 직접 계산한 평균, 표준편차를 활용해 얻은 결괏값이 동일하다는 것을 확인하여 Lambda 층이 정상적으로 동작한다는 것을 볼 수 있었습니다.

가중치 학습이 필요하다면 직접 케라스층을 구현해야 합니다. 이를 위해 세 가지 메서드를 정의합니다.

- build(input_shape): 학습할 가중치를 정의합니다.
- call(x): 층에서 수행할 핵심 연산을 정의합니다.
- compute_output_shape(input_shape): 연산을 통해 입력 형태가 수정된다면, 이를 명시해야 합니다. 이는 출력이 다음 층의 입력으로 사용될 때, 다음 층에서 입력의 형태를 추론할 수 있도록 도와줍니다.

긴 설명보다 바로 커스텀 케라스층을 정의해보겠습니다.

[함께 해봐요] **커스텀 케라스층 사용하기**   custom_keras_layer.ipynb

```
01  from tensorflow.keras.layers import Layer, Input, Dense
02  from tensorflow.keras.models import Model
03  from tensorflow.keras.activations import relu
04
05  # 커스텀층을 정의합니다.
06  class CustomLayer(Layer):
07      def __init__(self, num_hidden):
08          super(CustomLayer, self).__init__()
09          self.num_hidden = num_hidden
10
11      # 가중치를 정의합니다.
12      def build(self, input_shape):
13          self.kernels = self.add_weight('kernels',
14                          shape = [int(input_shape[-1]), self.num_hidden])
15
16          self.bias = self.add_weight('bias', shape = [self.num_hidden])
17
18      # 수행할 연산을 정의합니다.
19      def call(self, x):
20          return relu(tf.matmul(x, self.kernels) + self.bias)
21
```

```
22      # 출력값의 형태를 명시해줍니다.
23      def compute_output_shape(self, input_shape):
24          return [input_shape[0], self.num_hidden]
25
26  # 모델을 구성합니다.
27  inputs = Input(shape = (5, ))
28  x = CustomLayer(32)(inputs)
29  model = Model(inputs = inputs, outputs = x)
```

Layer 클래스를 사용하여 직접 커스텀 케라스층을 구현해보았습니다. 코드를 따라 해보면서 눈치 챘을지도 모르겠습니다. 사실 위에서 구현한 코드는 간단한 버전의 Dense층입니다. Dense층을 사용하여 모델을 구성해보고, 각 모델의 model.summary()를 사용하여 파라미터 수가 동일한지 확인해보세요. 아마 동일할 것입니다. 케라스층의 모든 코드는 공식 깃허브 문서에 공개되어 있습니다. 이를 참조하면 커스텀 케라스층의 구현에 도움이 될 것입니다.

8.1.2 활성화 함수

2019년에 발표되어 한동안 커뮤니티의 여러 글을 장식했던 방법을 사용해서 커스텀 활성화 함수와 추가로 커스텀 최적화 함수를 정의해보겠습니다. 커스텀 케라스층보다 매우 단순하며, 쉽게 구현할 수 있습니다. 다음 목록은 자주 사용되어 쉽게 접근할 수 있는 활성화 및 최적화 함수를 보여줍니다.

- 활성화 함수: sigmoid, softmax, tanh, ReLU, …
- 최적화 함수: SGD, Momentum, RMSprop, Adam, NAdam, …

여기에서 사용해볼 함수는 Mish[2] 활성화 함수와 RAdam[3] 최적화 함수입니다. 이들은 대표적으로 사용되고 있는 ReLU나 Adam보다 더 높은 성능을 얻었다고 발표되었습니다.[4] 여기서는 수식, 이론적 내용 등을 생략하고 함수 사용 방법을 알아보는 것에 집중하겠습니다. 이들에 대한 구체적인 내용은 해당 논문을 참고하길 바랍니다. 또한, 이들 함수는 아직 케라스에 공식적으로 포함되어 있지 않기 때문에 직접 정의하거나 불러와서 사용하겠습니다.

---

2 Misra, D. (2019). Mish: A Self Regularized Non-Monotonic Neural Activation Function. arXiv preprint arXiv:1908.08681.

3 Liu, L., Jiang, H., He, P., Chen, W., Liu, X., Gao, J., & Han, J. (2019). On the variance of the adaptive learning rate and beyond. arXiv preprint arXiv:1908.03265.

4 활성화 및 최적화 함수는 특정 데이터셋에 대해서 어떤 함수가 잘 작동할지 모르기 때문에 다양하게 알아두는 것이 좋습니다. 다만, 최신 방법에 대한 절대적인 믿음은 피해야 합니다.

Mish 함수를 정의하여 간단한 모델을 구성해보겠습니다. 커스텀 활성화 함수를 사용하는 방법에는
❶ Activation() 함수에 커스텀 활성화 함수를 직접 전달하여 사용하는 방법과 ❷ 커스텀 객체 목
록을 사용하는 방법이 있습니다

먼저 Activation() 함수에 직접 전달하는 방법입니다. 우리가 사용할 커스텀 활성화 함수를 정의
하여 Activation() 함수에 전달합니다.

```
01  from tensorflow.keras import backend as K
02  from tensorflow.keras.layers import Input, Dense, Flatten, Activation
03  from tensorflow.keras.models import Model
04
05  # Activation 함수에 전달하는 방법입니다.
06  def Mish(x):
07      return x * K.tanh(K.softplus(x))
08
09  inputs = Input(shape = (28, 28))
10  x = Flatten()(inputs)
11  x = Dense(50)(x)
12  x = Activation(Mish)(x)
13  x = Dense(30)(x)
14  x = Activation(Mish)(x)
15  x = Dense(10, activation = 'softmax')(x)
16
17  model = Model(inputs = inputs, outputs = x)
```

매우 간단하기 때문에 특별하게 설명할 부분이 없습니다. 다음으로 우리에게 익숙한 방법인 문자
열로 전달하는 방법입니다.

```
01  import tensorflow.keras.backend as K
02  from tensorflow.keras.layers import Input, Dense, Flatten, Activation
03  from tensorflow.keras.models import Model
04
05  from tensorflow.keras.utils import get_custom_objects
06
```

```
07  # 단순 클래스를 정의합니다.
08  class Mish(Activation):
09      def __init__(self, activation, **kwargs):
10          super(Mish, self).__init__(activation, **kwargs)
11          self.__name__ = 'Mish'
12
13  def mish(x):
14      return x * K.tanh(K.softplus(x))
15
16  # 케라스의 객체 목록에 해당 함수를 문자열로 등록합니다.
17  get_custom_objects().update({'mish': Mish(mish)})
18
19  # 문자열로 전달하여 사용하는 방법입니다.
20  inputs = Input(shape = (28, 28))
21  x = Flatten()(inputs)
22  x = Dense(50)(x)
23  x = Activation('mish')(x)
24  x = Dense(30)(x)
25  x = Activation('mish')(x)
26  x = Dense(10, activation = 'softmax')(x)
27
28  model = Model(inputs = inputs, outputs = x)
```

get_custom_objects() 함수는 커스텀 객체를 케라스 전역 커스텀 객체 목록에 업데이트하여 문자열 형태로 사용할 수 있도록 도와줍니다. 케라스 전역 커스텀 객체 목록에는 우리가 평소 사용하던 ReLU, Sigmoid 함수, 손실 함수 등과 같은 객체가 등록되어 있어 편하게 사용할 수 있도록 도와줍니다. 또, 다음 예제 코드와 같이 관리 측면에서 더욱 명확하고 편리한 방법으로 사용할 수도 있습니다. 하지만 이 장에서는 각 방법의 장단점을 파악하기보다는 사용 방법에 초점을 맞추길 바랍니다.

[함께 해봐요] 커스텀 객체 목록을 사용하는 방법 – 2   custom_activation.ipynb

```
01  import tensorflow.keras.backend as K
02  from tensorflow.keras.layers import Input, Dense, Flatten, Activation
03  from tensorflow.keras.models import Model
04
05  from tensorflow.keras.utils import custom_object_scope
06
```

```
07   def Mish(x):
08       return x * K.tanh(K.softplus(x))
09
10   # with 구문을 사용한 커스텀 객체 정의 및 사용
11   with custom_object_scope({'mish':Mish}):
12       inputs = Input(shape = (28, 28))
13       x = Flatten()(inputs)
14       x = Dense(50)(x)
15       x = Activation('mish')(x)
16       x = Dense(30)(x)
17       x = Activation('mish')(x)
18       x = Dense(10, activation = 'softmax')(x)
19
20   # x = Activation('mish')(x) 오류!
21
22   model = Model(inputs = inputs, outputs = x)
```

with 구문을 이용하여 해당 구문 범위 안에서만 사용할 수 있도록 합니다. 구문 범위를 넘어서서 해당 커스텀 객체를 사용하면 오류가 발생합니다.

추가로 앞서 언급했던 RAdam() 최적화 함수를 사용해보겠습니다. 다행히도 깃허브 저장소[5]를 통해 쉽게 설치하여 사용할 수 있습니다.

[함께 해봐요] RAdam 설치하기

```
01   # 설치를 진행합니다.
02   pip install keras-rectified-adam
```

사용 방법은 아주 간단합니다. 여기서 학습은 진행하지 않고, 학습 과정을 설정하는 단계까지만 다루며, 편의를 위해 위에서 미리 정의한 모델을 사용합니다.

[함께 해봐요] RAdam의 존재 알기   custom_activation.ipynb

```
01   import os
02   os.environ['TF_KERAS'] = '1'
03   from keras_radam import RAdam
04
05   model.compile(optimizer = RAdam(), loss = 'mse')
```

---

5 https://github.com/CyberZHG/keras-radam, keras radam을 검색하세요!

8.1.3 손실 함수

손실 함수는 모델이 어떠한 방향으로 학습해야 하는지를 결정하는 매우 중요한 요소입니다. 우리는 지금까지 문제에 적합한 손실 함수를 사용해왔습니다. 대표적으로 mse, binary_crossentropy, categorical_crossentropy가 있었죠. 이 책에서 다루었던 예제는 대부분 세 가지 손실 함수로 해결할 수 있었지만, 그 외의 문제도 이들이 전부 해결할 수 있을 것이라는 보장을 할 수 없습니다. 해결되지 않는 경우에는 반드시 커스텀 손실 함수를 정의해야 합니다. 그렇지 않으면 모델은 우리가 원하지 않는 전혀 다른 방향으로 학습될 것입니다. 이 책에서는 이를 위한 다양한 커스텀 손실 함수를 다루지 않지만, 향후 커스텀 손실 함수를 정의함에 있어서 다음 예제 코드가 도움이 될 것입니다.

[함께 해봐요] 커스텀 손실 함수 정의하기　　　　　　　　　　`custom_loss.ipynb`

```
01  import tensorflow as tf
02
03  # mse
04  def mse(y_true, y_pred):
05      return tf.reduce_mean(tf.math.square(y_true - y_pred), axis = -1)
06
07  # binary_crossentropy
08  def binary_crossentropy(y_true, y_pred):
09      y_pred = tf.clip_by_value(y_pred, tf.epsilon(), 1.0 - tf.epsilon())
10      total_loss = -y_true * tf.math.log(y_pred) - (1.0 - y_true)
                    * tf.math.log(1.0 - y_pred)
11
12      return total_loss
13
14  # categorical_crossentropy
15  def categorical_crossentropy(y_true, y_pred):
16      y_pred = y_pred / tf.reduce_sum(y_pred, axis = -1, keepdims = True)
17      y_pred = tf.clip_by_value(y_pred, tf.epsilon(), 1.0 - tf.epsilon())
18
19      return -tf.reduce_sum(y_true * tf.math.log(y_pred), axis = -1)
```

케라스에서 커스텀 손실 함수를 정의하는 경우, y_true와 y_pred 인자를 잘 조작해주고 이를 model.compile() 함수의 loss 인자에 전달하기만 하면 됩니다. y_true는 정답, y_pred는 모델의 예측값을 의미하며, 두 가지 인자는 위의 예제 코드에서 세 가지 함수가 모두 동일하게 요구하고 있습니다. 그럼 이를 전달하여 MNIST 데이터셋을 학습시켜 보겠습니다.

```
01  import tensorflow as tf
02
03  (x_train, y_train), (x_test, y_test) = tf.keras.datasets.mnist.load_data(path='mnist.npz')
04
05  from sklearn.model_selection import train_test_split
06
07  x_train, x_val, y_train, y_val = train_test_split(x_train, y_train, test_size = 0.3, random_state = 777)
08
09  x_train = (x_train.reshape(-1, 28, 28, 1)) / 255
10  x_val = (x_val.reshape(-1, 28, 28, 1)) / 255
11  x_test = (x_test.reshape(-1, 28, 28, 1)) / 255
12
13  from tensorflow.keras.utils import to_categorical
14
15  y_train = to_categorical(y_train)
16  y_val = to_categorical(y_val)
17  y_test = to_categorical(y_test)
18
19  from tensorflow.keras.models import Model
20  from tensorflow.keras.layers import Conv2D, MaxPooling2D,
                                        GlobalAveragePooling2D, Dense
21  from tensorflow.keras.layers import Input
22
23  inputs = Input(shape = (28, 28, 1))
24  x = Conv2D(32, (3, 3), activation = 'relu')(inputs)
25  x = Conv2D(32, (3, 3), activation = 'relu')(x)
26  x = MaxPooling2D(strides = 2)(x)
27  x = GlobalAveragePooling2D()(x)
28  x = Dense(10, activation = 'softmax')(x)
29
30  model = Model(inputs = inputs, outputs = x)
31
32  # 정의한 손실 함수를 사용합니다.
33  model.compile(optimizer = 'adam',
34              loss = categorical_crossentropy,
35              metrics = ['acc'])
36
37  model.fit(x_train, y_train,
38          batch_size = 32,
39          validation_data = (x_val, y_val),
40          epochs = 10)
```

```
Train on 42000 samples, validate on 18000 samples
Epoch 1/10
42000/42000 [==============================] - 12s 287us/sample - loss: 1.6536 -
acc: 0.4029 - val_loss: 1.3038 - val_acc: 0.5412
Epoch 2/10
42000/42000 [==============================] - 9s 216us/sample - loss: 1.1434 -
acc: 0.6120 - val_loss: 1.0157 - val_acc: 0.6664
Epoch 3/10
42000/42000 [==============================] - 9s 216us/sample - loss: 0.9296 -
acc: 0.6934 - val_loss: 0.8507 - val_acc: 0.7250
... 생략 ...
```

8.1.4 평가지표

커스텀 평가지표를 모델에 전달하여 결과를 모니터링할 수 있습니다. 다양한 평가지표를 정의하여 사용해보겠습니다.

[함께 해봐요] **커스텀 평가지표 정의하여 사용하기**   custom_metrics.ipynb

```
01  from tensorflow.keras import backend as K
02
03  # 커스텀 평가지표를 정의합니다.
04  def recall_metric(y_true, y_pred):
05      true_pos = K.sum(K.round(K.clip(y_true * y_pred, 0.0, 1.0)))
06      pred_pos = K.sum(K.round(K.clip(y_true, 0.0, 1.0)))
07      recall = true_pos / (pred_pos + K.epsilon())
08
09      return recall
10
11  def precision_metric(y_true, y_pred):
12      true_pos = K.sum(K.round(K.clip(y_true * y_pred, 0.0, 1.0)))
13      pred_pos = K.sum(K.round(K.clip(y_pred, 0.0, 1.0)))
14      precision = true_pos / (pred_pos + K.epsilon())
15
16      return precision
17
18  def f1_metric(y_true, y_pred):
19      recall = recall_metric(y_true, y_pred)
20      precision = precision_metric(y_true, y_pred)
21
```

```
22          return 2 * ((precision * recall) / (precision + recall + K.epsilon())))
23
24    from tensorflow.keras.datasets import mnist
25
26    (x_train, y_train), (x_test, y_test) = mnist.load_data(path='mnist.npz')
27
28    from sklearn.model_selection import train_test_split
29
30    x_train, x_val, y_train, y_val = train_test_split(x_train, y_train,
                                                       test_size = 0.3,
                                                       random_state = 777)
31
32    x_train = (x_train.reshape(-1, 28, 28, 1)) / 255
33    x_val = (x_val.reshape(-1, 28, 28, 1)) / 255
34    x_test = (x_test.reshape(-1, 28, 28, 1)) / 255
35
36    from tensorflow.keras.utils import to_categorical
37
38    y_train = to_categorical(y_train)
39    y_val = to_categorical(y_val)
40    y_test = to_categorical(y_test)
41
42    from tensorflow.keras.models import Model
43    from tensorflow.keras.layers import Conv2D, MaxPooling2D,
                                          GlobalAveragePooling2D, Dense
44    from tensorflow.keras.layers import Input
45
46    inputs = Input(shape = (28, 28, 1))
47    x = Conv2D(32, (3, 3), activation = 'relu')(inputs)
48    x = Conv2D(32, (3, 3), activation = 'relu')(x)
49    x = MaxPooling2D(strides = 2)(x)
50    x = GlobalAveragePooling2D()(x)
51    x = Dense(10, activation = 'softmax')(x)
52
53    model = Model(inputs = inputs, outputs = x)
54
55    # 정의한 손실 함수를 사용합니다.
56    model.compile(optimizer = 'adam',
57                  loss = 'categorical_crossentropy',
58                  metrics = ['acc', recall_metric, precision_metric, f1_metric])
59
```

```
60   model.fit(x_train, y_train,
61         batch_size = 32,
62         validation_data = (x_val, y_val),
63         epochs = 10)
```

```
Train on 42000 samples, validate on 18000 samples
Epoch 1/10
42000/42000 [==============================] - 11s 264us/sample - loss: 1.7068 -
acc: 0.3659 - recall_metric: 0.0933 - precision_metric: 0.7093 - f1_metric: 0.1606 -
val_loss: 1.4328 - val_acc: 0.4775 - val_recall_metric: 0.1364 -
val_precision_metric: 0.8863 - val_f1_metric: 0.2318
Epoch 2/10
42000/42000 [==============================] - 9s 223us/sample - loss: 1.2717 -
acc: 0.5709 - recall_metric: 0.2279 - precision_metric: 0.8611 -
f1_metric: 0.3516 - val_loss: 1.1071 - val_acc: 0.6409 -
val_recall_metric: 0.3267 - val_precision_metric: 0.8844 - val_f1_metric: 0.4720
Epoch 3/10
42000/42000 [==============================] - 9s 223us/sample - loss: 1.0066 -
acc: 0.6701 - recall_metric: 0.4157 - precision_metric: 0.8637 - f1_metric: 0.5551 -
val_loss: 0.9152 - val_acc: 0.7031 - val_recall_metric: 0.4918 -
val_precision_metric: 0.8790 - val_f1_metric: 0.6272
... 생략 ...
```

2장에서 알아보았던 recall, precision, f1 평가지표를 정의하고 사용해보았습니다. `model.compile()`의 metrics 인자에 리스트 형태로 전달하는 것을 볼 수 있으며, 학습 진행 과정을 설명하는 출력문에도 커스텀 평가지표가 계산되어 출력되고 있습니다.

우리가 직면한 상황에서 가장 큰 문제점(햄버거를 유통기한이 지났다고 판단하지 않아야 할 매니저 또는 유통기한이 지난 햄버거를 고객에게 주지 말아야 할 고객 담당 직원)을 해결하기 위한 올바른 방향으로 나아가려면, 상황을 자세하게 판단하여 적절한 평가지표를 사용해야 한다는 점은 이전에도 반복하여 강조했습니다.

8.1.5 커스텀 케라스 콜백

우리는 '7.5 케라스 콜백'에서 케라스 콜백이 매우 유용한 기능이라는 것을 확인해보았습니다. 커스터마이제이션의 마지막 내용으로 커스텀 케라스 콜백을 정의해보겠습니다. 대부분의 유용한 기능은 이미 케라스에서 직접 제공하고 있지만, 때론 자신이 원하는 기능의 콜백을 만들고 싶을지도 모릅니다. 여기서는 우리가 원하는 시점에서 학습률을 조정하는 케라스 콜백을 만들어보겠습니다.

커스텀 케라스 콜백은 목록에서 볼 수 있는 메서드를 통해 직접 수행 기점을 지정하고, 지정한 기점에서 정의한 콜백을 수행하도록 합니다.

- on_epoch_begin(end): 에폭의 시작점 또는 끝에서 콜백을 수행합니다.
- on_train(test)_begin(end): 학습(테스트)의 시작점 또는 끝에서 콜백을 수행합니다.
- on_train(test)_batch_begin(end): 배치의 시작점 또는 끝에서 콜백을 수행합니다.

바로 예제 코드를 작성해보겠습니다. 먼저 커스텀 콜백 정의를 위해 Callback 클래스를 사용합니다. 예제에서는 사용하진 않지만, 모든 수행 기점을 정의해두었습니다. 정의한 콜백은 5번째, 8번째, 10번째 에폭에서 학습률을 0.1만큼 곱하여 업데이트합니다.

[함께 해봐요] **특정 시점에 학습률을 조정하는 커스텀 케라스 콜백** custom_callback.ipynb

```
01  from tensorflow.keras.callbacks import Callback
02  from tensorflow.keras import backend as K
03
04  class CustomLearningLateCallback(Callback):
05      def __init__(self):
06          pass
07
08      # 0.1배 만큼 학습률을 감소시킵니다.
09      def down_lr(self, current_lr):
10          return current_lr * 0.1
11
12      # 기점 예시입니다.
13      # 이 예제에서는 사용하지 않습니다.
14      def on_train_begin(self, logs = None):
15          pass
16
17      def on_train_end(self, logs = None):
18          pass
19
20      def on_train_batch_begin(self, batch, logs = None):
21          pass
22
23      def on_train_batch_end(self, batch, logs = None):
24          pass
25
26      def on_epoch_begin(self, epoch, logs = None):
27          current_lr = self.model.optimizer.lr
28
29          if(epoch > 1):
30              # 5, 8, 10번째마다 학습률을 감소시킬 것입니다.
```

```
31        if((epoch == 4) or (epoch == 7) or (epoch == 9)):
32            current_lr = self.down_lr(current_lr)
33            # 감소된 학습률을 현재 모델 옵티마이저의 학습률로 설정합니다.
34            K.set_value(self.model.optimizer.lr, current_lr)
35            print('\nEpoch %03d: learning rate change! %s.' %
              (epoch + 1, current_lr.numpy()))
36
37    def on_epoch_end(self, epoch, logs = None):
38        pass
```

Callback 클래스를 상속하여 사용하는 경우, 모델의 학습을 위해 설정된 옵티마이저에 있는 인자를 불러와 사용할 수 있습니다. 위의 코드에서 self.model.optimizer.lr은 옵티마이저의 학습률을 나타냅니다. 또한, K.set_value() 함수를 통해 조정한 학습률을 업데이트하고 있습니다. 바로 결과를 확인해보죠.

[함께 해봐요] 커스텀 케라스 콜백을 사용하여 모델 학습시키기   custom_callback.ipynb

```
01  from tensorflow.keras.datasets import mnist
02
03  (x_train, y_train), (x_test, y_test) = mnist.load_data(path='mnist.npz')
04
05  from sklearn.model_selection import train_test_split
06
07  x_train, x_val, y_train, y_val = train_test_split(x_train, y_train,
08                                                    test_size = 0.3,
09                                                    random_state = 777)
10
11  x_train = (x_train.reshape(-1, 28, 28, 1)) / 255
12  x_val = (x_val.reshape(-1, 28, 28, 1)) / 255
13  x_test = (x_test.reshape(-1, 28, 28, 1)) / 255
14
15  from tensorflow.keras.utils import to_categorical
16
17  y_train = to_categorical(y_train)
18  y_val = to_categorical(y_val)
19  y_test = to_categorical(y_test)
20
21  from tensorflow.keras.models import Model
22  from tensorflow.keras.layers import Conv2D, MaxPooling2D,
                                        GlobalAveragePooling2D, Dense
```

```
23  from tensorflow.keras.layers import Input
24
25  inputs = Input(shape = (28, 28, 1))
26  x = Conv2D(32, (3, 3), activation = 'relu')(inputs)
27  x = Conv2D(32, (3, 3), activation = 'relu')(x)
28  x = MaxPooling2D(strides = 2)(x)
29  x = GlobalAveragePooling2D()(x)
30  x = Dense(10, activation = 'softmax')(x)
31
32  model = Model(inputs = inputs, outputs = x)
33
34  # 정의한 손실 함수를 사용합니다.
35  model.compile(optimizer = 'adam',
36                loss = 'categorical_crossentropy',
37                metrics = ['acc'])
38
39  model.fit(x_train, y_train,
40            batch_size = 32,
41            validation_data = (x_val, y_val),
42            epochs = 10,
43            callbacks = [CustomLearningLateCallback()])
```

```
... 생략 ...
Epoch 008: learning rate change! 1.0000001e-05.
Epoch 8/10
42000/42000 [==============================] - 9s 223us/sample - loss: 0.8564 -
acc: 0.7587 - val_loss: 0.8623 - val_acc: 0.7549
Epoch 9/10
42000/42000 [==============================] - 9s 215us/sample - loss: 0.8548 -
acc: 0.7591 - val_loss: 0.8607 - val_acc: 0.7558
Epoch 010: learning rate change! 1.0000001e-06.
Epoch 10/10
42000/42000 [==============================] - 8s 198us/sample - loss: 0.8536 -
acc: 0.7603 - val_loss: 0.8604 - val_acc: 0.7552
```

지정한 에폭에서 학습률이 감소하는 것을 확인할 수 있으며, 이처럼 커스텀 케라스 콜백을 통해 우리에게 필요한 정보를 제공받거나 참고하여 변경할 수 있습니다.

여기까지 우리는 케라스층, 활성화 함수, 손실 함수, 평가지표, 케라스 콜백을 커스터마이제이션해보았습니다. 케라스와 텐서플로우 2.x는 우리에게 필요한 대부분의 기능과 이를 손쉽게 사용할 수 있도록 제공하고 있으니 매우 편리합니다. 이 절에서는 매우 기본적인 커스터마이제이션을 다뤄보았습니다. 다양한 기능을 커스터마이제이션하려면 깊은 고민이 필요합니다. 하지만 위에서 다룬 것과 같은 기능적 구현에 익숙해진다면, 다음 단계는 더욱 쉽게 접근할 수 있을 것입니다.

8.2 1×1 컨볼루션

1×1 컨볼루션은 'Network in Network'[6]에서 시작하여, 'Fully Convolutional Networks for Semantic Segmentation'[7]을 통해 가치를 증명했습니다. 그 이유는 후자 논문의 인용 수를 보면 얼마나 많은 사람이 이에 대한 개념을 사용하고 있는지를 알 수 있는데, 2020년 4월 23일을 기준으로 무려 15,000회나 인용되었습니다. 또한, 후자 논문의 제목에서 볼 수 있는 FCNFully Convolutional Networks[8]은 1×1 컨볼루션에 대한 내용을 다루고 있는데, 객체 탐지나 객체 분할을 다루는 많은 방법들이 이 방법을 사용하여 성능 향상을 이루어냈습니다. 모델 구조 측면에서 쉽게 설명해보면, Dense층을 사용하지 않고 컨볼루션층만 사용하여 모델을 구성하는 것입니다. 즉, Dense층의 위치에 1×1 컨볼루션 개념이 사용됩니다.

우리는 이미 7장의 ResNet, Inception 모듈에서 1×1 컨볼루션을 다뤄보았습니다. 1×1 컨볼루션은 지금 당장 컨볼루션하면 생각나는 이미지 데이터뿐만 아니라 텍스트, 비디오, 오디오 등 많은 분야에서 다양하게 활용되고 있습니다. 이처럼 여러 목적으로 사용되고 있기 때문에, 계속해서 신경망을 공부한다면 필연 또는 우연으로라도 마주치게 될 것입니다. 이때를 위해 이 절에서는 1×1 컨볼루션을 살펴보고, 컨볼루션층만 사용하여 모델을 구성해보겠습니다.

먼저, 1×1 컨볼루션의 사용으로 얻을 수 있는 장점은 다음과 같습니다.

- 모델 파라미터 감소
- 비선형성 증가
- 채널 수 조절

모델 파라미터 감소는 1×1 컨볼루션의 핵심 장점입니다. 이전 예제들에서 우리가 주로 사용해왔던 3×3, 5×5, 7×7 크기의 컨볼루션 필터를 사용하는 컨볼루션층은 요구하는 파라미터 수가 모델의 크기에 따라 급격하게 증가합니다. 예제를 통해 기존 컨볼루션과 1×1 컨볼루션이 요구하는 파라미터 수의 차이를 보겠습니다.

컨볼루션층을 사용하여 (28, 28, 128)의 크기를 (28, 28, 64)의 크기로 만들어 보겠습니다(편의상 편향은 계산하지 않습니다).

---

6 Lin, M., Chen, Q., & Yan, S. (2013). Network in network. arXiv preprint arXiv:1312.4400.

7 Long, J., Shelhamer, E., & Darrell, T. (2015). Fully convolutional networks for semantic segmentation. In Proceedings of the IEEE conference on computer vision and pattern recognition (pp. 3431-3440).

8 Fully Connected Layer와 다릅니다.

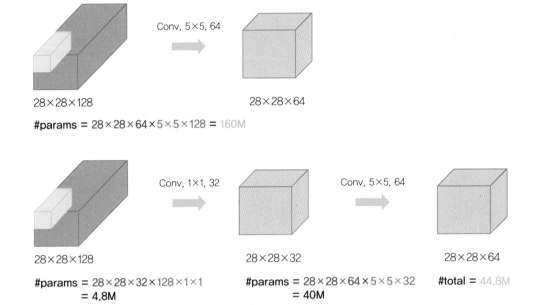

$$\#params = 28 \times 28 \times 64 \times 5 \times 5 \times 128 = 160M$$

$$\#params = 28 \times 28 \times 32 \times 128 \times 1 \times 1 \\ = 4.8M$$

$$\#params = 28 \times 28 \times 64 \times 5 \times 5 \times 32 \\ = 40M$$

$$\#total = 44.8M$$

[그림 8-1] 1×1 컨볼루션의 장점: 모델 파라미터 감소[9]

위의 그림에서 윗부분과 아랫부분의 차이는 1×1 컨볼루션을 거치느냐, 거치지 않느냐의 차이입니다. 윗부분에서 160M과 아랫부분의 44.8M은 해당 과정에서 사용되는 전체 파라미터 수를 의미합니다. 윗부분은 160백만 개의 파라미터 수가 필요하고, 아랫부분은 약 44백만 개의 수가 필요한 것을 볼 수 있습니다. 대략 네 배의 차이입니다. 예제에서는 겨우 네 배이지만, 실제 모델에서는 수십 배의 차이가 날 것입니다. 28×28×64와 28×28×32는 컨볼루션층을 거치고 난 후의 출력값에서 사용되는 파라미터 수이며, 5×5×128과 128×1×1, 5×5×32는 컨볼루션 과정에서 사용되는 컨볼루션 필터가 가지는 파라미터 수입니다. 그림에서 숫자가 나타내는 의미가 무엇인지 생각해보면서, 직접 계산해보는 것을 추천해 드립니다. 만약 각 숫자가 어디에 사용되는지 상상되지 않는다면, 자신에게 컨볼루션 개념이 정립되었는지 다시 한 번 물어볼 필요가 있습니다.

본 내용으로 돌아가서, 위처럼 1×1 컨볼루션은 모델 파라미터 수를 줄여주고 그만큼 모델을 깊게 구성할 수 있도록 하여 **비선형성 증가**의 장점도 얻을 수 있도록 도와줍니다. 마지막으로 1×1 컨볼루션의 또 한 가지 장점은 **입력 또는 출력 크기에 영향을 받지 않고, 채널 수를 마음껏 조절할 수 있다**[10]는 점입니다. 위 그림의 아랫부분에서 (28, 28, 32) 크기를 보겠습니다. 채널 수를 의미하는 숫자 32는 어디서 나온 숫자일까요? 그렇습니다. 필자 마음대로 정한 숫자입니다. 여러분이 실제로 모델을 구성할 때 1×1 컨볼루션을 사용한다면, 필자처럼 채널 수를 마음대로 구성해도 문제가 되지

---

9 그림에서 (28X28)에 해당하는 만큼의 크기를 제거해야 진정한 의미의 '파라미터 수'라고 말할 수 있습니다만 편의를 위해 이를 포함하여 '파라미터 수'라고 언급합니다.

10 그렇다고 마구잡이로 사용해서는 안 됩니다.

않습니다. 이와 같이 채널 수를 자유롭게 조정할 수 있도록 하여, Add(), Concatenate()과 같은 대표적 연산을 사용할 수 있도록 합니다. 채널 수를 정하지 못하겠다면, ResNet 모델과 같이 저명한 모델의 구성을 참조하여 1×1 컨볼루션의 채널 수를 결정해보세요.

여기까지 1×1 컨볼루션을 살펴보았습니다. 다음으로 컨볼루션층만 사용하여 모델 전체를 구성하는 두 가지 방법에 대한 예제 코드입니다.

[함께 해봐요] **컨볼루션층만으로 구성한 모델 – 1**   MNIST_1×1_convolution.ipynb

```
01   from tensorflow.keras.layers import Input, Conv2D, GlobalAveragePooling2D,
                                        MaxPooling2D
02   from tensorflow.keras.models import Model
03
04   inputs = Input(shape = (28, 28, 1))
05   x = Conv2D(32, (3, 3), strides = (1, 1), padding = 'same',
              activation = 'relu')(inputs)
06   x = MaxPooling2D(strides = (2, 2))(x)
07   x = Conv2D(64, (3, 3), strides = (1, 1), padding = 'same',
              activation = 'relu')(x)
08   x = MaxPooling2D(strides = (2, 2))(x)
09   x = Conv2D(64, (3, 3), strides = (1, 1), padding = 'same',
              activation = 'relu')(x)
10   x = MaxPooling2D(strides = (2, 2))(x)
11   # 1x1 컨볼루션을 사용하여,
12   # 모델의 분류기를 구성합니다.
13   x = Conv2D(10, (1, 1), activation = 'softmax')(x)
14   x = GlobalAveragePooling2D()(x)
15
16   model = Model(inputs = inputs, outputs = x)
```

[함께 해봐요] **컨볼루션층만으로 구성한 모델 – 2**   MNIST_1×1_convolution.ipynb

```
01   from tensorflow.keras.layers import Input, Conv2D, Reshape
02   from tensorflow.keras.layers import GlobalAveragePooling2D, MaxPooling2D
03   from tensorflow.keras.models import Model
04
05   inputs = Input(shape = (28, 28, 1))
06   x = Conv2D(32, (3, 3), strides = (1, 1), padding = 'same',
              activation = 'relu')(inputs)
```

```
07   x = MaxPooling2D(strides = (2, 2))(x)
08   x = Conv2D(64, (3, 3), strides = (1, 1), padding = 'same',
               activation = 'relu')(x)
09   x = MaxPooling2D(strides = (2, 2))(x)
10   x = Conv2D(64, (3, 3), strides = (1, 1), padding = 'same',
               activation = 'relu')(x)
11   x = MaxPooling2D(strides = (2, 2))(x)
12   x = Conv2D(128, (1, 1), padding = 'same', activation = 'relu')(x)
13   x = GlobalAveragePooling2D()(x)
14   # 1x1 컨볼루션 사용을 위해
15   # Reshape층을 사용하여 적절히 형태를 변경해줍니다.
16   x = Reshape((1, 1, 128))(x)
17   x = Conv2D(10, (1, 1), padding = 'same', activation = 'softmax')(x)
18   x = Reshape((10,))(x)
19
20   model = Model(inputs = inputs, outputs = x)
```

각 방법에 해당하는 코드의 끝부분을 보겠습니다. 첫 번째 방법은 1×1 컨볼루션을 사용하여 MNIST 데이터셋이 보유하고 있는 레이블의 개수(10)를 맞추고, GlobalAveragePooling층을 사용한 방법입니다. 두 번째 방법은 1×1 컨볼루션과 Reshape층을 활용한 방법입니다. 두 가지 방법에는 Dense층이 전혀 사용되지 않았습니다.

꼭 model.summary() 함수를 활용하여 층의 입출력 형태가 어떻게 변화되는지 확인하세요.

8.3 초급 단계를 위해 한걸음 더

이 책은 딥러닝의 무수히 많은 개념 중 빙산의 일각에 해당하는 내용만을 다루고 있습니다. 실제 환경에서 딥러닝을 적용하려면 더 많은 내용을 학습해야 합니다. 하지만 이 책을 통해 시작점을 탄탄하게 다졌다면, 다음 단계도 수월하게 진행할 수 있을 것으로 생각합니다. 학습 과정이 매우 길게 느껴질 수 있지만, 참고 나아가다 보면 어느샌가 다음 단계로 향하고 있는 자신을 볼 수 있습니다. 이 절에서는 초급 단계로 나아가기 위해 도움을 줄 수 있을법한 내용을 다룹니다. **지금부터 읽을 내용은 필자의 주관적인 생각이라는 점을 '꼭!' 참고하길 바랍니다.**[11]

8.1.1 다양한 문제를 위한 딥러닝

딥러닝은 기존의 전통적인 알고리즘으로 해결하기 어려웠던 문제를 풀 수 있습니다. 대표적인 문제는 밑의 목록에 나열해두었습니다. 관심 있는 문제를 쉽게 이해하고, 경험할 수 있는 방법은 캐글을 살펴보는 것입니다. 이전에 캐글을 살펴보는 내용에서 이미 언급한 바 있듯이, 목록에 있는 대부분의 문제는 캐글에서 대회로 다뤄졌습니다.

- 객체 탐지Object Detection와 객체 분할Semantic Segmentation
- 딥페이크DeepFake
- 질의응답Question and Answering
- 이상 현상 탐지Anomaly Detection, 슈퍼 레졸루션Super Resolution, 스타일 트랜스퍼Style transfer 등

이러한 문제의 해결 방법은 많은 사람에 의해 매우 활발히 발전하고 있기 때문에 쉽게 접할 수 있습니다. 이 책에서도 간단히 언급하고 넘어가겠습니다.

객체 탐지는 이미지 내에서 객체의 위치를 추적하고, 이를 분류하는 방법입니다. 이를 쉽게 활용할 수 있는 방법은 TensorFlow Object Detection API[12]가 있지만, 이는 데이터, 모델 및 결과 활용에 있어서 상당히 복잡하고 입문자에게 매우 어려운 방법입니다. 감사하게도 국내 케라스 코리아 오픈소스 팀[13]에서 사용자들이 객체 탐지 모듈을 쉽게 사용할 수 있도록 케라스로 구현하여 제공하고 있습니다. TensorFlow Object Detection API 방법보다 매우 쉬운 사용 방법과 빠른 데이터 및 모델 활용이 특징입니다. **객체 분할**은 객체 탐지 방법과 다르게 이미지 픽셀 단위로 객체를 분류하는 방법입니다.

---

11 이 절의 내용은 필자의 주관적인 생각이라는 점을 계속해서 강조합니다. 딥러닝은 아직 경험적으로 결정되는 요소가 굉장히 많고, 이러한 경험적 요소는 특정 분야에 한정적일 수 있습니다. 이 책에서는 최대한 많은 분야에서 공통적으로 작용하는 내용을 다루도록 노력했습니다.

12 https://github.com/tensorflow/models/tree/master/research/object_detection, TensorFlow Object Detection API를 검색하세요!

13 https://github.com/KerasKorea/KerasObjectDetector를 참고하세요.

객체 탐지	객체 분할

[그림 8-2] 객체 탐지와 객체 분할

이미지 픽셀 단위의 예측은 세포 선, 제품 및 도로 균열과 같은 구체적인 특징을 파악하는 데 매우 유리합니다. 구체적인 특징을 파악할 수 있는 장점을 통해 자율 주행뿐만 아니라 의료 분야에서도 객체 분할 방법이 활발하게 사용되고 있습니다. 이 또한, 국내 오픈소스 팀에서 편리한 사용을 위해 구현해 놓은 것이 있습니다. 관련 깃허브 저장소[14]를 참고하세요!

딥페이크는 사람의 얼굴이나 특정 부위를 합성하는 기술입니다. 이는 주로 GANGenerative Adversarial Network 방법을 활용하여 이루어집니다. 이 기술은 가짜 동영상이나 포르노 영상 생성에 활용되는 등의 악용 사례를 만들어낼 수 있어 많은 비난을 받고 있기도 합니다. 캐글은 이 같은 악용 사례를 방지하기 위한 대회[15]를 개최했습니다. 많은 연구자가 이 문제를 얼마나 심각하게 받아들이고 있는지를 대회의 상금(1등: 50만 달러)에서 확인할 수 있습니다. 만약 유명 연예인 얼굴을 합성한 재미난 동영상을 만들고 싶다면 딥페이크를 공부해보세요. 물론 악용하면 안 되겠죠?

질의응답 문제는 이미지를 보고 설명하거나, 뉴스 기사에 관한 질문에 대해 답변을 예측하는 것입니다. 캐글에서 개최된 TensorFlow 2.0 Question Answering[16] 대회에서 쉽게 접근할 수 있습니다. 이 대회는 텐서플로우 2.x을 사용함과 동시에 '6.5 BERT 가볍게 알아보기'에서 살펴보았던 BERT를 사용하는 많은 노트북이 존재합니다. 자연어 처리뿐만 아니라 텐서플로우 2.x을 공부하기 위한 최적의 무대겠군요.

---

14 https://github.com/xxxnell/semantic-segmentation-zoo를 참고하세요.

15 https://www.kaggle.com/c/deepfake-detection-challenge/overview/prizes, Deepfake Detection Challange를 참고하세요.

16 https://www.kaggle.com/c/tensorflow2-question-answering/overview를 참고하세요.

이외에도 기존 데이터와 다른 특성을 보이는 데이터를 잡아내는 **이상 탐지**, 저해상도의 이미지를 고해상도의 이미지로 탈바꿈시키는 **슈퍼 레졸루션**, 이미지를 원하는 형태로 변환시키는 **스타일 트랜스퍼**, 흑백 또는 특정 사진에 원하는 색을 입힐 수 있는 **이미지 색상화**Image Colorization 등이 있습니다.

8.3.2 코드와 논문, 논문과 코드

많은 사람이 딥러닝 커뮤니티에 다음과 같이 질문합니다.

> "입문(초급) 수준의 책을 공부하고 나서 다음 방향을 어떻게 선택해야 할까요?"

다음 학습 방향 설정을 위한 매우 다양한 방법이 존재하는 만큼 정답이 존재하지 않습니다. 중요한 사항에 대해 정답을 알려드릴 수 없어 마음이 아프지만, 조금이나마 도움이 될 만한 두 가지 방법을 추천해 드리겠습니다.

첫 번째, 개인 프로젝트를 수행하는 것입니다. 분야를 막론하고 어느 곳에서나 공통으로 가장 실력을 향상할 수 있는 방법이라고 해도 과언이 아님에 동의할 것입니다. 하지만 이 방법에서 필자가 가장 강조하고 싶은 것은 멋진 코딩 기술도 창의적인 아이디어도 아닙니다. 바로 문제 정의부터 사용자에게 제공하는 방법까지의 전체적인 프로세스를 A4 용지 한 장에 정리해보는 것입니다.[17] 프로세스에서 가장 중요한 것은 '문제 정의'입니다. 명심하세요! 개인 프로젝트를 진행하면서 왜 본인이 이 프로젝트를 선택했는지에 대한 문제를 정의하는 연습을 꼭 하길 바랍니다.[18] 문제가 제대로 정의되지 않았다면, 우리가 만들어낸 멋지고 아름다운 코드와 데이터가 무용지물이 될 수 있습니다. 꾸준한 연습이 필요합니다. 또한, 프로젝트를 진행하는 과정에서 지금까지 배운 내용과 다른 방법과 기술이 꼭 필요하게 될 것입니다. 예를 들면, 데이터의 구성 또는 전처리 방법을 탐색하는 것이 이에 해당합니다. 이 과정에서 다음과 같은 생각이 우리를 유혹할 수 있습니다.

> '빨리 모델을 구성해서 학습시켜야 하는데!'.

서두르지 마세요. 이 과정은 우리에게 매우 가치 있는 시간이 될 것이라고 확신합니다.

두 번째, 논문에서 제안된 모델 또는 방법을 직접 구현해보는 것입니다. 딥러닝은 논문을 통해 매우 많은 정보를 알 수 있기 때문에 논문을 보고 구현하는 능력은 매우 중요합니다. 이는 곧 자신의 실력을 증명하는 것과 같습니다. 더불어서 개인 프로젝트에 관련된 논문을 찾아 적용하는 과정은 실

---

17 필자는 딥러닝을 활용한 프로세스의 최종 목적지가 사용자의 편의에 있다고 생각하면서 정리합니다.

18 필자는 데이터 분석가, 엔지니어, 딥러닝 개발자, 엔지니어, 연구자 등에 있어서 문제를 정의하는 능력은 필수 역량이라고 생각합니다.

력 향상에 매우 많은 도움이 됩니다. 다행히도 논문과 코드를 함께 제공하는 'Papers with Code'[19]가 존재합니다. 이를 참고하여 논문을 직접 구현해보세요. 추가로 어떤 것부터 보아야 할지 모르겠다면, 학회에 제출된 논문을 살펴보는 것도 한 방법입니다. 대표적으로 구글 스콜라Google Scholar, 아카이브arXiv를 활용하여 원하는 분야의 논문을 찾아볼 수 있습니다. 또는, 딥러닝의 저명한 학회 (NeurIPS, ICML, ICLR, CVPR 등)를 접속해보는 것도 좋은 방법입니다.

8.3.3 딥러닝, 실제 환경에서는?

실제로 우리가 지금까지 예제로 다뤄왔던 MNIST, CIFAR-10, IMDB 등의 대표적인 데이터셋은 처리가 매우 잘 되어있어 성능 향상을 위해 많은 시간 투자가 필요하지 않았습니다. 하지만 실제 환경에서 다루는 데이터는 그리 만만하지 않습니다. 오히려 데이터는 더욱 우리의 머리를 아프게 하고, 괴롭힙니다. 이에 대한 몇 가지 이야기를 가볍게 해보겠습니다.[20]

혹여 지나가다 '현업에서의 데이터', '현업에서의 실제 딥러닝 적용'과 같은 경험적인 주제를 다루는 글이 있다면 지나치지 말고, 꼭 읽어보는 것을 추천합니다. 아직 딥러닝은 경험에 의해 결정되는 요소가 매우 많기 때문에 위와 같은 글에서 소개하는 경험적 요소들은 실제 환경에서 큰 도움이 될 수 있습니다.

데이터? 또 데이터!

다시 우리가 살펴보았던 예제를 곰곰이 생각해보겠습니다. 데이터에 관한 고민이 많았는지, 모델 구성에 관한 고민이 많았는지를 생각해보면 모델에 관한 고민이 매우 많았습니다. 물론 책의 내용이 모델의 구성을 위해 사용하는 다양한 층에 관해 다루고 있어서 그럴 수도 있습니다. 하지만 실제 환경에서는 모델보다 데이터에 관한 고민에 투자하는 시간이 더욱더 많습니다. 책에서 다루었던 CNN, RNN을 포함하는 여러 가지 구조를 알고 있다 해서 전부 해결될 것으로 생각하면 매우 큰 착각이며, 위험한 생각입니다.

실제 환경에서 수집되는 데이터 또는 앞으로 우리가 다룰 데이터는 매우 많은 노이즈를 포함하고 있으며 정제되지 않은 상태일 것입니다. 이를 그대로 모델에 사용할 수만 있다면 얼마나 좋을까요? 관련 기술이 어딘가에 있을지도 모르겠군요. 하지만 우리는 아직 이처럼 데이터를 별다른 전처리 없이 사용하면 매우 위험합니다. 모델을 학습시키기 위한 데이터를 만드는 작업에는 매우 많은 노력과 시간이 필요합니다. 극단적으로 100이라는 시간을 가졌을 때, 80시간은 데이터를 파악

---

19 https://paperswithcode.com/을 참고하세요.

20 미리 언급했듯이, 여기서 다루는 내용은 100% 필자의 경험과 관찰에서 나온 의견으로 일반화되기엔 무리가 있을 수 있습니다. 또한, 추가적으로 글의 신뢰성을 위해 데이터 업무에 종사하셨던 주변 연구자분들의 의견을 정리하여 필자의 의견과 적절히 혼합하였음을 알려드립니다.

하고, 남은 20시간은 모델 구성을 위한 시간이라고 표현해도 무리는 아닙니다. 정제되지 않은 데이터를 어떻게 구성해야 하고, 어떠한 전처리 방법을 사용해야 하며, 어디에, 어떻게, 얼마나 효율적으로 저장해두어야 할지에 대한 고민은 아마 최종 결과를 도출하기 전까지도 우리를 괴롭힐 것입니다. 명심하세요!

- 데이터는 매우, 매우, 매우 중요합니다!
- 모델이 전부가 아닙니다. 빙산의 일각입니다.
- 우리가 흔히 말하는 모델은 데이터가 우리에게 말하려는 바를 표현해주기 위한 일종의 수단입니다.
- 양질의 데이터는 보통의 모델도 최상의 모델로 바꿀 수 있습니다.
- 데이터를 다루기 위한 방법을 소개하는 매우 좋은 책과 글이 많지만, 가장 좋은 방법은 직접 대회에 참가하거나 개인 프로젝트를 수행하는 것입니다!
- (개인 프로젝트에서) 본인이 수집한 데이터가 양질의 데이터가 아니라고 실망하지 마세요! 그 과정이 바로 실력입니다.

정통(머신러닝) 모델? 딥러닝 모델?

우리는 최근 정통 모델[21]이 아닌 딥러닝 모델을 활용한 성공적인 사례를 빈번하게 접하고 있습니다. 이로 인해 딥러닝에 대한 신뢰가 형성되고, 우리가 직면한 문제를 무조건 딥러닝을 통해 해결하려고 할지도 모릅니다. 물론 특정 분야에 있어서는 동의하지만, 그렇다고 아직 정통 모델을 무시할 수는 없습니다. 여기서 강조하고 싶은 내용은 딥러닝 모델이 여러 분야에서 아무리 큰 성과를 내고 있다고 해서 문제 해결을 위해 정통 모델을 기피하는 것은 잘못된 행동이라는 것입니다. 실제로 캐글 대회의 상위 랭크에 딥러닝 모델이 아닌 정통 모델을 사용한 팀(또는 개인)도 굉장히 많습니다. 또한, 실제 환경에서는 하드웨어의 제한으로 딥러닝 모델을 사용하지 못할 수 있습니다. 매우 많은 시간을 투자해야 하지만, 두 가지 방법을 동시에 활용하는 방법은 다음과 같습니다.

1. 머신러닝 모델을 탐색하고 적용한다. 데이터를 수집한다.
2. 딥러닝 모델을 탐색하고 적용한다. 데이터를 수집한다.
3. 데이터가 충분하지 않다면, 딥러닝 모델이 충분히 일반화되지 않을 가능성이 높으므로 머신러닝 모델을 선택해도 좋다. 데이터를 수집한다.
4. 데이터가 충분히 모였다면, 딥러닝 모델을 다시 학습시키고 이를 제품에 적용한다. 데이터를 수집한다.

---

21 편의상 딥러닝 모델을 제외한 모든 머신러닝 모델을 정통 모델로 표현하겠습니다.

위의 과정에서 제일 중요한 것은 데이터를 계속해서 수집하는 것입니다. 모델 선택이 데이터에 의존적이기 때문에 이를 계속해서 강조하고 있습니다. 딥러닝 모델'만' 알고 있는 개발자는 드물 것입니다. 딥러닝 모델을 공부하면서 머신러닝 모델을 공부한다는 것은 매우 힘든 숙명이지만, 이 책과 개인 프로젝트 및 대회 경험을 쌓아가다 보면 어느새 두 가지를 동시에 다루고 있는 자신을 볼지도 모릅니다.

● 이 장에서 우리가 얻은 것

이 장에서는 초급 단계를 향해 나아가기 위한 여러 가지 방법을 다뤄보았습니다. 먼저, 케라스가 제공하는 함수를 통해 다양한 문제를 해결할 수 있지만, 자신만의 문제를 해결하기 위해서는 자신만의 함수가 필요할지도 모릅니다. 이를 위해서 케라스층, 활성화 함수, 손실 함수, 평가지표, 케라스 콜백을 커스터마이제이션하는 방법을 배웠습니다. 다음으로는 이미 이전에 가볍게 다뤄보았던 1×1 컨볼루션이지만, 이미지 데이터뿐만 아니라 다양한 분야에서 자주 사용되고 있으므로 이 장에서 한번 더 다뤄보았습니다. 또한, 모델의 분류기 구성에서 Dense층을 대부분 사용했지만, 여기서는 컨볼루션층만 사용하여 모델을 구성해보았습니다. 마지막으로 다음 방향으로 나아가기 위해 도움이 될법한 내용을 다뤄보았습니다. 여기서 다뤄지는 내용은 필자의 주관적인 생각이라는 점을 참고하여 읽었기를 바랍니다.

● 이것만은 알고 갑시다

1. 이 장에서 다루는 내용은 텐서플로우 공식 문서 튜토리얼에서도 찾아볼 수 있습니다. 번갈아 가면서 공부하면, 효과는 두 배입니다.

2. 우리가 직면한 특정 문제를 해결하려면 커스터마이제이션 방법이 필요합니다.

3. 가중치의 학습 여부(Y/N)에 따라 적합한 층(Lambda층/Layer 클래스를 상속한 커스텀 케라스층)을 사용합니다.

4. 2019년에 발표된 최적화 함수(RAdam), 활성화 함수(Mish)를 다뤄보았습니다.

5. 실제값(y_true), 모델이 예측한 값(y_pred)을 적절히 조정하면 쉽게 커스텀 손실 함수를 정의할 수 있습니다.

6. 1×1 컨볼루션은 모델 파라미터 감소, 비선형성 증가, 채널 수 조절의 장점을 제공합니다.

7. Dense층을 사용하지 않아도, 모델을 구성할 수 있습니다.

8. 딥러닝은 아직 경험적으로 결정되는 요소가 매우 많습니다.

9. 객체 탐지, 객체 분할, 딥페이크, 질의응답, 이상 현상 탐지 등을 살펴보았습니다.

10. 이 책을 공부하고 나서의 다음 방향으로 ❶개인 프로젝트 ❷논문 구현을 추천합니다.

11. 실제 환경에서는 데이터가 매우, 매우, 매우 중요합니다.

12. 딥러닝이 모든 문제를 해결할 것이라는 생각은 아직 위험합니다. 때론, 기존에 사용되고 있던 정통 모델을 고려해볼 줄 알아야 합니다.

● 나의 이해도를 측정하자

이 장에서는 두 가지 모델을 구현해보겠습니다. VGG16과 MobileNet 모델은 이미 매우 유명한 모델이기 때문에 모델 구현에 어려움이 있을 경우 조금만 검색해보아도 큰 도움이 되는 많은 글을 만나볼 수 있습니다. 하지만 멋진 글을 찾아보기 이전에 논문과 코드를 참고하여 구현해보세요. VGG16 모델은 컨볼루션층과 최대 풀링층으로 이루어진 매우 단순한 모델이며, MobileNet 모델은 모바일 애플리케이션에서 사용하기 위해 제안된 모델입니다. 파라미터 감소를 위해 많은 1×1 컨볼루션이 사용되었습니다.

힌트!

Papers With Code 사이트를 참고하세요. 해당 논문의 제목을 검색하면 코드와 논문을 만나볼 수 있습니다.

- VGG16 논문명: Very Deep Convolutional Networks For Large-Scale Image Recognition
- VGG16 논문 Table 1의 D를 참고합니다.

- MobileNet V1 논문명: MobileNets: Efficient Convolutional Neural Networks for Mobile Vision Applications
- MobileNet 논문의 Table 1을 참고합니다.

1. 위의 모델을 구현했다면, MNIST 데이터셋을 학습시켜보고 결과를 도출해보세요!

9장

케라스 튜너

이 장에서는 모델 사용에 있어서 매우 어렵고, 반드시 거쳐야 하는 과정인 하이퍼파라미터 튜닝Hyper parameter tuning[1]에 대해 이야기해보겠습니다. 지금까지 모델을 구성할 때, 학습률, 배치 크기, 층의 개수, 컨볼루션 필터 개수와 크기 등의 하이퍼파라미터를 임의로 정했습니다. 예를 들어, Dense층의 은닉 유닛 개수를 지정할 때, 우리는 2의 제곱수(16, 32, 64, 128, ...)를 주로 사용했죠. 하지만 상황에 따라 적절한 은닉 유닛의 개수는 10개일 수도 있고, 100개일 수도 있습니다. 무슨 값을 선택하느냐에 따라서 모델의 성능이 크게 변합니다. 모델 구성을 위해 사용되는 하이퍼파라미터는 값의 범위 또한 넓어서 직접 적절한 값을 찾는다는 것은 사막에서 바늘 찾는 것과 같을지도 모릅니다. 하지만 크게 걱정하지 않아도 좋습니다. 이를 해결해 줄 다양한 방법[2]이 존재하고, 계속 발전하고 있습니다. **그리고 무엇보다 케라스는 이를 위한 케라스 튜너**Keras Tuner[3]**를 제공합니다.** 이 장에서는 텐서플로우 2.x에서 사용할 수 있는 케라스의 새로운 기능인 케라스 튜너를 활용하여 모델 구성에 사용될 하이퍼파라미터를 탐색해보겠습니다.

하이퍼파라미터를 탐색하는 과정은 많은 컴퓨팅 자원을 필요로 합니다. 이 장에서 제공하는 예제 코드는 구글 코랩을 활용하면 좀 더 빠르게 진행할 수 있습니다.

---

1 하이퍼파라미터에 대한 설명은 2장에서 다루었습니다.

2 대표적으로 Grid Search, Random Search, Bayesian Optimization 방법이 있습니다.

3 • 케라스 튜너 깃허브 페이지: https://github.com/keras-team/keras-tuner
   • 케라스 튜너에 관한 문서 및 튜토리얼: https://keras-team.github.io/keras-tuner/

9.1 탐색해야 할 하이퍼파라미터

다음 코드는 MNIST 데이터셋의 숫자 분류를 위해 우리가 사용해보았던 간단한 구조의 모델입니다.

```python
01  from tensorflow.keras.models import Model
02  from tensorflow.keras.layers import Conv2D, MaxPooling2D,
                                        GlobalAveragePooling2D, Dense
03  from tensorflow.keras.layers import Input, Dropout
04  from tensorflow.keras.optimizers import Adam
05
06  # 각 층이 가지는 여러 가지 하이퍼파라미터에 집중합시다.
07  inputs = Input(shape = (28, 28, 1))
08  x = Conv2D(32, (3, 3), activation = 'relu')(inputs)  # 필터 개수
09  x = Conv2D(32, (3, 3), activation = 'relu')(x)
10  x = MaxPooling2D(strides = 2)(x)
11  x = GlobalAveragePooling2D()(x)   # 최대 풀링? 평균 풀링?
12  x = Dense(30, activation = 'softmax')(x)   # 은닉층의 개수
13  x = Dropout(0.5)(x)   # 드롭아웃률
14  x = Dense(10, activation = 'softmax')(x)
15
16  model = Model(inputs = inputs, outputs = x)
17
18  model.compile(optimizer = Adam(learning_rate = 0.001),   # 학습률
19                loss = 'categorical_crossentropy',
20                metrics = ['acc'])
```

위의 모델 구성에서 우리가 임의로 결정한 하이퍼파라미터는 다음과 같습니다.

- Conv2D층의 컨볼루션 필터 개수
- Dense층의 은닉 유닛 개수
- 드롭아웃률
- GAP 또는 GMPGlobalMaxPooling의 사용
- Adam 옵티마이저의 학습률

이러한 하이퍼파라미터는 모델 성능에 큰 영향을 주기 때문에 여러 번의 실험을 통해 잘 결정해야 합니다. 하지만 지금부터 사용할 케라스 튜너는 우리가 하이퍼파라미터의 값을 하나씩 변경해가면서 성능을 확인하는 번거로운 작업을 대신 수행해줄 것입니다.

9.2 케라스 튜너 사용하기

이제 위에서 살펴본 하이퍼파라미터를 케라스 튜너를 사용하여 자동으로 탐색해보겠습니다. 먼저 설치를 진행합니다.

[함께 해봐요] **케라스 튜너 설치하기**

```
01  pip install -U keras-tuner
```

하이퍼파라미터 탐색을 위한 build_model() 함수를 정의해보겠습니다. 위에서 살펴본 모델 구조와 동일하지만, 내부에 하이퍼파라미터를 탐색하는 메서드가 추가됩니다.

[함께 해봐요] **케라스 튜너 모델 정의하기**   keras_tuner_example.ipynb

```
01  from tensorflow.keras.models import Model
02  from tensorflow.keras.layers import Conv2D, MaxPooling2D,
                                        GlobalAveragePooling2D,
                                        GlobalMaxPooling2D, Dense
03  from tensorflow.keras.layers import Input, Dropout
04  from tensorflow.keras.optimizers import Adam
05
06  def build_model(hp):
07    inputs = Input(shape = (28, 28, 1))
08    x = inputs
09
10    for i in range(hp.Int('n_layers', 1, 3)):
11        # 필터 개수를 탐색합니다.
12      x = Conv2D(filters = hp.Int('filters_' + str(i), 4, 64, step = 8, default = 16),
13              kernel_size = (3, 3), activation = 'relu',
14              padding = 'same')(x)
15    x = MaxPooling2D(strides = 2)(x)
16
17    # GAP? GMP?
18    if hp.Choice('global_pooling', ['max', 'avg']) == 'avg':
19        x = GlobalAveragePooling2D()(x)
20    else:
21        x = GlobalMaxPooling2D()(x)
22
```

```
23      # 은닉층의 개수를 탐색합니다.
24      x = Dense(units = hp.Int('units',
25                               min_value = 16,
26                               max_value = 128,
27                               step = 16),
28              activation = 'relu')(x)
29      # 드롭아웃률을 탐색합니다.
30      x = Dropout(hp.Choice('dropout_rate', values = [0.2, 0.3, 0.5]))(x)
31      x = Dense(10, activation = 'softmax')(x)
32
33      model = Model(inputs = inputs, outputs = x)
34      model.compile(optimizer = Adam(hp.Choice('learning_rate',
35                                     values = [1e-3, 1e-4, 1e-5])),
36              loss = 'categorical_crossentropy',
37              metrics = ['acc'])
38
39      return model
```

build_model() 함수는 하이퍼파라미터를 탐색하도록 도와주는 HyperParameters() 객체를 전달받아 작동합니다. 예제 코드에서는 객체를 통해 hp.Int(), hp.Float(), hp.Choice(), hp.Fixed() 메서드를 사용하고 있습니다. 각 메서드가 사용하는 인자를 살펴보겠습니다.[1]

```
hp.Float() 또는 hp.Int(name, min_value, max_value, step=1, default=None)
```

정수 또는 실숫값 범위에서 값을 선택합니다.

- name: 인자의 이름을 지정합니다. 반드시 모델 내에서 유일해야 합니다.
- min_value: 탐색해야 할 값의 최솟값을 지정합니다.
- max_value: 탐색해야 할 값의 최댓값을 지정합니다.
- step: 단계를 지정합니다. step=8이면, 현재 탐색하고 있는 값에서 8의 배수에 해당하는 값을 더하거나 빼서 사용합니다.
- default: 기본값을 지정합니다. 지정하지 않을 경우, min_value 값이 기본값으로 사용됩니다.
- 예 hp.Int('units', min_value = 16, max_value = 128, step = 16)

---

1 더 많은 정보는 케라스 튜너 튜토리얼 홈페이지에 자세하게 설명되어 있습니다.

```
hp.Choice(name, values, default=None)
```

사전에 정의된 값 중 하나를 선택합니다.

- name: 인자의 이름을 지정합니다. 반드시 모델 내에서 유일해야 합니다.
- values: 사용 가능한 값을 리스트 형태로 제공합니다. int, float, str, bool 타입을 사용할 수 있으며, 리스트 안의 모든 값은 같은 타입이어야 합니다.
- default: 기본값을 지정합니다. 지정하지 않을 경우, 전달하는 값에 None이 포함되어 있으면 None을 사용하고 그렇지 않으면 리스트의 첫 번째 항목으로 지정됩니다.
- 예 hp.Choice('dropout_rate', values = [0.2, 0.3, 0.5])

```
hp.Fixed(name, value)
```

고정값을 사용합니다. 튜닝에 사용하지 않습니다.

- name: 인자의 이름을 지정합니다. 반드시 모델 내에서 유일해야 합니다.
- value: 사용할 고정값을 지정합니다.
- 예 hp.Fixed('learning_rate', value = 1e-3)

실험에 사용할 MNIST 데이터셋을 준비하겠습니다.

[함께 해봐요] **MNIST 데이터셋 준비하기**   keras_tuner_example.ipynb

```python
01  from tensorflow.keras.datasets import mnist
02
03  # 텐서플로우 저장소에서 데이터를 다운받습니다.
04  (x_train, y_train), (x_test, y_test) = mnist.load_data(path='mnist.npz')
05
06  from sklearn.model_selection import train_test_split
07
08  # 훈련/검증 데이터를 얻기 위해 0.7/0.3의 비율로 분리합니다.
09  x_train, x_val, y_train, y_val = train_test_split(x_train, y_train,
10                                                    test_size = 0.3,
11                                                    random_state = 777)
12
```

```
13    num_x_train = x_train.shape[0]
14    num_x_val = x_val.shape[0]
15    num_x_test = x_test.shape[0]
16
17    # 모델의 입력으로 사용하기 위한 전처리 과정입니다.
18    x_train = (x_train.reshape(-1, 28, 28, 1)) / 255
19    x_val = (x_val.reshape(-1, 28, 28, 1)) / 255
20    x_test = (x_test.reshape(-1, 28, 28, 1)) / 255
21
22    from tensorflow.keras.utils import to_categorical
23
24    # 각 데이터의 레이블을 범주형 형태로 변경합니다.
25    y_train = to_categorical(y_train)
26    y_val = to_categorical(y_val)
27    y_test = to_categorical(y_test)
```

하이퍼파라미터를 탐색하기 위한 데이터와 모델이 준비되었습니다. 케라스 튜너의 탐색 방법에는 Hyperband, RandomSearch, Sklearn, Tuner 클래스가 존재합니다. 여기서는 RandomSearch 클래스를 사용해보겠습니다.

[함께 해봐요] **RandomSearch 클래스 사용하기**   keras_tuner_example.ipynb

```
01    from kerastuner.tuners import RandomSearch
02
03    tuner = RandomSearch(build_model,
04                         objective='val_acc',          # 모니터링할 평가지표입니다.
05                         max_trials=5,                 # 5번의 실험을 진행합니다.
06                         executions_per_trial=3,
07                         # directory = 'my_path',       # 경로를 지정합니다.
08                         # project_name = 'helloworld') # 프로젝트명을 지정합니다.
09
```

RandomSearch 함수의 첫 번째 인자로 하이퍼파라미터를 탐색할 모델을 전달합니다. 위의 코드에서 정의했던 build_model() 함수를 전달했습니다. 모니터링할 평가지표는 'val_acc'(objective)로 결정했습니다. 또한, 최대 다섯 개의 모델(max_trial)을 통해 탐색을 진행하며, 각 모델 당 세 번의 학습(executions_per_trial)을 진행합니다. 이렇게 학습된 모델은 directory + project_name에 지정한 경로로 저장됩니다. 경로를 지정하지 않은 경우, 현재 경로의 untitled_project 폴더에 저장됩니다. RandomSearch를 반복하여 사용하게 되면 기존의 프로젝트에 저장되어 있는 정보를 사용하게 되기 때문에 다른 설정의 실험을 진행할 때는 해당 프로젝트의 폴더를 삭제하거나 directory와 project_name 인자의 경로를 다르게 지정하여 사용해야 합니다.

search_space_summary() 함수를 사용하면 탐색할 하이퍼파라미터를 살펴볼 수 있습니다.

```
01  tuner.search_space_summary()
```

```
Search space summary
|-Default search space size: 6
conv2D (Int)
|-default: None
|-max_value: 3
|-min_value: 1
|-sampling: None
|-step: 1
... 생략 ...
dropout_rate (Choice)
|-default: 0.2
|-ordered: True
|-values: [0.2, 0.3, 0.5]
learning_rate (Choice)
|-default: 0.001
|-ordered: True
|-values: [0.001, 0.0001, 1e-05]
```

그럼 이제 search() 함수를 사용하여 하이퍼파라미터를 탐색하겠습니다. 예제는 다섯 개의 모델, 모델당 세 번의 실험, 10 에폭을 사용합니다. 시간이 꽤 필요하니 차분하게 커피 한 잔의 여유를 가지는 것이 좋습니다.

```
01  tuner.search(x=x_train,
02               y=y_train,
03               epochs=10,
04               validation_data=(x_val, y_val))
```

```
... 생략 ...
Trial complete
Trial summary
Hp values:
|-dropout_rate: 0.2
|-filters_0: 36
|-filters_1: 12
|-filters_2: 16
|-global_pooling: max
|-learning_rate: 1e-05
|-n_layers: 3
|-units: 128
|-Score: 0.5371111035346985
|-Best step: 0
```

하이퍼파라미터를 탐색하는 과정에서 출력되는 결과는 학습하는 과정과 동일하며, 각 실험의 끝에서는 실험에서 사용한 하이퍼파라미터를 요약해서 보여줍니다. 먼저, 실험별 결과를 확인해보겠습니다.

[함께 해봐요] **실험 결과 요약해보기** `keras_tuner_example.ipynb`

```
01  tuner.results_summary()
```

```
... 생략 ...
Trial summary
|-Trial ID: b9e7fd958310d707852873ea077d1abe
|-Score: 0.962055504322052
|-Best step: 0
Hyperparameters:
|-dropout_rate: 0.2
|-filters_0: 60
|-filters_1: 16
|-filters_2: 16
|-global_pooling: max
|-learning_rate: 0.001
|-n_layers: 3
|-units: 64
```

results_summary() 함수는 실험에서 사용한 하이퍼파라미터와 모델의 성능을 보여줍니다. 위에서 96%의 성능을 얻은 모델은 다음과 같은 하이퍼파라미터를 사용합니다.

- 드롭아웃률: 0.2, [60, 16, 16]개의 컨볼루션 필터 개수, GMP, 학습률: 0.001, 64개의 은닉 유닛.

get_best_models() 함수를 사용하면 케라스 튜너를 사용하여 하이퍼파라미터를 탐색한 가장 좋은 성능의 모델을 불러올 수 있습니다.

[함께 해봐요] **가장 좋은 성능의 모델 불러오기**   keras_tuner_example.ipynb

```
01  best_model = tuner.get_best_models()[0]
02  best_model.summary()
```

```
Model: "model"

Layer (type)                    Output Shape              Param #
=================================================================
input_1 (InputLayer)            [(None, 28, 28, 1)]       0

conv2d (Conv2D)                 (None, 28, 28, 60)        600

conv2d_1 (Conv2D)               (None, 28, 28, 16)        8656

conv2d_2 (Conv2D)               (None, 28, 28, 16)        2320

max_pooling2d (MaxPooling2D)    (None, 14, 14, 16)        0

global_max_pooling2d (Global    (None, 16)                0

dense (Dense)                   (None, 64)                1088

dropout (Dropout)               (None, 64)                0

dense_1 (Dense)                 (None, 10)                650
=================================================================
Total params: 13,314
Trainable params: 13,314
Non-trainable params: 0
```

get_best_hyperparameters() 함수는 가장 좋은 성능의 모델에 어떤 하이퍼파라미터가 사용되었는지를 구체적으로 보여줍니다.

```
01  best_hp = tuner.get_best_hyperparameters()[0].values
02  best_hp
```

```
{'dropout_rate': 0.2,
 'filters_0': 60,
 'filters_1': 16,
 'filters_2': 16,
 'global_pooling': 'max',
 'learning_rate': 0.001,
 'n_layers': 3,
 'units': 64}
```

여기까지 우리는 MNIST 데이터셋에서 향상된 성능을 얻기 위해 케라스 튜너를 사용하여 하이퍼파라미터를 자동으로 탐색해보았습니다. 케라스 튜너를 사용하지 않았다면 우리는 60 또는 16개의 컨볼루션 필터를 가지는 Conv2D층을 생각하지 못했을 것입니다. 앞서 언급했듯이, 하이퍼파라미터 튜닝 작업은 많은 시간과 자원을 필요로 합니다. 하이퍼파라미터를 자동으로 탐색해주기 때문에 별도의 실험을 수작업으로 진행해야 하는 번거로움은 피할 수 있지만, 그만큼 시간 비용이 발생한다는 것을 인지해야 합니다. 따라서 신중하게 탐색 범위를 결정해야만, 시간을 절약하면서도 성능이 좋은 모델을 얻을 수 있을 것입니다.

9.3 케라스튜너 더 쉽게 사용하기

우리는 향상된 성능을 얻기 위해 ResNet이나 Xception과 같은 좀 더 깊은 모델을 사용하고 싶습니다. 현재 보유하고 있는 데이터셋이 모델에 충분히 적합한 수준의 복잡도라면 해당 모델로 실험해 볼 수 있지만, 여기서 사용할 MNIST 데이터셋을 학습시키기에는 모델이 너무 깊고, 크기 때문에 과대적합의 위험성이 매우 높아 사용하기가 어렵습니다.[2]

다행히도 케라스튜너는 우리의 편의를 위해서 데이터셋의 복잡도에 적절한 모델 크기를 가지는 ResNet, Xception을 사용할 수 있도록 HyperResNet과 HyperXception을 제공해주고 있습니다. 여기서는 HyperResNet을 사용하겠습니다. 이미 우리가 '7.2.3 잔차 연결과 인셉션 모듈'에서 다뤄본 ResNet의 핵심 구조인 잔차 연결을 포함하여, 다수의 하이퍼파라미터(학습률, 필터 크기, 옵티마이저 등)를 탐색할 수 있도록 코드가 구성되어 있습니다. 사용법은 '9.2 케라스튜너 사용하기'와 동일하므로 과정은 생략하겠습니다.

[함께 해봐요] **HyperResNet 사용하기**   keras_tuner_example.ipynb

```
01  from kerastuner.tuners import Hyperband
02  from kerastuner.applications import HyperResNet
03
04  hypermodel = HyperResNet(input_shape=(28, 28, 1), classes=10)
05
06  tuner = Hyperband(hypermodel,
07                    objective = 'val_accuracy',
08                    max_epochs = 10,
09                    # directory='my_path,
10                    # project_name='helloworld2'
11  )
12
13  tuner.search(x_train, y_train, epochs = 10, validation_data = (x_val, y_val))
```

HyperResNet(또는 HyperXception)은 categorical_crossentropy 손실 함수와 accuracy 평가지표로 사전에 컴파일compile되어 있습니다. 우리가 원하는 옵티마이저, 손실 함수, 평가지표를 사용하고 싶다면, 다음과 같이 정의하여 사용할 수 있습니다.

---

2 여기서 필자가 말하는 복잡도의 의미는 다음처럼 이해하면 쉽습니다. 아무런 배경이 없는 이미지에 농구공 하나만 그려져 있는 데이터는 복잡도가 낮습니다. 하지만 사람이 매우 많은 농구 경기장 이미지는 복잡도가 높습니다. 동그란 공 모양은 농구공뿐만 아니라 사람 머리도 해당할 수 있기 때문입니다.

예시: HyperResNet: 옵티마이저, 손실 함수, 평가지표 설정하기

```
01  tuner = Hyperband(hypermodel,
02                    optimizer=tensorflow.keras.optimizers.Adam(1e-3),
03                    loss='mse',
04                    metrics=[tensorflow.keras.metrics.Precision(name='precision'),
05                    tensorflow.keras.metrics.Recall(name='recall')],
06                    objective='val_precision',
07                    max_epochs=20,
08                    # directory='my_path,
09                    # project_name='helloworld2')
```

정리해봅시다

● 이 장에서 우리가 얻은 것

이 장에서는 모델 사용에 있어서 어렵고, 반드시 거쳐야 할 과정인 하이퍼파라미터 튜닝에 대해 알아보았습니다. 여러 방법이 존재하지만, 케라스는 이를 위한 케라스 튜너를 제공합니다. 케라스 튜너는 다양한 메서드를 제공하여 효율적으로 하이퍼파라미터를 탐색할 수 있도록 도와줍니다. 또, 제공되는 HyperResNet과 HyperXception은 데이터셋의 복잡도에 맞게 깊이와 크기를 조절하여 적절한 모델을 사용할 수 있도록 도와줍니다.

● 이것만은 알고 갑시다

1. 하이퍼파라미터 튜닝은 어렵지만 반드시 거쳐야 할 과정입니다.

2. 케라스는 하이퍼파라미터 튜닝을 위한 케라스 튜너를 제공하고 있습니다.

3. HyperResNet과 HyperXception은 ResNet과 Xception 모델을 튜닝할 수 있도록 도와줍니다.

4. 이 장에서 살펴본 튜닝 방법 또는 과정에서 사용된 함수들은 케라스 튜너 공식 홈페이지에 더 자세하게 설명되어 있습니다.

5. 또한, 부록에서 오토케라스AutoKeras를 소개하고 있습니다. 이를 함께 살펴보세요.

● 나의 이해도를 측정하자

1. HyperXception을 사용하여 CIFAR-10 데이터셋을 학습시켜보세요. 또한, 케라스는 ImageNet 데이터셋으로 사전 학습한 Xception 모델을 제공하고 있습니다. 두 가지를 모두 10 에폭으로 학습시켜 보고, 결과를 비교해보세요.

프로그램을 만들기 위해서는 다음과 같은 지식이 필요해요

- 케라스 튜너
- Xception, HyperXception
- 전이 학습

2. 많은 사람이 사용할수록 케라스가 더욱 빠르게 발전합니다. 주변 지인에게 케라스를 추천하세요!

부록 A: 오토케라스(AutoKeras)[1]

우리는 9장에서 케라스 튜너를 사용하여 하이퍼파라미터를 자동으로 탐색해보았습니다. 하지만 정의되는 문제에 따라서 모델뿐만 아니라 옵티마이저, 손실 함수, 평가지표를 직접 정의해야 하는 상황이 발생합니다. 이번에는 이러한 과정까지 전부 자동화되어 최대의 편의를 제공하는 **오토케라스**[2]를 소개합니다.

[그림 A-1] AutoKeras 로고

앞서 언급했듯이, 케라스의 개발 과정에서 필수적으로 포함되었던 대부분의 과정이 자동화됩니다. 별도의 준비물은 필요하지 않습니다. 우리는 데이터셋과 이를 실행할 컴퓨팅 환경만 준비하면 됩니다. 다음은 이미지 분류 문제에서 오토케라스를 활용하는 예시입니다. 세 줄의 코드로 모든게 끝입니다!

예시: 오토케라스를 활용한 이미지 분류

```
01  import autokeras as ak
02
03  clf = ak.ImageClassifier()
04  clf.fit(x_train, y_train)
05  results = clf.predict(x_test)
```

오토케라스 공식 홈페이지에서는 MNIST 데이터셋을 활용한 오토케라스 사용 예제를 제공하고 있습니다. MNIST 데이터셋은 이 책을 열심히 공부한 우리에게 매우 손쉬운 문제지만, 오토케라스를 활용하면 더 쉽게 해결할 수 있습니다. 이 외에도 IMDB 데이터셋과 타이타닉 생존자 예측 문제에 대한 예제도 만나볼 수 있습니다.

---

1 오토케라스 부록 내용은 공식 배포 이전에 작성되었습니다.

2 AutoKeras의 메인 홈페이지는 https://autokeras.com/이고, 관련 깃허브는 https://github.com/keras-team/autokeras입니다.

2020년 4월 25일 기준으로 오토케라스는 다음 목록의 문제를 쉽게 해결할 수 있도록 도와줍니다.[3] 만약 본인이 해결해야 할 문제가 다음 목록의 문제와 동일하다면 오토케라스를 적극적으로 사용하 길 바랍니다.

- 이미지 분류 및 회귀Image Classification and Regression
- 텍스트 분류 및 회귀Text Classification and Regression
- 구조 데이터 분류 및 회귀Structured Data Classification and Regression
- 다중 입출력 문제Multi-Modal and Multi-Task

사용 방법 및 코드에 관한 더욱 자세한 사항은 공식 홈페이지를 참고하기를 바랍니다. 이전에 보았 던 그 어떤 튜토리얼보다 매우 쉽게 설명하고 있습니다!

---

3 읽는 시점에 따라 문제에 관한 튜토리얼이 준비 중일 수 있습니다.

부록 B: tf.data[4]

지금까지 우리는 케라스에서 제공하는 데이터셋을 간단히 메모리에 로드하여 사용했습니다. 사용해보았던 여러 가지의 데이터셋은 매우 효율적으로 구성되어 있고, 복잡하지 않기 때문에 쉽게 모델의 입력으로 활용할 수 있었습니다. 하지만 대용량의 데이터를 다루는 상황에 놓여있다면, 이를 메모리에 올려놓고 사용하기란 매우 어려울 것입니다. 엄청 비싼 서버를 보유하고 있다면 가능할 수도 있겠군요. 데이터를 입력하는 과정이 오래 걸리면, 전체 과정이 느려질 수 있기 때문에 매우 조심해야 합니다.

텐서플로우는 이와 같은 문제점이 발생하지 않도록 tf.data API를 제공하고 있습니다. tf.data API 는 입력 데이터 파이프라인을 효율적이고, 유연하게 구성할 수 있도록 하여 학습 과정에서 데이터가 효율적으로 흐를 수 있도록 도와줍니다. 또, 다양한 데이터 형식을 다룰 수 있으며, 텐서플로우가 제공하는 다양한 처리 함수와 직접 정의한 처리 함수를 포함하여 입력 데이터 파이프라인을 구성할 수 있습니다.

간단한 예제로 책의 4장에서 다뤄보았던 다중 레이블 문제에서 tf.data API를 활용해보겠습니다.

[함께 해봐요]   clothes_classification/tf_data_example.py

```
01  import tensorflow as tf
02  import pandas as pd
03
04  from model.model import get_model
05
06  # 데이터를 불러오고, Dataset 객체를 만듭니다.
07  train_df = pd.read_csv("./train.csv")
08  train_slices = tf.data.Dataset.from_tensor_slices(dict(train_df))
09
10  # {image, black, blue, ...}
11  # 주석을 풀고, Dataset 객체가 출력하는 데이터를 확인하세요.
12  # for feature_batch in train_slices.take(1):
13  #     print(feature_batch)
14
```

---

4 텐서플로우 공식 튜토리얼: https://www.tensorflow.org/guide/data

```
15  def preprocessing(data_dict):
16      img = tf.io.read_file(data_dict["image"])
17      img = tf.image.decode_jpeg(img)
18      img = tf.image.convert_image_dtype(img, tf.float32)
19      img = tf.image.resize(img, [112, 112])
20
21      label = list(data_dict.values())[1:]
22
23      return img, label
24
25  # map() 함수를 통해 precessing 함수를 적용합니다.
26  clothes_ds = train_slices.map(preprocessing)
27
28  # 버퍼에서 임의로 32개의 요소를 꺼내서 사용합니다.
29  clothes_ds = clothes_ds.shuffle(100).batch(32)
30
31  # 모델을 불러오고 학습합니다.
32  model = get_model()
33  model.fit(clothes_ds, epochs=2)
```

경우에 따라 다르지만, tf.data API의 입력 데이터 파이프라인은 다음 과정으로 구성할 수 있습니다.

1. Dataset 객체를 만듭니다. 코드에서는 from_tensor_slices() 함수를 사용하여 객체를 생성하고 있습니다.

2. map() 함수를 통해 다양한 처리 함수를 적용합니다.

3. shuffle(), batch() 함수와 같은 학습에 필요한 함수를 적용합니다.

4. 학습을 진행합니다.

대용량의 데이터를 효율적으로 모델에 입력시키고 싶다면, tf.data API의 활용을 고려해보세요! 다양한 데이터 형태에서의 활용과 구체적인 사용 방법은 텐서플로우 공식 튜토리얼에서 길고 자세하게 설명하고 있습니다.

부록 C: 이렇게도 학습할 수 있어요!

잠시 다음 과정을 보겠습니다.

Input() → Model() → compile(), fit() → evaluate(), predict()

지금 보고 있는 과정은 우리가 여러 장을 걸쳐 공부했던 케라스의 개발 과정입니다. 책의 초반부에서 잠시 언급했듯이, 이 과정의 단점은 손실 함수나 그래디언트를 직접 조작하기엔 불편할 수 있다는 것입니다. 만약 번뜩 떠오른 아이디어가 손실 함수와 그래디언트를 직접 조작해야만 하는 방법이라면 어떻게 해야할까요? 텐서플로우의 학습 방법을 적절히 혼합하여 사용하면 쉽게 구현할 수 있습니다. 바로 코드를 통해 알아보도록 하죠.

먼저, 데이터셋을 불러옵니다.

[함께 해봐요] **데이터셋 불러오기**　　　appendix/training_with_tensorflow2.0.ipynb

```
01   import tensorflow as tf
02
03   from tensorflow.keras.datasets import mnist
04
05   # 테스트셋은 사용하지 않기 때문에 생략합니다.
06   (x_train, y_train), _ = mnist.load_data()
07   x_train = x_train / 255.0
08
09   # 채널을 추가합니다.(28, 28) -> (28, 28, 1)
10   x_train = x_train[..., tf.newaxis]
11
12   from sklearn.model_selection import train_test_split
13
14   x_train, x_val, y_train, y_val = train_test_split(x_train, y_train,  test_size = 0.3)
15
16   print(f'x_train shape: {x_train.shape} \nx_val shape: {x_val.shape}')
```

```
x_train shape: (42000, 28, 28, 1)
x_val shape: (18000, 28, 28, 1)
```

모델에 데이터를 입력시키기 위해 데이터셋 객체를 정의합니다.

[함께 해봐요] **데이터셋 객체 정의하기**　　appendix/training_with_tensorflow2.0.ipynb

```
01  # 학습 데이터셋 객체를 생성합니다.
02  train_ds = tf.data.Dataset.from_tensor_slices((x_train, y_train))
03  train_ds = train_ds.shuffle(100).batch(32)
04
05  # 검증 데이터셋 객체를 생성합니다.
06  val_ds = tf.data.Dataset.from_tensor_slices((x_val, y_val)).batch(32)
```

함수형 API를 사용해서 모델을 구성합니다.

[함께 해봐요] **모델 구성하기**　　appendix/training_with_tensorflow2.0.ipynb

```
01  from tensorflow.keras.layers import Dense, Flatten, Conv2D, Input
02  from tensorflow.keras import Model
03
04  def get_model():
05      inputs = Input(shape = (28, 28, 1))
06
07      x = Conv2D(32, 3, activation = 'relu')(inputs)
08      x = Flatten()(x)
09      x = Dense(128, activation = 'relu')(x)
10      x = Dense(10, activation = 'softmax')(x)
11
12      model = Model(inputs = inputs, outputs = x)
13
14      return model
15
16  model = get_model()
```

우리는 항상 model.compile() 함수를 통해 손실 함수와 옵티마이저를 지정해주었습니다. 여기서
는 이를 사용하지 않고, 손실 함수와 옵티마이저 객체를 직접 정의합니다.

```
01  from tensorflow.keras.losses import SparseCategoricalCrossentropy
02  from tensorflow.keras.optimizers import Adam
03
04  loss_object = SparseCategoricalCrossentropy()
05  optimizer = Adam()
```

손실 함수와 학습 과정에서 모니터링할 평가지표의 계산 방법을 지정합니다. 각 스텝(step)에서의 손실값은 SparseCategoricalCrossentropy() 함수에서 얻어지는 손실값의 평균으로 계산되며, 평가지표는 SparseCategoricalAccuracy() 함수를 통해 계산됩니다.

```
01  from tensorflow.keras.metrics import Mean
02  from tensorflow.keras.metrics import SparseCategoricalAccuracy
03
04  train_loss = Mean(name='train_loss')
05  train_accuracy = SparseCategoricalAccuracy(name='train_accuracy')
06
07  val_loss = Mean(name='val_loss')
08  val_accuracy = SparseCategoricalAccuracy(name='val_accuracy')
```

전체 학습 과정을 구성해보도록 하겠습니다. 학습 및 검증 스텝을 직접 정의해서 사용합니다.

```
01  # 학습 스텝을 정의합니다.
02  @tf.function
03  def train_step(images, labels):
04      with tf.GradientTape() as tape:
05          outputs = model(images, training=True)
06          # 배치 학습 데이터의 개별 손실값을 구합니다.
07          loss = loss_object(labels, outputs)
08
09      # 손실 함수를 참고하여 모델의 가중치를 구합니다.
10      gradients = tape.gradient(loss, model.trainable_variables)
```

```
11        # 모델의 가중치를 업데이트합니다.
12        optimizer.apply_gradients(zip(gradients, model.trainable_variables))
13
14        # 학습 손실값을 계산합니다.
15        train_loss(loss)
16        # 학습 평가지표를 계산합니다.
17        train_accuracy(labels, outputs)
18
19   # 검증 스텝을 정의합니다.
20   @tf.function
21   def val_step(images, labels):
22        outputs = model(images, training=False)
23        # 배치 검증 데이터의 개별 손실값을 구합니다.
24        v_loss = loss_object(labels, outputs)
25
26        # 검증 손실값을 계산합니다.
27        val_loss(v_loss)
28        # 검증 평가지표를 계산합니다.
29        val_accuracy(labels, outputs)
```

처음 사용한 방법이기 때문에 조금 어렵게 느껴질 수 있지만, 사실 그렇지 않습니다. 학습 스텝의 코드를 하나씩 살펴보겠습니다.

```
with tf.GradientTape() as tape:
    outputs = model(images, training=True)
    # 배치 학습 데이터의 개별 손실값을 구합니다.
    loss = loss_object(labels, outputs)
```

먼저 with 구문의 tf.GradientTape() 함수는 수행되는 연산을 기록하여 향후 그래디언트 계산을 도와줍니다. 결괏값을 통해 그래디언트를 계산하기 위해서 모델에 데이터를 입력시켜 결괏값 predictions을 구합니다. 이때, training 인자는 학습 단계인지 테스트(또는 검증) 단계인지를 구분합니다. training=False인 경우, Dropout과 BatchNormalization층이 비활성화됩니다. 다음으로 결괏값을 손실 함수에 전달하여 배치 데이터의 손실값을 구합니다.

```
# 손실값을 참고하여 그래디언트를 구합니다.
gradients = tape.gradient(loss, model.trainable_variables)
# 모델의 가중치를 업데이트합니다.
optimizer.apply_gradients(zip(gradients, model.trainable_variables))
```

`tape.gradient()` 함수를 통해 그래디언트를 구합니다. 역전파를 떠올리면 그래디언트를 구하는 이유를 짐작할 수 있습니다. `optimizer.apply_gradients()` 함수는 모델의 가중치를 업데이트합니다.

다음 코드는 학습 과정을 모니터링하기 위한 손실값과 평가지표의 계산을 보여줍니다.

```
# 학습 손실값을 계산합니다.
train_loss(loss)
# 학습 평가지표를 계산합니다.
train_accuracy(labels, predictions)
```

검증 스텝은 과정이 동일하기 때문에 생략합니다. 마지막으로 학습을 진행합니다.

[함께 해봐요] **학습 진행하기**   appendix/training_with_tensorflow2.0.ipynb

```
01  EPOCHS = 2
02
03  # 지정한 에폭만큼 학습을 진행합니다.
04  for epoch in range(EPOCHS):
05      # 다음 에폭을 위해 지표를 초기화합니다.
06      train_loss.reset_states()
07      train_accuracy.reset_states()
08      val_loss.reset_states()
09      val_accuracy.reset_states()
10
11      # 학습 스텝
12      for images, labels in train_ds:
13          train_step(images, labels)
14
15      # 검증 스텝
16      for val_images, val_labels in val_ds:
17          val_step(val_images, val_labels)
18
19      print('Epoch: {}, train_loss: {}, train_acc: {} val_loss: {},
              val_acc: {}'.format(
20              epoch + 1,
21              train_loss.result(), train_accuracy.result() * 100,
22              val_loss.result(), val_accuracy.result() * 100))
```

```
Epoch: 1, train_loss: 0.15676631033420563, train_acc: 95.21904754638672
val_loss: 0.07585146278142929, val_acc: 97.78333282470703
Epoch: 2, train_loss: 0.046806707978248596, train_acc: 98.55238342285156
val_loss: 0.06923677772283554, val_acc: 97.94999694824219
```

케라스 개발 과정보다 훨씬 구체적인 부분을 다룰 수 있는 것을 알 수 있습니다. 각각의 장단점이 존재하기 때문에 어느 방법을 집중적으로 공부해야 하는지는 정답이 존재하지 않습니다. 가장 좋은 답은 두 가지 방법을 모두 다루는 것입니다.

찾아보기